幼儿园音乐教育和舞蹈设计探析

陈珍珍　蒋亚娟　舒　群◎著

吉林文史出版社

图书在版编目（CIP）数据

幼儿园音乐教育和舞蹈设计探析／陈珍珍，蒋亚娟，舒群著 . -- 长春：吉林文史出版社，2024.7. -- ISBN 978-7-5752-0510-8

Ⅰ.G613.5

中国国家版本馆 CIP 数据核字第 2024WF7356 号

YOUERYUAN YINYUE JIAOYU HE WUDAO SHEJI TANXI

书　　名	幼儿园音乐教育和舞蹈设计探析	
作　　者	陈珍珍　蒋亚娟　舒　群	
责任编辑	张　蕊	
出版发行	吉林文史出版社	
地　　址	长春市福祉大路 5788 号	
网　　址	www.jlws.com.cn	
印　　刷	北京四海锦诚印刷技术有限公司	
开　　本	710mm×1000mm　1/16	
印　　张	14	
字　　数	217 千字	
版　　次	2025 年 3 月第 1 版	
印　　次	2025 年 3 月第 1 次印刷	
定　　价	58.00 元	
书　　号	ISBN 978-7-5752-0510-8	

前　言

　　学前教育是基础教育的基础，直接关系到国民素质的整体提升和民族未来的持续发展。幼儿园教育活动作为其基本形式以及幼儿园课程的实施载体，在促进幼儿全面、健康、和谐、整体发展方面起到了重要的作用。自《幼儿园教育指导纲要》全面贯彻和落实以来，幼儿园教育改革取得了长足的发展，无论是教育活动目标体系的构建、教育活动内容的选择，还是教学策略与学习方式的确定、教育评价的实施等都发生了深刻的变化。

　　本书从学前教育的基础理论出发，强调了教师在引导幼儿体验音乐美感、激发创造力过程中的关键作用，并针对幼儿园音乐教育的构成要素、歌唱教学、音乐欣赏与评价等，提供了创新的教学设计与实施策略。同时，本书对幼儿舞蹈的内涵、教育价值进行了深入分析，并就舞蹈的创编设计、训练及教学提供了全面指导。本书旨在帮助教育工作者更好地理解和运用音乐与舞蹈教育，促进幼儿全面而均衡的发展。作者期望本书能为幼儿园音乐与舞蹈教育提供新的视角和启示，为推动幼儿教育的进步和发展做出贡献。

　　本书是作者在长期的教育实践和理论研究中，对幼儿园音乐教育和舞蹈设计的深入思考和总结。本书力求将理论与实践相结合，为幼儿教育工作者提供具有指导性和可操作性的建议。由于作者学识和经验有限，书中的观点和方法可能存在不足之处，敬请读者批评指正。作者期待与广大教育工作者共同探讨，不断推进幼儿园音乐教育与舞蹈设计水平的提高。

目 录

第一章 学前教育基础

第一节 学前教育的目标

一、我国学前教育总目标

学前教育总目标是根据国家提出的总的教育目的，结合儿童身心发展规律和特点所提出的具体目标。《中华人民共和国学前教育法草案（征求意见稿）》第四条规定的学前教育的方针目标是："实施学前教育应当坚持中国共产党的全面领导，全面贯彻国家教育方针，坚持社会主义办学方向，落实立德树人根本任务，遵循儿童身心发展规律，培育社会主义核心价值观，促进儿童德智体美劳全面发展，为培养担当民族复兴大任的时代新人奠定基础。"

二、幼儿园保教目标

（一）《幼儿园暂行规程（草案）》中的保教目标

（1）培养幼儿基本的卫生习惯，注意其营养，锻炼其体格，保证幼儿身体的正常发育和健康。（2）培养幼儿正确运用感官和语言的基本能力，增进其对于环境的认识，以发展幼儿的智力。（3）培养幼儿爱国思想、国民公德和诚实、勇敢、团结、友爱、守纪律、有礼貌等优良品质和习惯。（4）培养幼儿爱美的观念和兴趣，增进其想象力和创造力。

（二）《幼儿园管理条例》中的保教目标

《幼儿园管理条例》规定：幼儿园的保育和教育工作应当促进幼儿在体、智、德、美诸方面和谐发展。

（三）《幼儿园工作规程》（1996）中的保教目标

（1）促进幼儿身体正常发育和机能的协调发展，增强体质。培养良好的生活习惯、卫生习惯和参加体育活动的兴趣。（2）发展幼儿智力，培养正确运用感官和运用语言交往的基本能力，增进对环境的认识，培养有益的兴趣和求知欲望，培养初步的动手能力。（3）萌发幼儿爱家乡、爱祖国、爱集体、爱劳动、爱科学的情感，培养诚实、自信、好问、友爱、勇敢、爱护公物、克服困难、讲礼貌、守纪律等良好的品德行为和习惯，以及活泼开朗的性格。（4）培养幼儿初步的感受美和表现美的情趣和能力。

（四）《幼儿园工作规程》（2016）中的保教目标

（1）促进幼儿身体正常发育和机能的协调发展，增强体质，促进心理健康，培养良好的生活习惯、卫生习惯和参加体育活动的兴趣。（2）发展幼儿智力，培养正确运用感官和运用语言交往的基本能力，增进对环境的认识，培养有益的兴趣和求知欲望，培养初步的动手探究能力。（3）萌发幼儿爱祖国、爱家乡、爱集体、爱劳动、爱科学的情感，培养诚实、自信、友爱、勇敢、勤学、好问、爱护公物、克服困难、讲礼貌、守纪律等良好的品德行为和习惯，以及活泼开朗的性格。（4）培养幼儿初步感受美和表现美的情趣和能力。

从以上保教目标的不断变化中我们不难发现，幼儿园应该始终实行保教结合，以幼儿的全面发展为核心。

三、幼儿园课程目标

课程目标是指在课程设计与开发过程中，课程本身要实现的具体要求，是期望一定阶段的学生在发展品德、智力、体质、素养等方面所能达到的程度。幼儿园课程目标可以理解为幼教工作者根据幼儿园教育目标，对幼儿在一定学习期限内身心发展所要达到的预期要求和结果。我们可以从三个层面来理解幼儿园课程目标的内涵：（1）幼儿园课程目标要符合3~6岁这一年龄段幼儿的身心发展规律和所能达到的水平；（2）幼儿园课程目标指向幼儿身心全面、和谐发展；（3）幼儿园课程目标要符合社会和时代发展的要求，这是决定幼儿发展状态与方向的依据之一。

幼儿园课程目标从高到低可以划分为四个层次：幼儿园课程总目标、年龄段课程目标、单元课程目标和教育活动目标。年龄段课程目标通常参照《3~6岁儿童学习与发展指南》中分年龄的目标要求。学期课程目标通常是一个学期的整体计划；月课程目标既是对学期课程目标的分解，又是对周课程目标的引领；周课程目标既是对月课程目标的分解，又是对日课程目标的引领，日课程目标则是教师实施一日活动的依据。

以上四个层次的课程目标，每一层次都是上一级目标的具体化，同时又是下一级目标的概括。在幼儿园课程实施的过程中，教师要考虑它们的区别与联系，将高一层次的目标通过层层分解，逐步转化为可操作的教育行为要求，做到环环相扣、层层推进，最终落实到幼儿全面健康发展的课程实施上来。下面我们将具体了解各层次课程目标之间的关系。

（一）幼儿园课程总目标

1.《幼儿园教育指导纲要》中的各领域目标

21世纪初，教育部印发《幼儿园教育指导纲要》，该纲要是根据党的教育方针和《幼儿园工作规程》制定的，是指导广大幼儿教师将《幼儿园工作规程》的教育思想和观念转化为教育行为的指导性文件。《幼儿园教育指导纲要》中的五大领域目标见表1-1。

表1-1　《幼儿园教育指导纲要》中的五大领域目标

领域	目标
健康领域	身体健康，在集体生活中情绪安定、愉快； 生活、卫生习惯良好，有基本的生活自理能力； 知道必要的安全保健常识，学习保护自己； 喜欢参加体育活动，动作协调、灵活
语言领域	乐意与人交谈，讲话礼貌； 注意倾听对方讲话，能理解日常用语； 能清楚地说出自己想说的事； 喜欢听故事、看图书； 能听懂和会说普通话

领域	目标
社会领域	能主动地参与各项活动，有自信心； 乐意与人交往，学习互助、合作和分享，有同情心； 理解并遵守日常生活中基本的社会行为规则； 能努力做好力所能及的事，不怕困难，有初步的责任感； 爱父母长辈、教师和同伴，爱集体、爱家乡、爱祖国
科学领域	对周围的事物、现象感兴趣，有好奇心和求知欲； 能运用各种感官，动手动脑，探究问题； 能用适当的方式表达、交流探索的过程和结果； 能从生活和游戏中感受事物的数量关系并体验到数学的重要和有趣； 爱护动植物，关心周围环境，亲近大自然，珍惜自然资源，有初步的环保意识
艺术领域	能初步感受并喜爱环境、生活和艺术中的美； 喜欢参加艺术活动，并能大胆地表现自己的情感和体验； 能用自己喜欢的方式进行艺术表现活动

2.《3~6岁儿童学习与发展指南》中的各领域目标

《3~6岁儿童学习与发展指南》是国家为指导幼儿园和家庭实施科学的保育和教育，促进幼儿身心全面和谐发展而制定的。它以为幼儿后续学习和终身发展奠定良好素质基础为目标，以促进幼儿体、智、德、美各方面的协调发展为核心，通过提出3~6岁各年龄段儿童学习与发展目标和相应的教育建议，帮助幼儿园教师和家长了解3~6岁幼儿学习与发展的基本规律和特点，建立对幼儿发展的合理期望，实施科学的保育和教育，让幼儿度过快乐而有意义的童年。《3~6岁儿童学习与发展指南》中3~6岁各年龄段儿童学习与发展目标见表1-2。

表 1-2　《3~6 岁儿童学习与发展指南》中 3~6 岁各年龄段儿童学习与发展目标

领域	子领域	目标
健康领域	身心状况	具有健康的体态
		情绪安定愉快
		具有一定的适应能力
	动作发展	具有一定的平衡能力，动作协调、灵敏
		具有一定的力量和耐力
		手的动作灵活协调
	生活习惯与生活能力	具有良好的生活与卫生习惯
		具有基本的生活自理能力
		具备基本的安全知识和自我保护能力
语言领域	倾听与表达	认真听并能听懂常用语言
		愿意讲话并能清楚地表达
		具有文明的语言习惯
	阅读与书写准备	喜欢听故事，看图书
		具有初步的阅读理解能力
		具有书面表达的愿望和初步技能
社会领域	人际交往	愿意与人交往
		能与同伴友好相处
		具有自尊、自信、自主的表现
		关心尊重他人
	社会适应	喜欢并适应群体生活
		遵守基本的行为规范
		具有初步的归属感
科学领域	科学探究	亲近自然，喜欢探究
		具有初步的探究能力
		在探究中认识周围事物和现象
	数学认知	初步感知生活中数学的有用和有趣
		感知和理解数、量及数量关系
		感知形状与空间关系

领域	子领域	目标
艺术领域	感受与欣赏	喜欢自然界与生活中美的事物
		喜欢欣赏多种多样的艺术形式和作品
	表现与创造	喜欢进行艺术活动并大胆表现
		具有初步的艺术表现与创造能力

（二）年龄段课程目标

幼儿园在制定年龄段课程目标时通常参照《3~6岁儿童学习与发展指南》中规定的各年龄段的目标，《3~6岁儿童学习与发展指南》从健康、语言、社会、科学、艺术五个领域描述了幼儿的学习与发展目标。每个领域按照幼儿学习与发展最基本、最重要的内容划分为若干方面，分别对3~4岁、4~5岁、5~6岁三个年龄段幼儿应该知道什么、能做什么、大致可以达到什么发展水平提出了合理期望，指明了幼儿学习与发展的具体方向，为幼儿园教师制定年龄段课程目标提供了参考。《3~6岁儿童学习与发展指南》"健康领域"中"身心状况"年龄目标见表1-3。

表1-3　《3~6岁儿童学习与发展指南》"健康领域"中"身心状况"年龄目标

目标	3~4岁	4~5岁	5~6岁
目标1：具有健康的体态	（1）身高和体重适宜。 参考标准： 男孩： 身高：94.9~111.7厘米 体重：12.7~21.2千克 女孩： 身高：94.1~111.3厘米 体重：12.3~21.5千克 （2）在提醒下能自然坐直、站直	（1）身高和体重适宜。 参考标准： 男孩： 身高：100.7~119.2厘米 体重：14.1~24.2千克 女孩： 身高：99.9~118.9厘米 体重：13.7~24.9千克 （2）在提醒下能保持正确的站、坐和行走姿势	（1）身高和体重适宜。 参考标准： 男孩： 身高：106.1~125.8厘米 体重：15.9~27.1千克 女孩： 身高：104.9~125.4厘米 体重：15.3~27.8千克 （2）经常保持正确的站、坐和行走姿势

目标	3~4岁	4~5岁	5~6岁
目标2：情绪安定愉快	（1）情绪比较稳定，很少因一点小事哭闹不止。 （2）有比较强烈的情绪反应时，能在成人的安抚下逐渐平静下来	（1）经常保持愉快的情绪，不高兴时能较快缓解。 （2）有比较强烈情绪反应时，能在成人提醒下逐渐平静下来。 （3）愿意把自己的情绪告诉亲近的人，一起分享快乐或求得安慰	（1）经常保持愉快的情绪。知道引起自己某种情绪的原因，并努力缓解。 （2）表达情绪的方式比较适度，不乱发脾气。 （3）能随着活动的需要转换情绪和注意
目标3：具有一定的适应能力	（1）能在较热或较冷的户外环境中活动。 （2）换新环境时情绪能较快稳定，睡眠、饮食基本正常。 （3）在他人帮助下能较快适应集体生活	（1）能在较热或较冷的户外环境中连续活动半小时左右。 （2）换新环境时较少出现身体不适。 （3）能较快适应人际环境中发生的变化。如换了新教师能较快适应	（1）能在较热或较冷的户外环境中连续活动半小时以上。 （2）天气变化时较少感冒，能适应车、船等交通工具造成的轻微颠簸。 （3）能较快融入新的人际关系环境。如换了新的幼儿园或班级能较快适应

（三）单元课程目标

单元课程目标是年龄段课程目标的再分解。在以内容领域为结构框架的幼儿园课程目标中，单元课程目标可以以时间为单元，也可以以内容（如主题）为单元。以时间为单元时，这个层次的课程目标就相当于学期课程目标、月课程目标、周课程目标。

某幼儿园大班上学期教育教学工作计划目标见表1-4。

表1-4　某幼儿园大班上学期教育教学工作计划目标

项目	具体目标
健康领域	（1）继续培养幼儿一日活动良好的常规习惯，有良好的生活自理能力和良好的生活、饮食、卫生习惯，了解日常生活中的安全常识，有自我保护的简单常识和行动。能主动遵守必要的规则。 （2）热爱并积极参加各种身体锻炼活动，初步养成参加体育锻炼的习惯，能熟练、协调、灵活、快速地进行走、跑、跳跃、钻爬、攀登等活动，能大胆地玩各种大型体育活动器械，有良好的整理习惯。 （3）手指动作较灵活，可以自己熟练地穿脱衣服、扣纽扣、拉拉链、系鞋带，也可以完成折纸、穿珠、拼插塑料玩具等精细动作，动作质量明显提高，也能坚持较长时间。 （4）能初步掌握有关体育活动的知识，自觉遵守体育活动的规则和要求，有较强的集体观念，敢于克服困难取得胜利
语言领域	（1）创设和谐、宽松的语言环境，鼓励幼儿大胆、有礼貌地与人交谈；能集中注意力倾听别人的故事，理解故事的内容，能用简单的语言复述故事。 （2）能用较完整的语句表达自己的意思，大胆地在集体面前表达自己的意愿或者所见所闻，结合班级"宝宝讲坛""故事比赛"等开展活动。 （3）喜爱看书、对文字认读有兴趣，能围绕一定的话题谈话，会用轮流的方式交谈。喜欢欣赏多种体裁的文学作品，能有感情地朗读和讲述并乐意创编、改编、续编儿歌和故事。 （4）学会从儿歌、故事、散文等不同体裁的文学作品中获得一些规范、标准、优美的文学语言和丰富的词汇，并能够用正确的语气、语调、句子完整地复述图片的内容。 （5）喜欢听、看、读文学作品，能用语言、表情、动作等多种形式表现对文学作品的理解

项目	具体目标
社会领域	（1）热爱和尊敬周围的人，有爱集体、爱家乡、爱祖国的情感。 （2）积极参加各项活动，体验学习活动的兴趣，有积极的创新愿望和规则意识，有自信心。 （3）开心地参与交往活动，会多种交往方法。学会同情和关心他人，能解决与同伴交往中发生的小矛盾，能评价自己或者他人的交往活动。勇于承认错误，改正缺点。 （4）喜欢从事力所能及的事情，积极参加劳动，有初步的责任感和责任意识。能关心他人，有同理心，守信用。有爱父母的情感，有尊重他人的意识和行为，懂得控制自己的行为，不以个人行为影响他人和集体。 （5）能努力做好力所能及的事，不怕困难，有初步的责任感。能与同伴一起整理寝室，学习叠被子，能独立或合作收拾整理玩具架，知道要爱惜自己和别人的物品，养成良好的学习习惯

（四）教育活动目标

教育活动目标即某次教育活动所期望达到的效果，这是微观层面的课程目标，一般要求制定得具体、清晰。课程目标可以从教师和幼儿两个角度进行表述。从教师的角度出发，常常表述为"促进幼儿身体正常发育和机能的协调发展""培养幼儿初步感受美和表现美的情趣和能力"等；从幼儿的角度出发，常常表述为"乐意与人交谈，讲话礼貌""喜欢听故事、看图书"等。在"以幼儿为主体"的幼儿园课程改革背景下，人们更多地倾向于从幼儿的角度来表述课程目标，由以往过分重视教师的"教"逐步转变为体现幼儿的"学"及"学的效果"。如大班诗歌活动"我最爱祖国"的活动目标是：（1）看图标理解内容，知道小班、中班、大班不同的爱，尝试有感情地朗诵。（2）能用完整的语句表达自己对亲人、对祖国等的认识。（3）从身边的小事做起，萌发爱亲人、爱家乡、爱祖国的情感，体验成长的快乐。

单元课程目标往往与教育活动目标的联系较为紧密，教育活动目标通常是单元课程目标的具体表现，通过表1-5我们可以直观地了解二者的关系。

表1-5 单元课程目标与教育活动目标的关系

单元课程目标	教育活动名称	教育活动目标
①认识沙的颜色、性质及干沙与湿沙的不同（认知）。②了解沙在日常生活中的用途（认知）。③喜欢用沙来做各种造型（情感态度）。④养成分工合作与收拾整理的良好习惯（情感态度与行为技能）。⑤培养仔细观察事物的科学态度（情感态度）	活动一：认识沙	①通过观察，能说出沙与石头的不同②能辨认沙的颜色③能仔细观察事物
	活动二：干沙与湿沙	①会给干沙加适量的水，使之变成湿沙②能采用晒干或烘干的方法，使湿沙变成干沙
	活动三：漏沙与量沙的游戏	①知道筛过的沙不含杂物，在漏斗中会流通顺畅②能利用唱歌或数数来计时，知道大小、口径不同的漏斗流出等量的沙所需要的时间不同③能利用小量杯量沙，说出两个粗细不同的杯子哪一个装得多、哪一个装得少
	活动四：沙画及沙的装瓶配色游戏	①能利用口径不同的漏斗画出粗细不同的线条②能利用不同颜色的沙作画③能利用沙玩装瓶配色游戏④能有始有终地进行活动⑤能与同伴合作进行活动后的整理工作
	活动五：立体造型	①知道干沙不可以做立体造型②知道湿沙可以做立体造型，但干了以后会松散，无法保存

第二节 学前教育的原则

一、学前教育的一般原则

(一) 尊重儿童的人格尊严和保障儿童的基本权利原则

儿童既是自然人，又是社会人，在对儿童进行教育时，首先要明确儿童作为个体所应有的人格尊严和合法权益，没有对儿童基本的尊重，就没有真正的教育。

1. 尊重儿童的人格尊严

人格，即人能作为权利、义务主体的资格。从出生的那一刻起，儿童就处在法律保护的范围内，作为一个社会成员存在，与成人之间是平等的关系。1989年，联合国大会通过的《儿童权利公约》将尊重儿童的意见作为四大原则之一。《中华人民共和国未成年人保护法》第四条则明确规定，"要尊重未成年人人格尊严"。

儿童和成人同样都是社会成员，和成人之间是平等的关系，成人不能因为儿童年龄小就将其视为所有物、附属品。日本作家池田大作认为，即使是孩子，也有一个人格，也是一个独立的人，这个条件必须明确，孩子绝不是父母的所有物，他的人格是构成社会的组成部分之一，这一个人格必须用充分的爱来培养。尊重孩子的人格，孩子便学会尊重人。在家里，要从小就把孩子当作独立的社会人来养育。这样培养出来的孩子，走向社会才有可能成为独立的社会人。教育只有在尊重人格、维护尊严、保障权利的基础上才能培养出真正的"人"，所以，在学前教育阶段，教师应尊重儿童独立的人格和尊严，让儿童在宽松、自由、平等和团结的精神环境下成长。

2. 保障儿童的基本权利

《儿童权利公约》是迄今历史上规范儿童权利内容最丰富、最全面的一项公约。20 世纪 90 年代，我国批准加入了《儿童权利公约》，它赋予儿童四项基本权利：生存权、受保护权、发展权和参与权。生存权是儿童作为人的一项基本权利，它要求任何个人和组织都不得剥夺儿童的生命，不得侵犯儿童生存的权利，全社会都必须为保护儿童的生存和发展提供适合的条件。受保护权是指所有儿童都应该受到保护，处于困境下的儿童应受到特别保护，如残疾儿童、面临自然灾害和突发事件的儿童、受剥削的儿童等。发展权是指每个儿童都享有接受教育的权利，有权获得全面学习和发展的机会和条件。参与权是指儿童参与适合自己年龄的家庭生活和社会、经济、文化、政治事务的权利，参与权不仅是一项人权，而且是儿童成长和发展过程中的一个基本需求。

我国也制定了宪法、刑法、教育法、义务教育法、未成年人保护法、母婴保健法等一系列保障幼儿生存、学习和发展的法律法规，形成了完备的法律体系。教师在对儿童进行教育时，应了解与儿童相关的法律知识，注意保障儿童的基本权利，不能明知故犯，也不能因为无知而触犯法律。

（二）发展适宜性原则

发展适宜性是全美幼儿教育协会在 20 世纪 80 年代针对幼儿教育"小学化"倾向而提出的教育理念与实践。在发展适宜性原则的指导下，教育者应该实施发展适宜性的教育，发展适宜性教育理论的核心观点包括年龄适宜性、个体适宜性、文化适宜性。年龄适宜性是指基于年龄相同的儿童具有普遍的特征、能力和行为，教师应当根据儿童在某年龄阶段的典型发展状况，向儿童提供适宜的教育经验。人的发展具有一定的阶段性和顺序性，不同年龄阶段的人在心理、生理和社会发展等方面呈现的特征是不同的，如弗洛伊德的心理发展阶段理论、埃里克森的社会性发展阶段理论、皮亚杰的认知发展理论、科尔伯格的道德两难论等，都反映了人在不同阶段的发展特点，从而论证了人的发展的阶段性和顺序性。在年龄适宜性的指导下，教师应该遵循儿童的身心发展规律，选择适宜儿童年龄特点的教育内容和形式。

个体适宜性是指教师必须考虑每个儿童的特殊需要，无论是课程还是师幼互动，都应当适宜于儿童的个体差异。发展适宜性教育要充分尊重儿童的个体差异，不能只考虑儿童的共性，而忽略了其个性，对儿童表现出来的差异，教育者要给予尊重、理解、认同和接受，帮助他们获得个性化的发展。儿童在每一个发展阶段都会表现出不同的特点，在同一阶段的儿童又有各自的差异，这就要求教育者去适应儿童发展的阶段性个体特征。

发展适宜性教育理论认为，要设计真正的发展适应性教育方案必须特别注意三方面的知识：不同发展阶段儿童是如何学习的，每个儿童的能力、个性及对支持的不同需求，每个儿童的不同文化背景。也就是说，教师除了要掌握关于儿童的一般知识，还要掌握与儿童生活和文化背景相关的知识，也就是儿童文化适宜性。这也与维果茨基的心理发展理论相符合，维果茨基认为，心理发展的实质是个体从出生到成年的过程中，在环境与教育的影响下，在低级心理机能的基础上，逐渐向高级心理机能转变的过程。

（三）科学性和思想性统一原则

科学性和思想性统一原则是实施素质教育的要求，也体现了我国精神文明和物质文明相结合的要求。幼儿教育具有启蒙性，为人一生的发展打基础，所以幼儿教育必须保证具有科学性和思想性。

首先，教学内容的选择应该是客观存在的、真实的、全面的。教育内容的选择应充分考虑幼儿的发展规律、年龄特点和个体差异，组织形式多样的教育活动，防止将片面的、错误的知识、行为传递给幼儿，造成幼儿的思想混乱。教师也要谨防片面追求教学的趣味性而影响了教学的科学性。

其次，教学内容应具有一定的思想性，注重培养幼儿热爱祖国、热爱家乡、热爱劳动等情感，教师在教学过程中要发掘教学内容内在的思想性，结合社会特点和日常生活对幼儿进行思想教育和道德品质教育。

（四）促进幼儿全面发展的原则

实施全面发展的教育是造就"完整的人"的一个重要手段。儿童的发展是整体的发展而不是片面的发展，幼儿教育旨在促进幼儿德、智、体、美等诸方面全面发展，同时各方面的发展也是知、情、意、行的整体发展，教育者不能忽视和偏重任何一方面。

（五）"面向全体"和"尊重个体"统一原则

面向全体幼儿是实施教育目标的立足点，我们不能将其和尊重个体对立起来，在关注全体幼儿的同时，也要关注幼儿之间的个体差异，每个幼儿都是个性与共性的统一，所以教学也要将"面向全体"和"尊重个体"统一起来。

1. 关注全体幼儿的发展

教育要关注全体幼儿，使每个幼儿都得到发展，努力实现教育公平。但是这种平等是一种相对平等，并不是指教师关注每个幼儿的时间相同，而是保证每个幼儿都有同等的受教育机会，如在活动过程中，对于发展较快的幼儿，教师投入的时间可能相对短，对于发展缓慢的幼儿，教师要投入相对多的时间。

2. 促进幼儿个性的发展

每个幼儿的先天素质、所处环境不同，身心发展特点自然也就各有不同，他们的差异是客观存在的，个体不同的特点决定了他们有着不同的需求。只有根据个体不同的发展速度和特点，选择不同的教育内容和方法，努力做到因材施教，才能使每个幼儿得到好的发展。

二、学前教育的特殊原则

（一）保教结合原则

《幼儿园工作规程》指出，幼儿园的任务是：贯彻国家的教育方针，按照保育与教育相结合的原则，遵循幼儿身心发展特点和规律，实施德、智、体、美等方面全面发展的教育，促进幼儿身心和谐发展。从中我们可以看出保教结合原则的重要性。幼儿园与其他学段最大的不同是，幼儿园中实施保育和教育，要保证幼儿全面发展，必须坚持保教结合，即教中有保、保中有教，并将其渗透到幼儿园的一日生活和各项活动中。良好的保育帮助幼儿拥有健康的体魄、强健的体质，促进幼儿身心健康发展；教育给幼儿打下德、智、体、美全面发展的基础。如果只强调保育，或许使幼儿只获得"野蛮的身体"，那么幼儿园就失去了它实施基础教育的意义；如果仅强调教育，就忽视了幼儿的基本生理需求，难以保证幼儿和谐地发展。只有将保育和教育结合起来，合二为一，才能既保证了幼儿的身体发展，赋予幼儿成长的力量，又丰富了幼儿的精神世界，为幼儿成为完整的人奠定基础。

保育和教育是幼儿园工作的两方面，幼儿仍处于生长发育的特殊阶段，形成了保育和教育难以割离、互相渗透的状态。我们既不能忽视幼儿的健康去成就教育，也不能只为了健康而不对幼儿进行教育，两者应互相渗透、共同作用，帮助幼儿度过可塑的"水泥期"。

（二）以游戏为基本活动原则

《幼儿园工作规程》明确指出："以游戏为基本活动，寓教育于各项活动之中。"《幼儿园教育指导纲要》和《3~6岁儿童学习与发展指南》也都明确了游戏在幼儿园中的地位。游戏是幼儿阶段满足生存需要外占时间最多的活动，对幼儿的生活和成长有重要影响，游戏也是幼儿喜爱的、主动进行的活动，有其他活动所不能替代的独特价值。因此，幼儿园应当以游戏为基本活动形式。

幼儿园以游戏为基本活动，同时，游戏也是幼儿最喜欢的学习方式。幼儿通过游戏，可以获得直接的学习经验，他们能够主动地探索环境，积极地与人交往，将自己的经验体现于游戏之中。游戏不仅能够满足幼儿的生理需求，还能够满足幼儿的精神需求。例如角色游戏可以促进幼儿的语言发展和社会性发展。教师可以将游戏作为一日活动的主要内容，将游戏的权利还给幼儿，从幼儿的需要出发，让幼儿自主选择自己喜欢、满足自身发展需要的游戏，为幼儿的游戏活动创设适宜的物理环境和心理环境。在幼儿游戏过程中，教师可以作为参与者或旁观者去指导、支持幼儿游戏，引导幼儿在游戏中解决问题，相互分享经验，让幼儿成为游戏的主人。

（三）活动性和直观性原则

活动性原则是指在教育教学中教师应让幼儿在主动的活动中学习并获得发展。教师要为幼儿提供活动的机会和环境，鼓励幼儿发挥活动的积极性、主动性和创造性。幼儿园活动的形式一般有日常生活活动、游戏、专门教育活动、自由活动、亲子活动等，教师要根据幼儿的心理状态、发展需要、学习和活动特点，以集体、小组或个人等多样的组织形式帮助幼儿开展多种多样的活动，而游戏活动要贯穿所有活动之中。

从马克思认识论中关于认识的一般发展规律和幼儿认识的特点我们可以看到，幼儿的发展是从感性认识到理性认识、从直接经验到间接经验、从具体形象到抽象思维的过程。直观性原则在幼儿园教育活动中具有特殊的意义，因为幼儿首先通过各种感官的感知来认识周围世界，在感知的基础上，逐渐发展思维能力。教师可以结合教育教学活动任务、内容及幼儿实际情况选择恰当的直观手段，如观察实物和标本、实地参观、做小实验、观察图片和模型、采用录音和幻灯片等。此外，教师应为幼儿提供看、听、摸、尝等可以感知的机会，结合简单的讲解、生动的描述和具有启发性的提问，引导幼儿深入思考，帮助幼儿认识和理解事物。

（四）生活化和一日生活整体性原则

生活化主要包括两方面的含义：教育生活化和生活教育化。学前教育的生活化是指在对幼儿进行教育时，把教育与幼儿的日常生活、感性经验等联系起来，使幼儿在生活中获得全面发展。陶行知先生主张"社会即学校"。教师在选择教育内容时，要充分考虑幼儿的生活经验，重视从现实生活特别是幼儿的生活中选择教育资源，帮助幼儿在丰富的生活场景中获得有价值的教育资源。

生活教育化是指将学前儿童日常生活中已获得的原有经验，加以系统化、条理化，在生活中对幼儿适时地进行引导，促进幼儿全面发展。一日活动也是幼儿园进行教育的一条重要途径，在幼儿园中，一粒种子的发芽、一棵树的成长、一场雨的降临等都可以成为幼儿学习的源头。教师不仅要善于把握教育契机展开教育，而且要注意在日常生活中强化教育意识，体现课程组织生活化的原则。

一日生活整体性原则主要包含两方面的含义：一日活动中的各种活动不可偏废和各种活动是有机统一的整体。幼儿园主要有三大类活动，即生活活动、游戏活动、教学活动，这三种活动共同构成了幼儿的一日生活，各自有其重要的作用，每种活动都不是分离地、孤立地对幼儿产生影响。一日活动须统一在共同的教育目标下，形成合力，才能发挥整体教育功能。因此，教育目标的实现不是单一活动可以完成的，需要渗透在各个活动中。

第三节 学前教育的内容

一、全面发展教育与儿童发展

(一) 人的全面发展的内涵

人的发展历程，是从片面发展逐渐走向全面发展的过程，也是一个由被动、盲目向主动、自觉发展的过程。在我国古代，统治者或教育家已开始重视人的多方面的发展，如在西周时期，教育分为四方面：德、行、艺、仪。教育的主要内容为"六艺"：礼、乐、射、御、书、数。"六艺"教育是古代社会教育繁荣发展的体现，在一定程度上符合了人的全面发展的要求，提供了教育要促进人的德、智、体、美等方面全面发展的经验，对今后我国教育的发展，特别对教育目的及教育内容产生了重要影响。人的全面发展是一个涉及诸多因素的复杂的过程，并且随着人类社会的不断发展，其也将具有更加丰富的内涵。马克思主义的经典作家非常重视人的自由全面发展，并将其定义为未来社会的基本特征，其在马克思主义思想体系中处于核心地位。人的全面发展包括人的自然性和社会性的全面发展、个体的人和群体的人的全面发展、具体的人和抽象的人的全面发展；包括人的能力的全面发展、人的需要的全面发展、人的个性的全面发展和人的社会关系的全面发展。

(二) 全面发展教育与儿童发展的关系

教育如何促进人的全面发展？儿童的发展与人的全面发展又有怎样的关系？想要弄清楚这些问题，首先，我们要重视教育在促进人的全面发展中的重要作用，认识到教育不是万能的；其次，我们应认识到儿童阶段的教育对于人生整个发展的奠基作用。

全面发展教育就是要使学生获得全面的发展。目前，我们常常会听到"不能输在起跑线上""分数决定一切""高考决定命运""学习机器""小大人"等言论，这也意味着我国教育体系中蕴含的人的全面发展的价值诉求被工具化、功利化、片面化。在这种情况下，受教育者类似于工厂流水线上的产品，生产出来的是整齐划一的具有现实性的知识和技能的人，而缺少人的个性特点，很显然，这些与全面发展教育的核心思想是相悖的。特别是在学前教育阶段，儿童的发展是身心全面的发展，而非割裂的某一方面的知识和技能的发展。基于全面发展教育的思想理念，儿童的发展应该是全面的，正如《幼儿园工作规程》所规定的幼儿在德、智、体、美等方面的目标，体现了以儿童为本，结合儿童的身心发展特点，促进儿童全面发展的教育理念。人生百年，立于幼学。学前教育是基础教育的重要组成部分，是我国学校教育和终身教育的奠基阶段。从小培养儿童具有良好的品德、积极的态度、广泛的兴趣和动手动脑的能力，将为其一生的充分发展奠定基础。近年来，脑科学、心理学、教育学、社会学等方面众多的研究成果都揭示了早期教育在人一生发展中的重要作用；同时，这些研究成果产生的重大的经济效益和社会效益，也说明学前儿童的发展对于人的终身的全面发展起到了重要作用和产生了深远影响。学前儿童的全面发展是社会主义物质文明发展的基础，可以为提高国民素质打下良好基础，可以为社会主义精神文明发展提供重要保障，有助于提高整个社会的审美能力，形成良好的社会风气，抵制陈腐的风俗。

全面发展教育不是均衡教育，也不是削弱个性的教育，它更多侧重于对学校提出工作要求，即学校应为学生提供全面发展的平台，提供符合学生身心发展特点的机会。全面发展教育的基本理念为儿童身心健康、全面发展提供了重要指引，而儿童的健康发展是实现人的全面发展的重要前提。

二、学前儿童全面发展的重要方面

（一）学前儿童德育

1. 学前儿童德育的内涵

关于德育的内涵，每个历史阶段有其不同的特点，在现阶段，比较普遍的观点是德育即道德教育。道德是一种社会意识，是社会存在的反映，是在一定社会条件下形成、发展和完善的人们共同生活的行为准则的总称，也是评价人们行为的一个重要标准。道德品质就是社会道德在个体身上的体现，德育实质就是培养个人的道德品质，它是道德个体化的过程。儿童的品德心理结构由道德认识、道德情感和道德行为三方面组成。道德教育的目的在于道德的教化，指在教师的引导下，经过文化环境的熏陶，形成个人自身的道德品质、人生观、价值观。德育旨在培养学生的道德信念和人生观，形成学生的道德行为习惯，主要属于伦理领域。

《大学》中关于教学的纲领为"大学之道，在明明德，在亲民，在止于至善"。这也是我国最早关于道德教育的纲领。改革开放以来，我国学前教育领域关于德育的内涵主要存在两种观点：①幼儿德育是向幼儿进行道德品质教育，即品德教育，培养他们良好的品德、文明习惯和性格。②幼儿德育主要是指对幼儿道德品质方面的教育，它是根据幼儿的年龄特点，由教育者依据社会主义道德教育的要求，培养幼儿掌握具体的浅显的道德要求并形成良好的道德行为习惯，为未来道德品质的形成打下基础。

幼儿德育作为道德教育的起始阶段，在人的道德发展中占有重要的地位，它是根据幼儿身心发展的特点和实际情况，对幼儿实施品德教育，培养幼儿良好的道德品质。在具体的教育过程中，教师需要充分考虑幼儿认知发展的可接受性，寻找教育的内在规律，确定适宜的目标、内容和方法。《幼儿园工作规程》指出：幼儿园的品德教育应当以情感教育和培养良好行为习惯为主，注重潜移默化的影响，并贯穿幼儿生活以及各项活动之中。

皮亚杰在其认知发展论的基础上提出，道德认知发展不仅来自生物的成熟，而且从环境中提取和内化。儿童是自身道德认知的建构者，他们通过与环境的相互作用，将新知识和已有经验融合起来，不断建构新的认知，道德认知是在自身认知成熟的基础上，通过社会经验获得的。皮亚杰将儿童的道德认知发展分为四个阶段：前道德阶段（0~2岁）、他律道德阶段（2~8岁）、自律道德阶段（8~12岁）和公正阶段（12岁后）。

2. 学前儿童德育的实施

（1）融入日常生活

学前阶段的教育要生活化，对于德育同样如此。道德是人在社会中必须遵循的一系列行为准则。幼儿的道德意识的内容包括移情、利他心、同理心和怜悯、互惠和分享、遵守社会规则、同情和依恋父母等。培养幼儿的这些品质，是幼儿社会化的过程，属于幼儿社会性和个性发展的一部分。幼儿对社会中一系列行为规则的理解，需要在生活中进行实践，幼儿同理心、移情等的培养，也需要幼儿在不断的人际交往中获得，所以培养幼儿良好的道德品质，需要将教育融入幼儿的日常生活中。

（2）融入教育活动

幼儿园的教育活动是指教师在充分考虑幼儿的特点和规律的情况下，从本地、本园、本班的实际情况出发，有目的、有计划地引导幼儿主动活动的教育过程。幼儿道德的培养，除了在日常生活中进行培养，在幼儿园中，还会有专门的德育活动，如由教师组织的集体活动或小组活动，引导幼儿形成自信、自主、关心尊重他人、诚实守信、爱祖国、爱家乡等良好品质。

（3）融入游戏

幼儿园的活动以游戏为主，道德教育也会更多地融入游戏，以游戏活动的形式潜移默化地培养幼儿的道德品质。例如角色扮演游戏，幼儿在角色扮演中，按照角色要求，遵循其中的规则，体验并理解角色所代表的感情和行为，从而帮助幼儿摆脱以自我为中心的思维模式。研究证明，角色扮演能帮助幼儿提高其亲社会水平和角色承担能力。

（二）学前儿童智育

1. 学前儿童智育的内涵

智育是指有目的、有计划地使受教育者掌握系统的科学基础知识和基本技能，促进受教育者智力发展的过程。学期儿童智育是指根据幼儿身心发展的特点，有目的、有计划地使幼儿认识事物，获得粗浅的知识，发展智力，增加对周围事物的求知欲，学会"学习"，养成良好学习习惯的教育过程。

许多人对于智力存在一个片面的认识，总把知识等同于智力，知识和智力虽然紧密相连、互为统一，但知识不等于智力。英国心理学家斯皮尔曼首先提出智力的二因素论。他认为智力包括 G 因素（一般因素）和 S 因素（特殊因素）。智力由一种单一的一般因素和系列的特殊因素构成。按照斯皮尔曼的解释，G 因素代表人的普通能力，来自先天遗传，主要表现在一般性生活活动上，从而显示个人能力的高低。S因素代表人的特殊能力，只与少数生活活动有关，是个人在某方面表现的异于别人的能力。

美国心理学家卡特尔等主张智力分为两种：一种是流体智力，另一种是晶体智力。他认为流体智力是人的一种潜在智力，主要与神经生理结构和功能有关，如瞬时记忆、思维敏捷性、反应速度、知觉的整合能力等，很少受社会教育的影响，与个体通过遗传获得的学习和解决问题的能力有联系。晶体智力则主要是后天获得的，受文化背景影响很大，与知识和经验的积累有关，是流体智力运用于不同文化环境中的产物，如知识、词汇、计算等方面的能力，它包括大量的知识和技能，与学习能力联系密切。

加德纳把人的智力分为九种：①言语—语言智力；②逻辑—数理智力；③视觉—空间智力；④身体—运动智力；⑤音乐—节奏智力；⑥人际智力；⑦内省智力；⑧自然观察智力；⑨存在智力。加德纳认为，这九种智力代表了每个人不同的潜能，这些潜能只有在适当的情境中才能充分地发展出来。

从中我们也可以看出，智力是一个人认识能力的主体，是人认识、适应和改变客观世界时表现的认知能力，是在掌握和运用知识的过程中发展的，不能把知识简单等同于智力。

2. 学前儿童智育的实施

（1）融智育于日常生活

幼儿的智育应渗透于一日生活中，引起他们对身边事物和现象的兴趣和探索欲望，引导他们运用各种感官和适当的表达来解决问题，在探索、交流和分享的过程中获得乐趣，养成良好的学习习惯。例如教师可以通过丢垃圾的行为来引导幼儿学习垃圾分类，通过分水果的活动来帮助幼儿理解数量等，通过日常生活中的随机教育，培养幼儿的兴趣和求知欲望，让幼儿进行体验式学习。

（2）融智育于教育活动

教育活动是进行智育的有效手段。教师在开展教育活动过程中选择的基础知识和技能要适合幼儿的现有发展水平，但要略高于其能力，具有一定的挑战性，将间接知识和直接经验相结合，选择贴近幼儿生活、幼儿比较感兴趣的问题，尽量将活动趣味化，利于引起幼儿的注意力，使之主动参与。

（3）融智育于游戏

游戏也是发展幼儿智力的一条重要途径。专门的智育活动可以与游戏相融合，也可以让幼儿以群体或个体为单位自由地游戏，教师需要为幼儿的探究活动创造宽松自由的环境并提供丰富的材料，支持每个幼儿亲自尝试，发现问题，提出问题，并且相互讨论如何解决问题。在游戏过程中，教师可以通过问题、提示、角色参与、平行游戏等方式影响幼儿，但这种干预必须尊重幼儿参与游戏的意愿，教师不能把自己的意愿强加给幼儿。在此过程中，幼儿既发展了智力因素，获得了知识，提升了技能，也发展了非智力因素，获得了独立解决问题或合作游戏、学习的乐趣。

（三）学前儿童体育

1. 学前儿童体育的内涵

体育是全面发展教育的重要组成部分，是促使人的身体健康和增强体质的教育。体育作为一项实践活动虽然有悠久的历史，但是作为概念被提出时间较晚，在很长一段时间内，"体操"和"体育"两词混用，20世纪初期后，"体育"才逐渐取代了"体操"一词被广泛使用。我国"体育"一词最早出现在《湖北幼稚园开办章程》中。《湖北幼稚园开办章程》指出"保全身体之健旺，体育发达基地"是幼儿全面发展教育的一部分。关于体育的理解有广义和狭义之分，广义的体育一般指体育运动，包括身体文化、身体教育和身体锻炼三方面，是提高国民健康水平、增强人的身体素质、丰富人们文化生活、发展社会生产力的重要手段。狭义的体育则指学校体育，是为了促进学生全面发展，增强体质，有目的、有计划、有组织的教育活动。

学前儿童体育是指幼儿园为了保障幼儿身体健康，增强体质，培养幼儿良好生活习惯和卫生习惯等而进行的一系列教育活动。

2. 学前儿童体育的实施

（1）融体育于日常生活

幼儿的健康成长离不开卫生、安全的生活环境。对幼儿身体健康的教育常常融入幼儿的日常生活中，如当幼儿阅读时，提醒幼儿的眼睛距离书本应该多远，应该在什么样的光线下进行阅读，从而更好地保护自己的视力；在饮食方面，可以通过合理的饮食搭配使幼儿健康成长。

（2）融体育于教育活动

体育活动是幼儿进行体育锻炼的一个有效途径。教师根据幼儿的发展水平设定活动目标，此时的体育活动具有一定的目的性和计划性，希望幼儿在活动结束后掌握一定的动作或达到预期水平，如关于体操的学习，有动作的记忆和队伍的变换，教师应对动作和规则进行简短、精准的讲解。在活动过程中，教师要对幼儿的状态（如脉搏、出汗量、面色等）仔细观察，把握好运动量，以提高幼儿的体质为原则，防止活动过于技能化和功利化。

（3）融体育于游戏

在幼儿园中，教师通常会组织许多体育游戏活动，以此来促进幼儿身体的发展。教师可以将游戏与体育活动结合起来，创编一些有趣的体育游戏，也可让幼儿自由地在户外活动，充分利用阳光、水等自然环境和各类体育器械创造性地进行游戏，锻炼幼儿的身体，增强身体对环境的适应能力。在游戏过程中，教师应根据幼儿的年龄特点、游戏的复杂程度、游戏进展及时调整，适时结束游戏，保证幼儿参加体育活动和体育游戏的兴趣。

（四）学前儿童美育

1. 学前儿童美育的内涵

关于"美""美育"这些概念并没有确切的答案，不同的人、不同的民族、不同的国家都有其对美的不同看法，对于美，我们没有评判的固定标准。马克思曾说劳动创造美，他认为美是存在于客观事物中的，美具有三种不同的形态：自然美、社会美和艺术美。自然美是指大自然中的美，人们对于大自然本身不会觉得美，主要是人赋予它美的意义。社会美是指社会生活中事物和现象的美，它根源于社会实践。艺术美是指人们把现实生活中的事物或现象通过艺术手段表现出来的美，如绘画、舞蹈、音乐、喜剧等。

美育即审美教育。它既属于美学范畴，也属于教育学范畴。美学是美育的理论基础，为美育提供一般的理念和原则。就教育学领域来说，我们更关注对美的发现和审美能力的培养，因此美育不同于一般的艺术鉴赏，不仅包括美学知识的获取，还包括对美感的培养，获得审美能力，进而能够表现美、创造美，陶冶人的性情。通过审美教育直接效果的积累，人的内在情感得到感染，在潜移默化的过程中提高了精神境界。学前儿童的身心发展特点，特别是其思维处于直观行动和具体形象思维阶段，决定了学前儿童美育不是侧重于美学知识或技能的获得，更多的是引导学前儿童感受美、表现美、创造美。由此可见，学前儿童美育是指根据幼儿的身心发展特点，使幼儿产生对美的兴趣，培养其美感，发展幼儿审美能力，引导幼儿感受美、表现美、创造美。

2. 学前儿童美育的实施

（1）融美育于日常生活

生活中处处存在美，日常生活是对幼儿进行美育的一个重要途径，教师可以将美育和幼儿的一日生活结合在一起，引导幼儿认识和体会生活中的美，同时教师应多创造幼儿与自然和社会相处的机会，使幼儿通过对自然环境的观赏体会大自然的美，通过与人的交往发现人性之美，通过对艺术作品的欣赏体会艺术之美。

（2）融美育于艺术活动

艺术活动是实施美育的一个主要途径，通过专门的艺术活动，如音乐活动、手工制作、绘画活动、表演活动等，每个幼儿都能得到艺术之美的熏陶；通过不同的艺术形式表现日常生活中的美，幼儿可了解相关的知识和技能，提升他们感受美、表现美、创造美的能力。教师在组织艺术活动时应根据幼儿的年龄特点和个体差异，提供合适的活动材料，以幼儿为主体，尊重和支持幼儿富有个性和想象力的表达，保证每个幼儿都能主动参与，精心创作，大胆展示，避免过分强调知识和技能。

（3）融美育于游戏

游戏不仅是幼儿最喜爱的活动形式，而且是其将艺术之美体现于现实的主要形式，很多无法在日常生活中表达的美都可以在游戏中体现。游戏为幼儿提供了创造美和表现美的机会，无形中提升了幼儿的审美能力。幼儿在活动中产生的积极情感体验，不仅有利于活动的有效开展，而且能够激发幼儿的学习兴趣，对幼儿的后续学习产生积极的影响。

三、学前儿童全面发展教育的主要内容

（一）健康领域教育

健康教育的出发点和归宿是促进个体及群体健康行为的产生。它将学前儿童健康教育分为六个大的方面：日常健康行为教育、饮食营养教育、身体生长教育、安全生活教育、心理健康教育和体育锻炼。《幼儿园教育指导纲要》对幼儿园健康领域教育提出了以下七条教育内容与要求：（1）建立良好的师生、同伴关系，让幼儿在集体生活中感到温暖，心情愉快，形成安全感、信赖感。（2）与家长配合，根据幼儿的需要建立科学的生活常规。培养幼儿良好的饮食、睡眠、盥洗、排泄等生活习惯和生活自理能力。（3）教育幼儿爱清洁、讲卫生，注意保持个人和生活场所的整洁和卫生。（4）密切结合幼儿的生活进行安全、营养和保健教育，提高幼儿的自我保护能力。（5）开展丰富多彩的户外游戏和体育活动，培养幼儿参加体育活动的兴趣和习惯，增强体质，提高对环境的适应能力。（6）用幼儿感兴趣的方式发展基本动作，提高动作的协调性、灵活性。（7）在体育活动中，培养幼儿坚强、勇敢、不怕困难的意志品质和主动、乐观、合作的态度。

（二）语言领域教育

语言领域教育对于幼儿发展具有重要意义和价值。《幼儿园教育指导纲要》对幼儿园语言领域教育提出了七条教育内容与要求：（1）创造一个自由、宽松的语言交往环境，支持、鼓励、吸引幼儿与教师、同伴或其他人交谈，体验语言交流的乐趣，学习使用适当的、礼貌的语言进行交往。（2）养成幼儿注意倾听的习惯，发展语言理解能力。（3）鼓励幼儿大胆、清楚地表达自己的想法和感受，尝试说明、描述简单的事物或过程，发展语言表达能力和思维能力。（4）引导幼儿接触优秀的儿童文学作品，使之感受语言的丰富和优美，并通过多种活动帮助幼儿加深对作品的体验和理解。（5）培养幼儿对生活中常见的简单标记和文字符号的兴趣。（6）利用图书、绘画和其他多种方式，引发幼儿对书籍、阅读和书写的兴趣，培养前阅读和前书写技能。（7）提供普通话的语言环境，帮助幼儿熟悉、听懂并学说普通话。少数民族地区还应帮助幼儿学习本民族语言。

语言领域教学活动主要包括专门的语言教学活动和渗透的语言教学活动。专门的语言教学活动以语言为学习对象，学习内容本身是语言。

（三）社会领域教育

幼儿社会领域的学习与发展过程是其社会性不断完善并奠定健全人格基础的过程。幼儿能否获得良好的社会发展，影响他的身心健康和其他各方面的发展。《幼儿园教育指导纲要》对幼儿园社会领域教育提出了八条教育内容与要求：（1）引导幼儿参加各种集体活动，体验与教师、同伴等共同生活的乐趣，帮助他们正确认识自己和他人，养成对他人、社会亲近、合作的态度，学习初步的人际交往技能。（2）为每个幼儿提供表现自己长处和获得成功的机会，增强其自尊心和自信心。（3）提供自由活动的机会，支持幼儿自主地选择、计划活动，鼓励他们通过多方面的努力解决问题，不轻易放弃克服困难的尝试。（4）在共同的生活和学习中，以多种方式引导幼儿认识、体验并理解基本的社会行为规则，学习自律和尊重他人。（5）教育幼儿爱护玩具和其他物品，爱护公物和公共环境。（6）与家庭、社区合作，引导幼儿了解自己的亲人以及与自己生活有关的各行各业人们的劳动，培养其对劳动者的热爱和对劳动成果的尊重。（7）充分利用社会资源，引导幼儿实际感受祖国文化的丰富与优秀，感受家乡的变化和发展，激发幼儿爱家乡、爱祖国的情感。（8）适当向幼儿介绍我国各民族和世界其他国家、民族的文化，使其感知人类文化的多样性和差异性，培养理解、尊重、平等的态度。

这些内容与要求，为幼儿社会教育提供了方向性导引，既指出了幼儿社会教育的涉及范畴，即个人、家庭、幼儿园及社会，又涉及幼儿认知、情感、态度及行为几方面的发展。如果对这些内容和要求进行进一步分类与扩展，可以将幼儿社会教育内容细化为自我意识、社会交往、社会环境和文化认知、社会行为规范几方面。社会领域教学活动主要涵盖自我意识、人际交往和社会适应三方面的内容。在幼儿园社会教学活动中，教师需要引导幼儿处理以下三类关系：处理自己与自己的关系，即发展自我意识；处理自己与他人的关系，即增强人际交往能力，其中包括幼儿与同伴的关系、幼儿与教师的关系以及幼儿与父母的关系；处理自己与世界的关系，即发展社会适应能力。

（四）科学领域教育

儿童对自然界中事物和现象进行探索并形成解释的过程可以称为儿童的"科学探究"，儿童基于对自然环境中事物和现象的认识进一步形成的对其逻辑关系的理解可以称为"数学认知"。幼儿园科学领域活动主要有科学活动和数学活动两方面内容。科学活动以"探究"为关键词，重在激发幼儿的探究兴趣、培养幼儿的探究能力。数学活动以"认知"为关键词，重在引导幼儿感知数学的有用、有趣及数、量、形状、空间等之间的关系。《幼儿园教育指导纲要》对幼儿园科学领域教育提出了七条教育内容与要求：（1）引导幼儿对身边常见事物和现象的特点、变化规律产生兴趣和探究的欲望。（2）为幼儿的探究活动创造宽松的环境，让每个幼儿都有机会参与尝试，支持、鼓励他们大胆提出问题，发表不同意见，学会尊重别人的观点和经验。（3）提供丰富的可操作的材料，为每个幼儿都能运用多种感官、多种方式进行探索提供活动的条件。（4）通过引导幼儿积极参加小组讨论、探索等方式，培养幼儿合作学习的意识和能力，学习用多种方式表现、交流、分享探索的过程和结果。（5）引导幼儿对周围环境中的数、量、形、时间和空间等现象产生兴趣，建构初步的数概念，并学习用简单的数学方法解决生活和游戏中某些简单的问题。（6）从生活或媒体中幼儿熟悉的科技成果入手，引导幼儿感受科学技术对生活的影响，培养他们对科学的兴趣和对科学家的崇敬。（7）在幼儿生活经验的基础上，帮助幼儿了解自然、环境与人类生活的关系。从身边的小事入手，培养初步的环保意识和行为。

（五）艺术领域教育

我们可以把幼儿艺术教育大致分为"可以教的领域"和"不可教的领域"。"可以教的领域"是指知识、技能等方面，"不可教的领域"包括儿童生理成熟和心智发展水平等，"可以教的领域"要以"不可教的领域"为前提和基础。《幼儿园教育指导纲要》对幼儿园艺术领域教育提出了六条教育内容与要求：（1）引导幼儿接触周围环境和生活中美好的人、事、物，丰富他们的感性经验和审美情趣，激发他们表现美、创造美的情趣。（2）在艺术活动中面向全体幼儿，要针对他们的不同特点和需要，让每个幼儿都得到美的熏陶和培养。对有艺术天赋的幼儿要注意发展他们的艺术潜能。（3）提供自由表现的机会，鼓励幼儿用不同艺术形式大胆地表达自己的情感、理解和想象，尊重每个幼儿的想法和创造，肯定和接纳他们独特的审美感受和表现方式，分享他们创造的快乐。（4）在支持、鼓励幼儿积极参加各种艺术活动并大胆表现的同时，帮助他们提高表现的技能和能力。（5）指导幼儿利用身边的物品或废旧材料制作玩具、手工艺品等来美化自己的生活或开展其他活动。（6）为幼儿创设展示自己作品的条件，引导幼儿相互交流、相互欣赏、共同提高。

在艺术领域的教育方面，瑞吉欧有相当多的经验。在瑞吉欧的学校里，艺术教师的主要任务不是教艺术的技巧，而是创设一种环境，让幼儿发现美、感受美并自由地创造美。他们强调不要直接告诉幼儿事物的"概念"，而是让幼儿自己发现它的意义，教师所要做的就是创设这种环境，教会他们在了解视觉世界和艺术世界的过程中，要怎么看和去感觉什么。他们更加注重学习的过程而不是结果，认为学习不是幼儿学到了什么，而是幼儿是怎么学的。总而言之，在进行艺术领域的教育时，首先，教师要读懂幼儿；其次，教师要拥有一定的艺术基础；最后，也是最重要的是教师要有耐心和爱心。

第二章 学前儿童与教师

第一节 学前儿童

一、学前儿童的内涵

（一）学前儿童的含义

经济的快速发展，社会的进步与变迁，促使我们改变对儿童的态度与看法。医学与卫生学上所取得的进步，挽救了很多儿童的生命。各国政府的立法机构都注重儿童权利的保障，保护他们免受虐待。什么是儿童？不同的人，从不同的角度有不同的理解和看法。从法律的角度看，不同的法律法规对儿童的规定有所差异。联合国《儿童权利公约》第一条规定："儿童系指 18 岁以下的任何人，除非对其适用之法律规定成年年龄低于 18 岁。"《中华人民共和国未成年人保护法》第二条规定，未成年人是指未满十八周岁的公民。SA8000（Social Accounta-bility 8000，社会责任标准）将儿童的概念定义为：任何 15 岁以下的人，若当地法律规定最低工作年龄或义务教育年龄高于 15 岁则以较高年龄为准。从医学的角度看，14 岁是判定儿童的一个标准。医学界普遍以 0~14 岁的儿童作为儿科的研究对象，同时，一般来说，14 岁标志着青春期的到来。那么学前儿童，顾名思义是指进入小学教育前的儿童。

20 世纪 80 年代，联合国教科文组织巴黎国际学前教育协商会议对学前教育如此界定：能够激起出生直至进入小学的儿童（小学入学年龄因国家不同而有 5~7 岁之不同）的学习愿望，给他们学习体验，且有助于他们整体发展的活动总和。我国学者黄人颂在其主编的《学前教育学》中将学前教育定义为：学前教育是指从出生到六岁前儿童的教育。由此可见，学前儿童就是从出生至六七岁的儿童，包括婴儿和幼儿。

（二）学前儿童的特点

1. 自然性和社会性相统一

学前儿童是在先天与后天因素共同作用下发展的。首先，学前儿童作为一个自然人，必然存在生物学意义上的遗传现象。学前儿童的自然性主要是指影响学前儿童发展的先天因素，即来自父母的遗传素质和自身的成熟水平。其中，遗传素质是学前儿童身心发展的生理基础和物质前提。其次，学前儿童生活在开放的社会环境中，必然通过与周围环境的互动，获得基本的物质生活资料，习得基本的社会交往技能。而历史上曾出现的"狼孩"现象，正是由于个体在学前期脱离了社会环境而导致其丧失了基本的生存与生活能力。因此，对于成人而言，首先应该根据学前儿童的身心发展规律为其生活成长提供良好的物质保障，并尊重学前儿童的主体地位，保障社会赋予他们的各项权利。其次，学前儿童身心发展的特殊性，即学前儿童的生理和心理发展的未成熟性，不能完全支持其自身的社会行为，所以，成人应该创造条件来保障学前儿童应享有的权利，包括生存权、发展权、受教育权等，同时也应该培养学前儿童履行相应义务的意识，让学前儿童成为自然性和社会性相统一的完整个体。

2. 具有巨大的发展潜能

学前期是个体发展的最初阶段，学前儿童身心发展未成熟，但这并不妨碍其从大自然和社会环境中汲取生命发展的营养。正如蒙台梭利所言，学前儿童具有"吸收力的心理"，所有的学前儿童天生具有"吸收"文化的能力，可以直接从环境中"吸收弥散文化"，能够"自己教自己"。因此，在学前教育中，成人应该以发展的眼光看待学前儿童，尊重学前儿童发展的潜能。从教师的角度看，在观察和评价学前儿童时，应积极发挥学前儿童的主体性，为其提供丰富的环境刺激，激发学前儿童的潜能。从家长的角度看，应创设一个良好的家庭氛围，提供安全、宽松的生活和学习环境，为学前儿童潜能的发展奠定良好的物质基础和心理基础。

3. 自主建构的学习个体

在教育活动中，学前儿童是自主建构的个体，是客观世界的主动探索者和发现者。一方面，学前儿童主动与物质环境、材料进行相互作用，促进其认知发展；另一方面，学前儿童主动与他人相互作用，促进其情感态度与社会性发展，同时，学前儿童与符号系统相互作用，促进其语言、审美和情感健康发展。因此，幼儿教师应尊重学前儿童在教育活动中的主体地位，让学前儿童参与各种活动，允许学前儿童根据需要和兴趣以自己的方式获取感性经验。只有这样，才能保证学前儿童身体发育良好、精神丰富和人格完善，不断构建自己独特而丰富的内心世界，形成自尊、自爱与自信的健全人格。

4. 发展具有差异性

由于遗传因素及后天影响因素的不同，学前儿童发展水平呈现明显的差异。不同国度文化中的学前儿童具有不同的发展特点，如我国的学前儿童在纪律性、自尊心和评价能力方面优于外国学前儿童。同时，性别因素也会导致学前儿童的发展呈现差异性。研究表明，女孩比男孩更多地实施亲社会行为，且年龄因素也会使学前儿童的亲社会行为产生差异。因此，在学前教育活动中，幼儿教师应注意观察学前儿童的不同发展，满足学前儿童的不同需要，同时还应针对学前儿童个性发展特点采取差异性评价方式。

二、儿童观

（一）儿童观的内涵

根据《教育大辞典》对儿童观的解释，儿童观是指看待和对待儿童的观点的总和。它具体涉及儿童的特性、权利与地位，儿童期的意义以及教育和儿童发展之间的关系等问题。从人类社会形成开始就有了儿童，但是人们对于儿童的认识经历了一个漫长的时期。随着儿童在社会中角色的变化，人们对于儿童的认识也在发生变化，可以说，儿童观的形成受到社会政治、经济、文化、科技发展水平以及人们对于自身发展认识水平等诸多因素的影响和制约。儿童观包括对儿童地位与权益的看法、对儿童发展特点的认识程度，以及对儿童期在个体发展过程中所起作用的认识等。儿童观的问题是学前教育理论中一个重要的课题。树立科学的儿童观是做好幼儿教育工作的前提。

（二）科学的儿童观

科学的儿童观就是人们对儿童的正确看法、观念和态度的总和，在学前儿童教育中转化为幼儿教师科学的教育教学方法。科学的儿童观主要包括以下四方面的含义。

1. 儿童具有独立的人格和尊严

儿童和成人一样，应当得到尊重，享有生存、生活和学习的权利。世界学前教育组织颁布的《童年宪章》指出：所有的儿童都有权享受一个安全、快乐和健康的童年；所有的儿童需要在家庭里成长，在那里有特别亲密的成人，让他们体验爱和关怀……所有的儿童有权在安全并有激励性的环境里游玩、成长和学习，没有伤害和烦恼；所有的儿童需要得到机会和支持，逐渐形成对自己和别人宽容、谅解的态度……教师只有尊重儿童的人格和尊严，维护儿童的地位和权利，才能让儿童感到他们存在的独特价值和意义。

2. 儿童期具有独特的价值

儿童期是个体生命发展的重要时期，是人的身心成长的关键阶段，它奠定了人后期发展的基础。德国诗人诺瓦利斯指出，在儿童的身上，我们看到了身心的纯洁和道德的纯粹，看到了他们特有的生命特质：纯洁、乐观、富有生命力、拥有未来。教育家杜威指出：儿童期生活有其内在的品质和意义，不可把它当作人生中一个未成熟阶段，只想让它快快地过去。因此，教育应成就儿童幸福而有意义的童年，并以此为基础，成就他们幸福而美好的人生。

3. 儿童具有个体差异性和独特性

每个儿童都是一个独立的、完整的生命个体，不同儿童之间存在差异。美国著名心理学家加德纳提出多元智能理论，这些智能在相当程度上彼此独立存在，这种独立性意味着即使一个人有很高的某一种智能，也不一定有同样程度的其他智能。

幼儿教师应当认识儿童的个体差异，尊重儿童的个体差异，这样才能做到因材施教，保证每一个儿童个性的充分发展。

4. 儿童具有好奇心和求知欲

儿童天生对事物具有强烈的好奇心和旺盛的求知欲，正是这一特性成为儿童探索世界万事万物的强大动力，帮助儿童在探索过程中有所发现、有所发明，这也是儿童创新思维、创造能力、探究能力发展的潜质。因此，幼儿教师要认真呵护儿童的好奇心和求知欲，并给予正确的引导，使儿童的学习兴趣得到很好的培养，促进儿童健康成长。从本质上讲，学前儿童的学习就是做适合他们自己需要的事、感兴趣的事、力所能及的事，做事的核心就是获得有益的经验。这需要教师理解儿童的发展特点，理解儿童的兴趣需要，理解儿童的学习过程，形成科学的儿童观，随时为儿童提供学习的材料、时间和空间，注重保教结合，将教育灵活渗透到幼儿的日常活动中，充分利用日常活动的各种教育契机，对儿童进行随机教育，促进儿童身心和谐发展。

三、儿童的权利与保护

（一）儿童的基本权利

儿童不同于成人，儿童是正在发展的社会成员，因此除了拥有成人所具有的一般权利，他们还享有许多不同于成人的特殊权利。

1. 儿童的生存权

生存权是儿童享有的基本的权利之一。儿童自出生之日起，即具有作为自然人的保护，任何人不得非法剥夺儿童的生命、不得侵犯儿童生存的权利。儿童作为一个生物体，成人首先应保护儿童的生存权，为儿童提供生存所必需的食物、住宿等，以保证儿童生存的安全。

2. 儿童的健康权

儿童的健康权与儿童的生存权密切相关，健康的身体是儿童生存、发展的必备条件。儿童出生以后，成人除了应为儿童提供生存所需的各种条件，还必须保障儿童的健康。尤其是在幼儿园的生活中，教师应将儿童的健康、安全工作放在教育工作的首位。学前教育机构要高度重视儿童的安全、健康，确保儿童身体的健康成长。

3. 儿童的受教育权

受教育权是公民拥有的一项重要权利，也是儿童身心得以全面和谐发展、不断认识自己、行使权利的重要途径。《中华人民共和国宪法》第四十六条规定："中华人民共和国公民有受教育的权利和义务。"与儿童受教育权相关的是儿童的学习权，即儿童拥有接受教育、选择教育进而发展自己的权利，父母有义务保证子女的学习权，并为子女接受教育提供物质和精神准备。同时，国家应充分利用一切社会资源，确保儿童学习权的实现。从国际社会来看，儿童的受教育权仍然不能很好地实现，保护儿童的受教育权是一项艰巨的工程。

儿童除了享有上述基本权利，还享有人格权、游戏娱乐权、自由言论权、著作权、隐私权等。

(二) 儿童权利的保护

《中华人民共和国未成年人保护法》第四条明确规定：保护未成年人，应当坚持最有利于未成年人的原则。处理涉及未成年人事项，应当符合下列要求：(1) 给予未成年人特殊、优先保护；(2) 尊重未成年人人格尊严；(3) 保护未成年人隐私权和个人信息；(4) 适应未成年人身心健康发展的规律和特点；(5) 听取未成年人的意见；(6) 保护与教育相结合。

儿童是学前教育的主要对象，国家高度重视儿童，这对学前教育的发展具有重大意义。同时，学前教育的发展还需要家庭、社会等各方面力量的共同努力，充分调动各方面的积极性，保护学前儿童的权利，促进学前儿童身心和谐发展。

第二节 学前教师

一、幼儿教师的地位、权利与义务

(一) 幼儿教师的地位

国家颁布出台的《幼儿园教师专业标准》提出："幼儿园教师是履行幼儿园教育教学工作职责的专业人员，需要经过严格的培养与培训，具有良好的职业道德，掌握系统的专业知识和专业技能。"幼儿教师是在幼儿园履行保育和教育的职责，对幼儿身心施行特定影响的专业教育工作者。幼儿教师作为专业教育工作者，承担着培养合格的社会成员，延续人类社会发展的重要职责。幼儿教师承担的是保证和促进幼儿发展的重要任务，幼儿教师对社会培养人才起着重大的奠基作用，是"人类灵魂的工程师"。随着人们对幼儿教育在社会发展中作用认识的不断提高，幼儿教师越来越受到社会的尊重。根据《中华人民共和国教育法》《中华人民共和国教师法》的精神，教师享有法律规定的权利，履行法律规定的义务，忠诚于人民的教育事业。

(二) 幼儿教师的权利

1. 幼儿教师的公民权利

教师的公民权利是指教师作为公民依法享有相关法律赋予公民的基本权利。依照《中华人民共和国宪法》（以下简称《宪法》）的规定，教师的公民权利主要包括政治权利、平等权、人身权、人格权、通信自由和通信秘密权等。在这些基本权利中，人身权和人格权是教师作为公民所享有的最重要的两项权利。教师的人身权是指包括教师的生命权、健康权和人身自由权在内的一项重要权利。教师的人格权主要是指教师的人格尊严不受侵害，包括名誉权、荣誉权、隐私权、肖像权、姓名权等一系列与人格尊严有关的权利。

2. 幼儿教师的职业权利

教师的职业权利是教师作为教育工作者依据教育法规享有的教育权利及与职业相关的其他权利。按照《中华人民共和国教师法》等相关法律法规的规定，我国教师享有教育教学权、科学研究和学术交流权、指导和管理学生权、获取报酬和相关待遇权、民主管理权、进修培训权六项权利。

（1）教育教学权

教育教学权是教师为履行教育教学职责而必须享有的基本权利。《中华人民共和国教师法》第七条第一项规定，教师有"进行教育教学活动，开展教育教学改革和实验"的权利，任何个人或部门都无权干涉。它有三方面的具体含义。

第一，教师的教育教学权不可剥夺。教师是履行教育教学的专业人员，有权按照学校的安排进行教育教学活动，非法律的规定或教师客观的原因不能剥夺教师的教育教学权。

第二，教师可以根据国家和学校制订的课程计划、课程标准和教材，根据学校、教师和学生的特点自主组织教育教学活动，这一权利必须在国家、社会、学校许可的范围内，不得违反法律、法规、规章制度和教育的基本规律。

第三，教师有权根据学生的特点，依据课程标准，为提高教学质量采取不同的教学形式和方法，并进行教学改革和实验。任何组织和个人不得剥夺教师进行教育教学活动及教育教学改革和实验的权利。

（2）科学研究和学术交流权

科学研究和学术交流权是教师作为教育教学专业人员所享有的一项基本权利。《中华人民共和国教师法》第七条第二项规定，教师有"从事科学研究、学术交流，参加专业的学术团体，在学术活动中充分发表意见"的权利。它有三方面的具体含义。

第一，教师在完成本职工作的同时，有权进行任何专业的科学研究、科学技术开发研究，有权将教学中的研究成果和经验撰写成学术论文发表、出版，著书立说。

第二，教师在不影响教育教学工作的前提下，有权参加有关学术交流活动，参加有关学术团体并在团体中兼任职务。

第三，教师有权在学术研究和学术活动中发表个人的观点和意见，有学术争鸣的自由。不同教育阶段，教师的科学研究权的权限和范围有所区别。义务教育阶段要求教师按照既定的课程标准和教育基本要求来完成教育教学工作，教师不得基于任何原因而耽误教育教学工作。同时，教师行使科学研究权不得违反法律的规定，不得损害国家、社会和他人的利益，不得违反教育教学的基本规律。

（3）指导和管理学生权

指导和管理学生权是与教师在教育教学活动中的主导地位相对应的一项特定权利。《中华人民共和国教师法》第七条第三项规定，教师有"指导学生的学习和发展，评定学生的品行和学业成绩"的权利。它有三方面的具体含义。

第一，教师在不违反法律、学生身心发展规律的前提下，有权根据学生的特点和个体差异，因材施教，采取各种教育教学方式指导学生的学习和发展。需要注意的是，教师行使该项权利时不得以指导学生学习和发展为借口，违反法律规定和学生身心发展规律，侵害学生的身心健康。

第二，教师有权严格要求学生，对学生的思想品德、学习和生活表现做出客观、公正的评价，教师所做的评价必须是客观的、公正的、实事求是的，不能有教师个人的偏见与私心。

第三，教师的指导评价是一项专业性很强的工作，任何人都不得非法干涉。教师的指导和管理学生权是教师教育教学工作中专业性较强的一项权利，任何组织和个人都不得非法干预教师行使指导和管理学生权。教师也应当珍惜并以公正的态度行使这项权利。

（4）获取报酬和相关待遇权

获取报酬和相关待遇权是宪法赋予公民享有的社会经济权利在教师职业范围内的具体体现。《中华人民共和国教师法》第七条第四项规定，教师有"按时获取工资报酬，享受国家规定的福利待遇以及寒暑假期的带薪休假"的权利。它有三方面的具体含义。

第一，教师的报酬必须按时发放，不得拖欠教师的报酬，不得克扣或变相克扣教师的工资。

第二，教师有权要求足额支付工资报酬，包括基础工资、职务工资、课时津贴、奖金及其他津贴在内的所有工资收入。如果是学校的原因未足额支付工资报酬，教师可以要求当地教育行政部门解决；如果是当地教育行政部门的原因，教师可以要求当地人民政府解决；如果是当地人民政府的原因，教师可以要求上一级人民政府解决。

第三，教师有权享受国家规定的各种待遇，包括医疗、住房、退休方面的待遇和优惠政策及寒暑假期的带薪休假。另外，《中华人民共和国义务教育法》也对教师的获取报酬和相关待遇权进行了具体的补充，例如各级人民政府保障教师工资福利和社会保险待遇，教师的平均工资水平不得低于当地公务员的平均工资水平，特殊教育教师享有特殊岗位补助津贴。

（5）民主管理权

民主管理权是公民民主权利在教师特定职业下的具体化。《中华人民共和国教师法》第七条第五项规定，教师有"对学校教育教学、管理工作和教育行政部门的工作提出意见和建议，通过教职工代表大会或者其他形式，参与学校的民主管理"的权利。它有三方面的具体含义。

第一，《宪法》规定"中华人民共和国公民对于任何国家机关和国家工作人员，有提出批评和建议的权利"。教师的民主管理权是公民此项权利在教师职业岗位上的具体化。

第二，教师应正确行使批评建议权，不得歪曲事实，进行人身攻击。

第三，教师有权通过教职工代表大会、工会或其他方式参与学校管理，民主讨论决定学校重大事项，维护教师的合法权益。教师是举办教育事业的主要力量，教师参与教育教学管理和学校民主管理充分体现了教师的主人翁地位，有利于调动教师工作的积极性，提高教师工作效率。同时，教师参与学校管理，也有利于推进学校民主化建设进程。

（6）进修培训权

进修培训权是教师职业权利中最具代表性的一项权利。《中华人民共和国教师法》第七条第六项规定，教师有"参加进修或者其他方式的培训"的权利。它有三方面的具体含义。

第一，教师有参加进修或者其他方式培训的权利，任何组织和个人不得干涉。

第二，教师进修培训权的行使必须在完成本人教育教学工作的前提下，根据学校或者教育行政主管部门的安排，有计划、有组织地进行。

第三，学校或者其他教育机构及教育行政部门应采取合理措施，保证教师进修培训的权利，以提高教师的素质，促进教育事业的发展。

（三）幼儿教师的义务

教师的基本义务可以分为两部分：一是作为公民应承担的义务；二是作为教师应承担的义务。这两部分义务既有联系，又有区别。教师作为公民应承担的一部分义务体现在教师特定的义务中，教师作为专业教育教学人员的义务有一部分是公民义务的具体化、职业化，两者也各有一部分是独立的、互不重复的。

1. 幼儿教师作为公民的基本义务

依照我国《宪法》的规定，教师作为普通公民应当履行以下义务：（1）教师有维护国家统一和全国各民族团结的义务。《宪法》第五十二条规定："中华人民共和国公民有维护国家统一和全国各民族团结的义务。"（2）《宪法》第五十三条规定："中华人民共和国公民必须遵守宪法和法律，保守国家秘密，爱护公共财产，遵守劳动纪律，遵守公共秩序，尊重社会公德。"教师作为公民，也要履行这些义务。（3）教师有维护国家安全、荣誉和利益的义务。《宪法》第五十四条规定："中华人民共和国公民有维护祖国的安全、荣誉和利益的义务，不得有危害祖国的安全、荣誉和利益的行为。"（4）教师有保卫祖国和依法服兵役的义务。《宪法》第五十五条规定："保卫祖国、抵抗侵略是中华人民共和国每一个公民的神圣职责。依照法律服兵役和参加民兵组织是中华人民共和国公民的光荣义务。"（5）教师有依法纳税的义务。《宪法》第五十六条规定："中华人民共和国公民有依照法律纳税的义务。"

2. 幼儿教师作为专业教育教学人员的义务

根据教师的职业特点，结合《中华人民共和国教育法》和《中华人民共和国教师法》的有关规定，教师作为专业教育教学人员应承担遵纪守法、履行教育教学职责、对学生进行思想政治教育、爱护尊重学生、保护学生合法权益、提高业务水平六项基本义务。

（1）遵纪守法

《中华人民共和国教师法》第八条第一项规定，教师应"遵守宪法、法律和职业道德，为人师表"。该义务有三方面的具体含义。

第一，作为中华人民共和国公民，教师在日常工作、生活中应遵守宪法和法律；教师作为承担教育职责的专业人员，更应带头遵守宪法和法律，在教育教学领域起到模范示范作用。同时，教师在教育教学工作中，要主动培养学生的民主法治意识，使学生能做到遵纪守法。

第二，教师必须遵守教师职业道德规范。每一个行业都有自身的职业道德规范，教师必须严格遵守自身的职业道德规范。我国《中小学教师职业道德规范》明确规定了六方面的内容。这六方面，不仅是教师职业道德规范的要求，也是教师的法定义务，教师必须严格遵守。违反教师职业道德规范的行为，不仅是违反职业道德约束的行为，也是违反《中华人民共和国教师法》的行为。

第三，教师承担着教书育人、培养社会主义事业建设者和接班人、提高民族素质的使命。教师必须成为学生的楷模。教师要从情操、言行、衣着上严格要求自己，成为学生的表率。教师要以人格魅力和学识魅力教育感染学生，做学生健康成长的指导者和引路人。

（2）履行教育教学职责

教育教学工作是教师的本职工作，也是教师的基本义务。《中华人民共和国教师法》第八条第二项规定，教师应当"贯彻国家的教育方针，遵守规章制度，执行学校的教学计划，履行教师聘约，完成教育教学工作任务"。该义务有三方面的具体含义。

第一，教师在教育教学工作中，必须坚持教育教学为社会主义现代化建设服务的原则，必须使教育教学与生产劳动结合起来，培养德、智、体等方面全面发展的社会主义事业的建设者和接班人。教师必须坚持教育教学的社会主义方向，对学生进行社会主义教育，不能有违背社会主义方向和党的政策的任何言论和教育内容。

第二，教师除遵守法律、法规外，还必须遵守学校的规章制度，按照教学计划和课程标准的要求进行教育教学活动，不得任意改变教学计划，不得无故缺勤、旷工，保证学校教育教学工作的有序进行。

第三，教师应按照聘任合同的约定，履行本人的教育教学职责，完成聘任合同约定的工作任务。

（3）对学生进行思想政治教育

《中华人民共和国教师法》第八条第三项规定，教师有"对学生进行宪法所确定的基本原则的教育和爱国主义、民族团结的教育，法治教育以及思想品德、文化、科学技术教育，组织、带领学生开展有益的社会活动"的义务。该义务有四方面的具体含义。

第一，教师应根据自己的教育教学情况，自觉对学生进行思想教育和品德教育。

第二，在对学生进行思想政治教育时，应坚持德育为先，把社会主义核心价值体系融入国民教育全过程。

第三，在对学生进行政治教育时，要突出爱国主义教育、民族团结教育、法治教育。

第四，有目的、有组织地带领学生参加有益的社会活动，培养学生的社会情感，体现教育与实践相结合的要求，陶冶学生的情操，拓宽学生的视野。

（4）爱护尊重学生

《中华人民共和国教师法》第八条第四项规定，教师应"关心、爱护全体学生，尊重学生人格，促进学生在品德、智力、体质等方面全面发展"。这项义务也可称为"尊重学生人格"义务。该义务有三方面的具体含义。

第一，教师必须关心、爱护全体学生，应公平对待学生，不能歧视个别学生。

第二，关心、爱护学生必须以尊重学生的人格尊严为前提，应该把学生看作发展、成长的人，不应把学生看成一个不懂事的孩子，不能以关心、爱护学生为借口，侵犯学生的人格尊严。

第三，教师应促进学生德、智、体全面发展，不能只关注学生的智力和学业成绩，忽视学生德育和体质的发展。

（5）保护学生合法权益

《中华人民共和国教师法》第八条第五项规定，教师有"制止有害于学生的行为或者其他侵犯学生合法权益的行为，批评和抵制有害于学生健康成长的现象"的义务。教师履行本项义务是有特定范围的。教师应当制止有害于学生的行为或者其他侵犯学生合法权益的行为，主要是指教师有义务制止在教育教学过程中和学校工作中侵犯其所负责管理的学生合法权益的违法行为。至于批评和抵制有害于学生健康成长的现象，主要是指社会上出现的有害于学生身心健康的不良现象。该义务有两方面的具体含义。

第一，教师履行该项义务的范围限于在学校教育教学工作中，在这个范围内教师对有害于学生健康成长的行为或者侵犯学生合法权益的行为有制止的义务，超出该范围，不属于教师的法定义务。

第二，教师作为公民，有批评和抵制有害于学生健康成长的现象的义务。

（6）提高业务水平

《中华人民共和国教师法》第八条第六项规定，教师有"不断提高思想政治觉悟和教育教学业务水平"的义务。该义务的具体含义是：教师首要职责是搞好教学、教好功课、完成知识教学任务，因而教师就必须锐意进取、刻苦学习。要使学生学好知识，教师首先必须学好知识。"不断提高思想政治觉悟和教育教学业务水平"这项义务实际上是国家对教师不断提高自身素质的基本要求。历史发展到今天，竞争已成为时代的特征，竞争的核心是人才的竞争。作为培养人才的重要力量，教师队伍的水平决定着人才的质量，只有高水平的教师，才能培养出高质量的人才。《中华人民共和国教师法》是从提高教师素质的迫切性这一角度，提出作为教师应有"不断提高思想政治觉悟和教育教学业务水平"的义务。

二、幼儿教师的职业品质与师德修养

孔子在《论语·子路》中讲道："其身正，不令而行；其身不正，虽令不从。"法国思想家卢梭曾说过："一个人在敢于担当培养别人的任务之前，自己就得首先成为人，成为一个道德卓越的人。"这是孔子和卢梭两位教育家对师德的精辟论述。

职业品质指从事某项职业的人的行为和作风所显示的思想、品性、认识等。师德修养主要指教师这一职业应具备的道德修养、品德与行为。教育部颁布出台的《幼儿园教师专业标准》明确指出将"具有良好的职业道德"作为首要标准。《幼儿园教师专业标准》的基本理念从四方面进行阐明，即"师德为先""幼儿为本""能力为重""终身学习"。其中"师德"是放在首位的。教育部于2021年4月颁布出台的《学前教育专业师范生教师职业能力标准》也提到，学前教育专业师范生应该具备师德践行能力。

下面将从幼儿教师的职业理解与认识、对幼儿的态度与行为、幼儿保育和教育的态度与行为以及个人修养与行为四方面展开分析。

（一）职业理解与认识

（1）贯彻党和国家教育方针政策，遵守教育法律法规。（2）理解幼儿保教工作的意义，热爱学前教育事业，具有职业理想和敬业精神。（3）认同幼儿园教师的专业性和独特性，注重自身专业发展。（4）具有良好职业道德修养，为人师表。（5）具有团队合作精神，积极开展协作与交流。

（二）对幼儿的态度与行为

（1）关爱幼儿，重视幼儿身心健康，将保护幼儿生命安全放在首位。（2）尊重幼儿人格，维护幼儿合法权益，平等对待每一名幼儿。不讽刺、挖苦、歧视幼儿，不体罚或变相体罚幼儿。（3）信任幼儿，尊重个体差异，主动了解和满足有利于幼儿身心发展的不同需求。（4）重视生活对幼儿健康成长的重要价值，积极创造条件，让幼儿拥有快乐的幼儿园生活。

（三）幼儿保育和教育的态度与行为

（1）注重保教结合，培育幼儿良好的意志品质，帮助幼儿养成良好的行为习惯。（2）注重保护幼儿的好奇心，培养幼儿的想象力，发掘幼儿的兴趣爱好。（3）重视环境和游戏对幼儿发展所发挥的独特作用，创设富有教育意义的环境氛围，将游戏作为幼儿的主要活动。（4）重视丰富幼儿多方面的直接经验，将探索、交往等实践活动作为幼儿最重要的学习方式。（5）重视自身日常态度言行对幼儿发展的重要影响与作用。（6）重视幼儿园、家庭和社区的合作，综合利用各种资源。

（四）个人修养与行为

（1）富有爱心、责任心、耐心和细心。（2）乐观向上，热情开朗，有亲和力。（3）善于自我调节情绪，保持平和心态。（4）勤于学习，不断进取。

（5）衣着整洁得体，语言规范健康，举止文明礼貌。

良好的职业品质与道德修养是幼儿教师的基本要求。而对于教师职业道德的执着坚守可以引用王国维在《人间词话》中对人生"三境界"的描述进行总结，即作为一名幼儿教师应耐得住"昨夜西风凋碧树"的清冷和"独上高楼"的寂寞，秉持"望尽天涯路"的追求，更有"衣带渐宽终不悔，为伊消得人憔悴"的执着与坚持，最后达到"蓦然回首，那人却在，灯火阑珊处"的领悟。

三、幼儿教师的基本素质与基本能力

（一）幼儿教师的基本素质

幼儿教师的基本素质由两部分构成，内容如下。

首先是人格修养，如个人的志趣追求、性格气质、品行涵养等。能为人师者，必为品格优秀之人。俄国教育家乌申斯基特别强调教师的人格因素，他指出："在教育工作中，一切都应以教师的人格为依据，因为，教育力量只能从人格的活的源泉中产生出来，任何规章制度，任何人为的机关，无论想得如何巧妙，都不能代替教育事业中教师人格的作用。"人们常说，成人是幼儿的一面镜子。教师如要求幼儿正直诚实，自己就不应撒谎；如要求幼儿信守承诺，自己就必先言而有信；如要求幼儿文明有礼，自己也须谈吐文雅。中国民间俗语说"身教重于言教"，这就是教育的至理名言，对幼儿教育来说尤为重要。

其次是专业素质，包括幼儿教师的职业意识、教育观念、专业知识、教育技能等。专业素质的形成并非一朝一夕之功。它需要对教育事业的信念和热忱，需要长期坚持不懈的付出，还需要创造和开拓的勇气，以及丰富的教育实践经验。概言之，专业素质是逐渐积累而成的。学前教育学科的学习、工作环境的磨炼、各种教育进修和培训的机会、社区的教育公益活动等都会对个人专业素质的提高产生影响。必须指出的是，人格修养和专业素质缺一不可。光有高尚的人格，而不具备专业的学前教育学、儿童心理学、儿童卫生保健等理论知识，也不能获得幼儿教师的资格。拥有熟练的专业技能，却缺乏对幼儿真正的爱心，尽管也会取得一时的荣誉，但并不是一名合格的幼儿教师。

(二) 幼儿教师的基本能力

幼儿教师的基本能力是指幼儿教师履行自己职责，完成教育任务的实际工作本质，是教师渊博知识、工作热情得以充分发挥，有效开发学生潜能的必要条件。一名合格教师必须具有多方面的能力，传统的概念中教师只要有一定的知识，有专业技能就够了，但现代化的教育要求教师具有更多的能力、更高的素质。《学前教育专业师范生教师职业能力标准》提出，学前教育专业学生应该具备的职业能力主要有师德践行能力、保育和教育实践能力、综合育人能力以及自主发展能力四方面。

1. 师德践行能力

作为幼儿教师，不仅要具备师德意识，还应该具备践行师德的能力。师德践行能力应从遵守师德规范、涵养教育情怀两方面出发有意识地培养。遵守师德规范主要从理想信念、立德树人、师德准则三方面入手。

作为教育工作者，在践行师德方面，应该具备教育情怀。教育情怀是教师身上具有的一种超验的"行动意识"，它渗透在教育者教育行动过程中的意念内，是对教育者的行动产生深远影响的精神力量。它不具有操作层面上的技术特征，是一种不可"量化"的素养，是教师成长为"学生锤炼品格、学习知识、创新思维、奉献祖国的引路人"的内在动力。教育情怀是未来教师的核心素养，它决定着教师发展的方向和专业发展水平的高度。幼儿教师应该具备的教育情怀可以从职业认同、关爱幼儿、用心从教、自身修养方面展开。

2. 保育和教育实践能力

保育和教育实践能力包括掌握专业知识与技能、开展环境创设、组织一日生活、开展游戏活动、实施教育活动五方面的能力。

专业知识与技能包括保育教育基础、领域素养、信息素养三方面。

开展环境创设的能力包括为幼儿创设符合其身心发展特点与规律的物质环境以及营造良好的心理环境两方面。

组织一日生活的能力主要指能够安排和组织幼儿园一日生活的主要环节，具有将教育渗透于一日生活的意识，能够与保育员协同开展班级常规保育和卫生工作。

开展游戏活动的能力主要指能够进行幼儿园游戏活动的设计与组织，满足幼儿游戏的需要，创设符合幼儿学习特点与规律的游戏环境并支持幼儿游戏活动。

实施教育活动的能力包括能够设计教育活动方案、组织教育活动、实施教育评价三方面。具体是指执行一个方案以实现活动目标或教育目标，以及在执行过程中根据实际情况对活动方案进行调整。一般来说，活动的具体开展，包括策划、导入、展开、高潮、结束、延伸等环节。幼儿是教师工作的对象，善于了解幼儿是教师完成教育工作任务、实现教育目的、发挥教育艺术的先决条件。要想了解幼儿，教师就要认真、细致地观察幼儿。此外，还需要合理、恰当地评价幼儿活动。因此，评价能力也是不可或缺的。

3. 综合育人能力

幼儿教师还应具备综合育人能力，主要包括育德意识、育人实践、班级管理、心理健康、家园协同五方面。

4. 自主发展能力

幼儿教师应具备自主发展的能力，具体从注重专业成长、主动交流合作两方面入手有意识地培养。其中，注重专业成长，首先应该做好自身的专业发展规划，从选择从事学前教育工作起，就应该树立长远的专业发展目标，形成终身学习的意识；其次在学习与实践中不断反思自己；最后学会基本的研究方法，能够开展幼儿保教研究工作。主动交流合作主要是掌握沟通技能，学会共同学习。

那么，幼儿教师应如何掌握沟通技巧呢？现从以下几方面进行介绍。

人际沟通能力是幼儿教师做好保教工作所必需的能力。沟通是幼儿教师工作的题中之义。教师在幼儿园工作的过程中要与园领导、其他幼儿教师、幼儿、幼儿家长等进行沟通。其中，与幼儿和幼儿家长沟通是重中之重。只有做好这两方面的沟通工作，幼儿教师才能更好地了解对方，有针对性地处理与对方有关的事务。

（1）与幼儿沟通

在幼儿园中，幼儿教师与幼儿的沟通主要包含两方面：非语言沟通与语言沟通。非语言沟通包括幼儿教师通过微笑、点头、抚摸、蹲下等动作与幼儿交流。

幼儿教师与幼儿的接触，有利于安定幼儿的情绪，让幼儿消除紧张，感到温暖、安全。语言沟通是指幼儿教师和幼儿直接交谈。个别或小组中的交谈是幼儿分享情感、心灵交会的重要途径，它需要幼儿教师在抓住机会、选择话题、引发和延续谈话、激发幼儿谈话的兴趣和积极性等环节中，具有灵活机智的策略和丰富的经验技巧。幼儿教师要想更好地做好上述沟通工作，就需要具备相应的知识与能力，包括教育学、心理学、生理学等知识，以及观察、沟通、组织小组活动、指导游戏、指导幼儿行为、评价教育活动等能力。与幼儿沟通的方式有：①不否认幼儿的体会，要做到这一点，幼儿教师就要在与幼儿交流的过程中不驳斥他的感受、不贬低他的主张、不污蔑他的人格、不怀疑他的经历；②不批评幼儿，而是引导幼儿说出错误所在，并提出可能的解决办法；③在影响幼儿生活的事情上，给幼儿选择和说话的机会。

（2）与幼儿家长沟通

《幼儿园工作规程》指出："幼儿园应当主动与幼儿家庭沟通合作，为家长提供科学育儿宣传指导，帮助家长创设良好的家庭教育环境，共同担负教育幼儿的任务。"对于幼儿教师而言，与幼儿家长沟通，积极寻找教育的最佳切入点，有助于提高教育质量，这点尤为重要。

第一，真心真意，以诚相待。

与家长沟通，可以采取面谈和电话等方式。教师可以根据具体情况选择合适的沟通方式，不管使用哪一种方式沟通，真诚是取得理想效果的前提。教师在和家长进行面谈时，首先要记住"微笑"，因为微笑的魅力是无穷的。早晨，当家长带着孩子来到教室门口，看到教师笑容可掬，他们会觉得孩子在幼儿园就像在家里一样放心；下午，当工作了一天的家长来园接孩子时，教师微笑着与家长交流、探讨，分享快乐、分担烦恼，家长一定会非常感动。其次要记住三个字：细、勤、亲。"细"即沟通全面，细心细致；"勤"即沟通及时，勤问勤答；"亲"即沟通真诚，亲切亲热。这样的交流沟通一定能让家长对教师非常信任，并乐意接受教师的意见和建议，许多问题也会迎刃而解。

第二，言辞委婉，以礼相待。

任何家长都很在意教师对自己孩子的评价，都很在意自己的孩子在教师心目中的形象，因此，教师在与家长交流孩子存在的问题时要注意用词用语，不要让家长产生误解和错觉。交流中，教师可以用委婉的语言描述幼儿存在的问题，语气不要太强烈，表情不要太夸张，以使家长更好地接受教师指出的问题和提出的建议。当教师和家长在某些问题或事情上产生较大分歧时，教师要以礼相待，尤其是面对那些不明事理、情绪容易激动的家长，教师更要懂得"忍让"，不能针锋相对，应该采取"退一步海阔天空"的方法，尽量先平息事态，然后再利用其他途径迂回处理；对于争强好胜、一味袒护孩子的家长，教师应该采取"晓之以理"的方法耐心沟通，不要让矛盾激化，从而使双方在互相理解的基础上做进一步的交流，直至达到理想的效果。

第三，耐心辅导家长采用科学的育儿方式。

有些家长由于对孩子年龄特点不了解，不知道如何教育孩子，有些时候教育孩子的方式很不恰当，一味地溺爱，甚至放纵，而幼儿教师是有一定育儿知识的专业人员，遇到问题应通过各种方式启发、引导家长，让他们了解孩子的身心特点，更新教育观念，掌握正确的育儿方式。比如，幼儿吃饭挑剔是很多幼儿教师和家长都会遇到的问题，如何解决这一问题呢？既不应一味地满足幼儿的要求，也不应采用打、骂等粗暴的方式，而应先与家长沟通，然后教育幼儿，通过较为平和的方式最终使问题得以解决。

第四，能听懂家长的话。

许多家长遇到了问题不会和幼儿教师挑明，而是用暗示的方法向教师反映，这个时候如果幼儿教师没有反应过来，就会忽视问题，渐渐地，家长就会对教师产生意见。这也是幼儿教师经常遇见的一种现象，家长为了一件小事大发雷霆。其实这就是"积怨"。因此教师要听懂家长的"话中话"，及时解决问题。比如，初入园的幼儿家长，当看到孩子不适应时，对幼儿教师是有怀疑和顾虑的，家长还是愿意相信幼儿教师的能力和爱心，所以会用很含蓄的语言暗示幼儿教师。如果幼儿教师此时不做个"有心人"，听不出话中的潜台词，只从表面去理解，或者根本就忽略这些潜台词，那么恐怕会将"小误会"变成"大麻烦"。

第五，应以"换位"的方式与家长沟通。

现在幼儿园中幼儿教师的一大特点就是年轻化，有的年轻教师还没有成家，也没有为人父母的角色体验，有的即便已经做了母亲，在与家长沟通时，也经常会遇到难以达成共识的局面。这就要求幼儿教师要了解父母的角色，并从父母的角度去体会家长的心情和需求。比如，孩子在集体活动中手或头碰破一点皮，家长接孩子时十分惊讶、十分心痛是肯定的，而有的幼儿教师表现得若无其事，认为家长大惊小怪，教师如果这样会使家长觉得教师对自己孩子不够关心，对工作不够负责，进而影响家长与教师的关系，给家园沟通造成障碍。如果教师从父母的角度去心疼孩子，或者换个角度思考，如果受伤的是自己的孩子，就会很自然地理解家长的心情，处事态度也会大不相同。

第六，应该采取恰当的表达方式。

如何恰当表达自己的意思，是幼儿教师必须学会的技巧，比如，一分为二、实事求是，先行肯定、再提意见，预约访谈、全面关注等，这些都是非常实用的沟通技巧。对于那些身有缺陷的孩子，幼儿教师在与家长沟通的过程中要特别加以注意。他们更加敏感，怎么说话才能让他们心里舒服些，不觉得教师是在轻慢自己的孩子，这就需要表达的艺术了。很多幼儿教师不注意表达方式，这会对双方的沟通造成极大的影响。

第七，根据家长类型调整沟通方式。

综观来自不同家庭的家长，通常可分为放任型家长、唠叨型家长、刁难型家长、细腻型家长、关注学习型家长、自我中心型家长、高知型家长、婆媳不和型家长、托管型家长、特殊儿童的家长等，幼儿教师在与家长沟通时，需要根据家长的特点选择适宜的沟通方式，这点非常重要。

第八，围绕具体事件进行有效沟通。

家长最关心的是孩子每天在幼儿园的情况，最喜欢听的自然是发生在自己孩子身上的事情，因此，教师与家长沟通时，可以围绕家长关心的方面，与家长讲述一些有关孩子的事情，也可以向家长讲述一些幼儿在园发生的比较特别、有趣的事情或一些生活、活动的细节。例如，对进餐有问题或较困难的幼儿，可以与其家长说说幼儿午餐的具体情况，需要家长关注和配合的方面；对没有良好午睡习惯或午睡情况异常的幼儿，可以与其家长说说幼儿的午睡情况，交流一下午睡时发现的问题并分析原因；对衣服穿着不合适的幼儿，可以与其家长谈谈服装影响幼儿活动的细节；对非常注重"学本领"的幼儿家长，可以说说幼儿的学习情况；对在幼儿园表现比较平稳、无太大异常的幼儿，可以与其家长说说幼儿活动的细节，让其家长感受到教师对孩子的关注；对比较溺爱孩子的家长，可以说说能力培养对促进孩子发展的作用和价值，让家长知道他们心目中的爱往往会剥夺孩子成长和发展的机会，和家长聊聊发生在孩子身上有趣的事，家长会很开心；对一些比较挑剔的家长，可以讲述照顾孩子的过程，让家长知道虽然他们提出的要求很繁杂，但是教师都尽力做到了，从而让家长放心……总之，教师在向家长讲述具体事情时要尽量表述一些细节，让家长感受到教师对孩子的关心与关注。

第三章 幼儿园音乐构成要素教育

第一节　幼儿园音乐教育中的音乐构成要素

一、音乐构成要素的选定

音乐要素即构成音乐的相关元素，具体指节奏、旋律、音色、和声、力度、速度、曲式、织体、调式等。也有学者将这些要素命名为"因素"。如将力度、节奏、音高、曲式、音色、和声统称为音乐现象中的六种基本因素。不过学界更多还是使用"要素"一词而非"因素"。我国一般会把旋律、节奏、音色等定义为音乐的元素、因素或者要素。其实都是指代同一事物，不过用得更多的还是"要素"一词。本书综合各家之所长，将音乐构成要素的概念界定为构成音乐的基本元素。

我国幼儿园选定的音乐学习构成要素，可以在《3~6岁儿童学习与发展指南》（以下简称《指南》）中一探究竟。具体来说，可以在《指南》关于艺术领域的目标中将音乐构成要素解析出来。《指南》艺术领域的目标分为两大类：一是感受与欣赏；二是表现与创造。

首先，在"感受与欣赏"的"目标1"中，4~5岁年龄阶段中第2点提到"喜欢倾听各种好听的声音，感知声音的高低、长短、强弱等变化"。这里出现了高低、长短、强弱三个要素，高低和长短并非专门的音乐术语，这两个词对应的音乐构成要素的音乐术语是音高和时值。同时在"目标1"相应的教育建议中提到"让幼儿倾听和分辨各种声响，引导幼儿用自己的方式来表达他对音色、强弱、快慢的感受"。这里出现的音色和快慢是另外两种音乐构成要素，其中与快慢相对应的音乐术语就是速度，也就是我们经常能够在乐谱中看到的"tempo"这个词。在"感受与欣赏"的"目标2"对应的教育建议中提到"经常让幼儿接触适宜的、各种形式的音乐作品，丰富幼儿对音乐的感受和体验"。各种形式的音乐作品可以理解为国外的作品、中国的作品，抑或是古典音乐、爵士音乐，又或是器乐作品、声乐作品等。但是作为音乐构成要素中的形式，这里可以理解为曲式，因为不同曲式结构的音乐作品也属于不同形式的音乐作品，例如奏鸣曲式、回旋曲式等，所以将其归类到音乐曲式这个音乐构成要素上。

其次，在"表现与创造"的"目标1"中，5~6岁年龄阶段中第1点提到"能用基本准确的节奏和音调唱歌"。通过查找《现代汉语规范词典》，对于音调的解释是指乐曲的旋律，基本准确的音调则是指整个音乐旋律的准确性，因此，音调被归类到旋律这个音乐构成要素上。4~5岁年龄阶段中第3点提到"能用拍手、踏脚等身体动作或可敲击的物品敲打节拍和基本节奏"。毫无疑问，这里音乐构成要素就是指节拍和节奏两个要素。

综上所述，通过分析《指南》中的具体目标，可以提炼出我国幼儿园要求幼儿掌握的音乐构成要素是音高、时值、强弱、音色、速度、曲式、节拍、节奏、旋律，共九大要素。

二、各音乐构成要素的概念界定

在对音乐构成要素进行概念界定之前需要先明确的一点是：这九大要素作为音乐不可或缺的组成部分，还可以分成两大类，即"音"的构成要素、"乐"的构成要素。

第一类，属于音的构成要素。属于音的构成要素包括音高、时值、强弱、音色四个。这四个要素也是基本要素。我们之所以能够听到音乐就在于声音的存在，而构成声音的四大要素就是音高、时值、强弱、音色。只要是我们能够听到的声音必然会具备这四个要素，无论它是环境音如雨声、打雷声、鸟鸣声，乐器音如萨克斯管、巴松、班卓琴等的音，还是被制造出来的电子音如电吹管（Electronic Wind Instrument，简称EWI）的音。声音是我们感受音乐的基础。

第二类，属于乐的构成要素。属于乐的构成要素包括速度、曲式、节拍、节奏、旋律。正是在音的基础之上加入了乐的这五种"辅料"才构成了好听悦耳的音乐。打个比方，音就相当于做料理时的基本食材，有了声音之后，再加入速度、曲式、节拍、节奏、旋律五种"作料"就做成了"音乐"这一道大菜。

（一）"音"范畴下的构成要素

1. 音色

音色（timbre）在音乐中被看作是音的颜色、色彩或者音的品质，也称音质或音品。它取决于发音体的材质和发音方式的不同，而发音体材质和发音方式的不同也决定了泛音的数量和强度的不同，换言之，泛音的数量和强度受发音体的质地、形状、振动方式、发音方法等因素的影响，也就决定了音色的多种多样。音色是人对一种声音品质的独特感知，可分为三种不同的类型：人声音色、乐器声音色和自然声音色。三种不同的音色类型又细化为不同的形式，例如，人声音色一般又分为男声音色、女声音色、童声音色等；乐器声音色的种类更加丰富，如弦乐器音色、管乐器音色、电声乐器音色等；自然声音色主要指除了人声音色、乐器声音色之外的大自然或日常生活中听到的各种音色。

2. 强弱

强弱（intensity），顾名思义也就是指声音的强弱，取决于发音体振幅的大小。振幅大，音量则强；反之，音量则弱。强弱可以进一步细分为两种类型：一种是强弱的程度，即强和弱；一种是强弱的变化，常见的有四种，分别是渐强、渐弱、突强、强后即弱。音乐的力度与音乐的内容密切相关，通过力度的各种变化，可以塑造出丰富的音乐形象。通常来说，用强的力度来表达愤怒、铿锵有力、豪迈奔放的情感，如中国国歌《义勇军进行曲》就是一个代表性的例子；同时，用弱的力度来表现安静祥和的音乐情境，如法国作曲家圣桑的《动物狂欢节》中第13首《天鹅》就是大部分采用弱力度演奏的作品，把天鹅在皎洁的月光下游弋在湖面上的情景刻画得惟妙惟肖。在音乐中，强弱的变化最常使用的就是渐强和渐弱。如在我国家喻户晓的《梁祝》这首曲子最后的再现部中，旋律的渐弱犹如两只蝴蝶相互依偎慢慢飞远，给人渐行渐远的感觉。

3. 音高

音高（pitch）指的就是音的高低。音高是由物体在单位时间内振动次数的多少决定的，也就是发音体的振动频率。每秒振动的次数越多音越高，反之则低。例如目前国际通用的标准音也就是小字一组的 a^1 音，每秒振动 440 次。不同音高的音按照一定形式组织在一起后，给我们的听觉感受是音与音之间出现了高低起伏，而这种高低起伏也是构成旋律的基础。

4. 时值

时值（length）也称音长，指的是一个音的长短。在音乐中有长的音也有短的音，音乐中用音符和休止符来表示音的长短。时值长短取决于发音体振动的时间，振动时间长，音则长，反之则短。时值的计算单位是拍，如全音符的时值是四拍、二分音符的时值是两拍、四分休止符的时值是一拍、八分休止符的时值是半拍等。如果将其按时值长短排序的话，全音符时值最长，其次是二分音符，再次是四分休止符，最后是八分休止符。

（二）"乐"范畴下的构成要素

1. 速度

速度（tempo）指音乐进行的快慢，通常以每分钟有多少拍来表示。速度分为两大类：一是速度的快慢程度，如快板、慢板等；二是速度的变化，如渐快和渐慢。音乐的速度对音乐作品的表现有重要意义，它与作品的背景、内容、塑造的形象密切相关。相同的旋律由于速度的不同可以塑造出完全不同的音乐形象，表达出完全不同的情感和意境。快速的作品往往表现奔放、激动、热烈的情感，如我国的二胡名曲《赛马》，就把激烈的赛马情景用音乐描绘得淋漓尽致，速度甚至达到了每分钟 168 拍；中速的作品往往表现田园牧歌、人文自然景观，如中国聊城葫芦丝艺术节主题曲《丝响中国》，就描绘了大地回春、万物萌生、生机盎然的情景，速度为每分钟 96 拍；慢速的作品往往是抒情性的，如舒曼的《梦幻曲》采用广板（Largo）的速度，每分钟 50 拍。

2. 节拍

节拍（meter）的概念比较复杂。在讲解节拍前，首先要清楚构成节拍的两个基本子概念：拍和拍子。拍和拍子是构成节拍的基础，也是理解节拍概念的前提。用固定时值的音符来设定节拍的单位称为拍，如以四分音符为一拍或以八分音符为一拍。将拍按一定的强弱关系组织起来就变成了拍子，如二拍子的强弱关系是强、弱；三拍子的强弱关系是强、弱、弱；四拍子的强弱关系是强、弱、次强、弱。所以节拍的概念就是音乐中相同时值的强弱拍有规律地交替进行。综上所述，拍其实是一个最小固定时值的单位，首先由拍构成拍子，例如有四拍就构成了四拍子，当然其中还要有强弱规律，强、弱、次强、弱的加入才能真正构成拍子。然后这个由单位拍构成的拍子有规律地交替进行就构成了节拍。

3. 节奏

节奏（rhythm）是指在音乐时间中将相同或不同时值的音按照一定的规律组织起来。节奏可以说是音乐中最为核心的音乐构成要素，即使只用节奏这一个要素也可以做出一首好听的音乐作品，因为音乐本身就是一门时间艺术，而节奏同样也是依存于时间而存在的。可以说，在音乐的训练过程中，节奏能力的培养是重要的课题之一。节奏主要通过音的长短关系组织在一起，从而形成音乐的"骨骼"。构成旋律的音相同，只要改变了节奏，音乐形象就会立即改变。

4. 旋律

旋律（melody）是乐音按照一定的音高、时值、节奏、调式等逻辑关系组成的一种呈现高低构造式的横向进行。旋律线条有三种不同的进行方式：上行、下行、平行。

5. 曲式

曲式（musical form）是由各种音乐要素所构成的一些或同或异的音乐事件在一个有起讫的时间过程中按一定的逻辑加以分布、组合所形成的整体结构关系。对于幼儿园音乐教育从业者来说，曲式这个音乐构成要素相对其他要素比较陌生，下面重点来谈一下曲式。

音乐作品的曲式可以分为三大类：一是基础构造类；二是反复与对比类；三是主题与变奏类。

（1）基础构造类

首先，在基础构造类中，我们要知道音乐中一个乐段是如何一层层架构起来的如图 3-1 所示。

一个乐段

↑

乐句+乐句+N

↑

乐节+乐节+N

↑

乐汇+乐汇+N

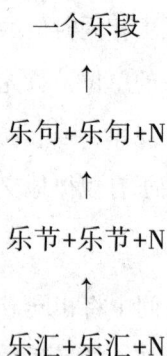

图 3-1　乐段架构

如图 3-1 所示，从下往上，若干乐音构成了音乐的最小结构，也就是乐汇。乐汇是指由两个以上的乐音组合成的音组，它往往环绕一个主要重音运动，其音型和节奏组合形成一定的特点；之后两个及两个以上的乐汇构成乐节，乐节是指长度为 2~4 小节规模的相对短小但较为清晰的音乐片段，一般情况下，乐节相当于半个乐句的长度，乐节一般包含两个以上的节奏重音，但是其旋律并不完整；然后两个及两个以上的乐节构成乐句，乐句是乐段的基本组成部分，长度一般在 4~8 小节，乐句包含相对完整的内容，具有完整的旋律，因此句尾一般会出现较为明显的终止感；最后，两个及两个以上的乐句构成乐段，乐段是规模最小的曲式单位，因其容量有限，一般建立在一个音乐主题的基础上，表现单一音乐形象和性格，很多乐曲的主题就常常以乐段的结构加以陈述，因此，乐段既可以表达完整或相对完整的音乐思想，也可以当作独立的曲式结构，例如由一个乐段构成的曲式即一段曲式，又可以作为较大乐曲中的一个相对独立的部分。

音乐的结构其实和语言的构成极为相似，一段文字可以由字、词、句（前半句和后半句）、段构成，如果和音乐的结构一一相对应的话，就如表 3-1 所示。

表 3-1　音乐与语言结构的对应关系

音乐	语言
乐音	单个的字
乐汇	词汇
乐节	一句话中的前半句或后半句
乐句	完整的一句话
乐段	完整的一段话

（2）反复与对比类

在反复与对比类中，又可以分为以下三种形式：①三段曲式，即 ABA 结构。这是幼儿园音乐教育中最为常用的。这种结构是在二段曲式的基础上架构而来的，因为其会回归 A 段主题，所以结构较为完整和统一，适合用于幼儿园音乐教育。②回旋曲式，ABACA……A 结构。其中，A 被称为主部，B、C 被称为插部。当然，插部也可以不止两个，三个甚至四个都是允许的。不过在幼儿园音乐教育中 ABACA 的结构足矣。贝多芬的《献给爱丽丝》就是一首标准的 ABACA 回旋曲式结构的乐曲。这种结构也常用于幼儿园音乐教育中。③奏鸣曲式。虽也属于反复与对比类，但是因其结构过于复杂，在幼儿园音乐教育中的使用价值不大，本书不予探讨。

（3）主题与变奏类

主题与变奏类中最具代表性的当数变奏曲式，其曲式结构图是 A—A1—A2—A3—A4—……其中，A 是主题，其后出现的 A1、A2 等都是在 A 的基础上通过一系列的手段方法变化发展而来的变奏段，当然，后面出现 A5 甚至是 A6 也是可以的。最具有代表性的作品当数莫扎特的《小星星变奏曲》，A 段主题就是我们最为熟悉不过的 "1155665，4433221"，后面的二到十三段变奏音乐都是根据 A 段主题音乐发展变化而来的。变奏曲式结构也较为复杂，不过与奏鸣曲式相比，在幼儿园音乐教育中还是有使用的可能性的，可以把音乐进行节选或剪辑，使其曲式结构变小，如缩减为 A（主题）—A1（变奏段）—A2（变奏段）的变奏曲式结构，用于幼儿园音乐教育中。

三、音乐构成要素的排序

虽然上述在排列音乐构成要素时是按照音的要素和乐的要素进行分类的，但是在幼儿园音乐活动中融入音乐构成要素开展活动的时候还要注意九大音乐构成要素实施时的顺序问题。一要遵循由简入难的基本原则排序；二要注意前一个或多个要素应该是判断下一个要素或者实施该要求活动的前提基础。例如要辨别节拍首先要能够判断强弱。节奏的实施则要以能够判断强弱、速度、节拍这三个要素为前提。本书将抽离出来的幼儿园音乐教育中的九大音乐构成要素按以下顺序排列：强弱、速度、节拍、节奏、音色、音高、时值、旋律、曲式。

首先，我们知道音乐最重要的要素之一是节奏，作为音乐骨架，没有节奏的话即使有再好的音色、音高也不足以使其变成音乐。而节奏，需要在节拍的框架之内完成，但是构成节拍的下属基本要素是强弱和速度，所以本书把强弱和速度两个要素排在最前面。有了强弱就可以判断出节拍，在一定的速度以及节拍的框架下就可以开展节奏活动了。

其次，音色、音高相对于时值来说，幼儿更容易感受得到，平时爸爸妈妈、爷爷奶奶的音色打耳一听就能够辨认出来；音高也是一样，例如给幼儿从低到高或从高到低弹奏一个音阶他们是能够辨认音的慢慢升高或降低的。时值相比音色、音高，需要"用心听"方可感知，如果有参照物、有对比的话更容易判断，例如判断一个四分音符和全音符的时值。

最后，旋律和曲式对于幼儿来说是相对复杂的音乐构成要素。旋律是一个"综合体"，它是由前面提到的各种音乐构成要素集合而产生的，能够感知前面各种要素的话就可以理解旋律。虽然曲式这个要素也是从属于旋律的，但是考虑到判断曲式结构主要通过旋律这个要素来进行，所以本书把曲式这个要素放在九大音乐构成要素的最后。

第二节　幼儿园设计音乐构成要素活动的必要性和意义

一、实施音乐构成要素活动的必要性

音乐是什么？对此，学者们各有自己不同的看法，如音乐是通过有组织的乐音在时间上的流动来创造艺术形象、传达思想感情、表现生活感受的一种表现性时间艺术。又如音乐是以人声或乐器声音为材料，通过有组织的乐音在时间上的流动来创造审美情境的表现性艺术。音乐可以分为声乐和器乐。从上述对于音乐概念的界定中能够发现诸多关键词，"有组织""时间""感情""声音""审美"。而这些关键词在音乐中具体化的话，其实就是音乐的构成要素。比如，组织乐音的关键就在于使用"节奏"和"节拍"两个要素；又如，"声音"这个关键词对应的音乐构成要素就是"音高""时值""音色""音量"。所以音乐构成要素就是指这些表现音乐的具体手段或者说构成音乐的基本元素，如强弱、音高等。而音乐之所以听上去丰富多彩、变化多端也正是得益于这些音乐构成要素相互之间的交织组合。如节奏和节拍是乐曲结构的基本因素之一，在许多进行曲和舞曲中，节奏、节拍的表现作用最为明显。所以，正是这些各种音乐构成要素组合在一起，才构成了我们可听可感的音乐，也可以说，理解这些音乐构成要素是我们听懂音乐的关键。

同理，这些音乐构成要素投射在音乐教育中同样重要，在幼儿园音乐教育中亦是如此。幼儿园音乐教育的价值有两点：一是对幼儿音乐能力发展的促进；二是对幼儿全面发展的促进。其中，音乐能力是幼儿音乐素质中重要的组成部分。音乐能力是个体在从事表演、创编等音乐实践活动时表现出来的操作水平。而这里的操作水平就主要表现在对节拍、节奏、旋律、强弱、速度等音乐构成要素的把握上，当然，这也是我们在进行幼儿园音乐教育活动评价时的重要指标，因此音乐构成要素活动在幼儿园音乐教育中是必不可缺的一环。教师在设计教案，特别是每次写作音乐活动目标的时候，应该加入音乐构成要素目标的写作。目前我国幼儿园音乐活动教案普遍从认知目标、情感目标、技能目标三个维度来设计，可以将音乐构成要素合乎逻辑地写入这三种不同目标的任意一个或几个中，例如在"口哨与小狗"这个教案的技能目标中要求"能区分出口哨的音色"，如此就给出了对于音色这个音乐构成要素的具体要求。

但并不是每个教案都含有音乐构成要素的设计。例如小班歌唱活动"小瓢虫飞"由两个目标设定组成：情感目标，"在随乐活动中体验音乐的美好与快乐"；技能目标，"尝试用简单的肢体语言表现歌曲的内容和情感"。此案例中没有将音乐构成要素纳入其中。又如，小班歌唱活动"泡泡不见了"由三个目标组成：技能目标，"能够完整地歌唱歌曲并且大胆地表现歌曲的情感"；情感目标，"用愉快的心情进行此活动"；认知目标，"锻炼观察力、注意力、对音乐的开始与结束的反应能力"。同样，在此案例中也没有体现出音乐构成要素。不仅是歌唱，其他音乐活动也存在此种情况，如小班打击乐活动"这是小兵"中：认知目标，"学前儿童在教师的指导下应能看懂图形谱，并会根据图形谱完成动作练习"；技能目标，"根据图形，选择相对应的打击乐器，制作完成打击乐谱"；情感目标，"体验打击乐器演奏的乐趣，喜欢打击乐器演奏活动"。在这个教案的目标写作中同样也是看不到任何音乐构成要素融入其中的。

另外，有的目标设定虽然融入了音乐构成要素，但是并不具体，过于宽泛。如大班打击乐活动"穿过黑森林"中的技能目标要求"会听辨乐曲重音和节奏，并尝试用个性的动作和声音来表现"，虽然提到了节奏这个要素，但究竟是什么节奏？是切分节奏还是附点音符构成的节奏？要求幼儿达到什么目标？这些并没有说清楚，而这些正是学习节奏要素的关键。又如，小班幼儿打击乐活动"我爱我的幼儿园"的技能目标中含有"能使用碰铃，基本按乐曲的节拍进行演奏"，提到了"节拍"要素，但同样没有说明具体是什么节拍，是节还是拍？节拍的概念相对复杂，表示的是音乐中相同时值的强弱拍有规律地交替进行。这个概念中提到了"强弱拍""有规律"，所以节拍中还包含了拍子的概念，如三拍子或者四拍子以及它们的强弱规律。如果对该技能目标"能使用碰铃，基本按乐曲的节拍进行演奏"进行改进的话，首先应该明确大班阶段的幼儿要掌握的拍子是什么，其次才是按照节拍进行演奏。最后还要注意，因为节拍是交替进行的，所以节拍培养的关键点应该是稳定性。

综上所述，音乐构成要素活动在幼儿园音乐教育中是非常重要的一环，通过音乐构成要素活动才能真正提高幼儿的音乐素质。只是普通的唱歌、跳舞并不能完全代表音乐，音乐还包括了欣赏、节奏、律动、视唱、弹奏、乐理、作曲等多方面的综合知识。要想提高幼儿的音乐素养，就必须从多方面入手，使幼儿能全面掌握这些音乐要素，能够自己去表现音乐，通过音乐提高自身的素质、道德感等，这样才能真正达到音乐素质教育的目的。

二、音乐构成要素活动开展的现状及意义

关于音乐构成要素的活动设计研究首推达尔克罗兹音乐教学法，因为达尔克罗兹体态律动最为全面地体现了音乐与幼儿身体活动的结合，更把各音乐构成要素与身体运动对应起来，设计了系统的身体动作基本语汇，并将其与音乐的节奏、节拍、速度、强弱等构成要素相对应。幼儿教师更多会关注幼儿园四大音乐活动——歌唱、韵律、打击乐、音乐欣赏的开展，而忽略细节上音乐构成要素活动的展开。其实音乐构成要素才是真正提高幼儿音乐素养的关键。如果只是把视野放在歌唱、韵律、打击乐、音乐欣赏上，多少有一点"只见树木，不见森林"

的感觉，还可能会误导我们对音乐活动的理解，以为音乐活动就仅限于唱一唱，跳一跳，听一听。幼儿园音乐活动中到底要感受什么？幼儿如何欣赏音乐？答案就是要去感受音乐的强弱、音色、曲式等音乐构成要素。只有感受到了这些要素的存在以及各种变化，才能做到真正意义上的音乐欣赏，歌唱、韵律、打击乐也才有了真正的价值。也只有这样，幼儿才能够真正听懂音乐，这也是后期幼儿表现与创造音乐的关键。不仅如此，高校学前专业的大部分本科生小的时候并没有系统地学习过音乐，基本是从大一入学后才开始正式学习音乐课程，音乐素养相对薄弱，对音乐构成要素等一些基本概念不甚了解。这也是学前专业学生在本科阶段音乐学习过程中需要补齐的短板。关于世界三大音乐教学法，多数学生都知道奥尔夫音乐教学法，但是提到柯达伊音乐教学法、达尔克罗兹音乐教学法，知道的人并不多，其实我国幼儿园中的韵律活动就是借鉴的达尔克罗兹的教学理念。此外，柯达伊将手势作为经典的学唱方式，学生对此也不甚了解。

音乐构成要素在幼儿园音乐教育中的重要性不可否认，但是目前在国内其受重视程度不高，有与音乐构成要素相关的活动设计但是相对来说不完整，总体上欠缺系统性、体系化，而且欠缺在三大音乐教学法的核心教学法框架下对音乐构成要素进行活动设计。例如在奥尔夫音乐教学法中采用的活动设计反而是借鉴的达尔克罗兹音乐教学法，其实奥尔夫音乐教学法最为核心的方法是奥尔夫乐器的应用，活动的设计应该以奥尔夫乐器为中心逐步提升。国外的研究也存在同样的问题，即要素活动设计不完整，没有一一对应音乐构成要素进行细致的活动设计。我们必须构建一个三大音乐教学法视野下的音乐构成要素活动设计指导理论体系。在此基础上，指导实践，使用三大音乐教学法设计音乐构成要素活动。读者可由此进一步发散，设计属于自己的幼儿园音乐活动。

第三节　小、中、大班音乐构成要素的活动目标和内容

本节首先根据《幼儿园教育指导纲要》（以下简称《纲要》）和《3~6岁儿童学习与发展指南》中要求幼儿能够达到的艺术活动和音乐活动的目标归纳出具有概括性的音乐教育总目标。相比《纲要》，虽然《指南》有某些细化的音乐构

成要素活动目标，但是并不完整，也不够体系化，为此，这里根据幼儿的能力发展特点，结合前面概括总结出的音乐教育总目标，细化并明确了小、中、大班三个不同阶段九大音乐构成要素的活动目标和内容。

谈及音乐教育的总目标，就不得不说到《纲要》和《指南》这两个文件。《纲要》中提到了艺术教育的总目标，有以下三个：①能初步感受并喜爱环境、生活和艺术中的美；②喜欢参加艺术活动，并能大胆地表现自己的情感和体验；③能用自己喜欢的方式进行艺术表现活动。而《指南》中的总目标分为两大类，这两大类又各包含两个下属次级目标。①感受与欣赏：目标 1，喜欢自然界与生活中美的事物；目标 2，喜欢欣赏多种多样的艺术形式和作品。②表现与创造：目标 1，喜欢进行艺术活动并大胆表现；目标 2，具有初步的艺术表现与创造能力。

其实两大文件的总目标有重叠的地方，如《纲要》中的目标 1 "能初步感受并喜爱环境、生活和艺术中的美"和《指南》中感受与欣赏的目标 1 "喜欢自然界与生活中美的事物"就有相似之处；又如《纲要》中的目标 2 "喜欢参加艺术活动，并能大胆地表现自己的情感和体验"和《指南》中的表现与创造中的目标 1 "喜欢进行艺术活动并大胆表现"也相似，所以可以把两大文件的目标进行融合。因为音乐属于艺术这个大项，是艺术下面的一个子项，将"艺术"这个词替换成"音乐"，可以得出音乐教育的一个总目标，具体如下。

一是能初步感受并喜欢自然环境、生活和欣赏多种多样音乐形式的作品，感受音乐中的美。

二是喜欢参加音乐活动，并能大胆地表现自己的情感和体验。

三是能用自己喜欢的方式进行音乐活动，具有初步的音乐表现与创造能力。

上述音乐教育总目标确立了在实施音乐教育时的大方向，各个音乐构成要素的细化目标不妨以这个总目标为依据具体展开。

幼儿音乐能力的发展基本遵循从弱到强，逐渐提升的过程，根据维果茨基的最近发展区理论，目标的设定应首先考虑大部分幼儿的能力发展水平，然后考虑幼儿现有的水平以及通过音乐构成要素活动可以达到的水平，由此细化出目标，并确定具体的活动内容。下面将详细地介绍小、中、大班三个阶段音乐构成要素的细化目标和活动内容。

一、小班阶段各音乐构成要素的活动目标和内容

（一）强弱

由于小班幼儿的发音器官正处于生长发育阶段，声带结构短而娇嫩，喉头体积还不及成年人的一半，因此歌唱时的音量较小。所以在选择作品以及让幼儿进行演唱活动时应注意力度轻柔，首选弱（piano，简写为 p）。演唱或者演奏的时候不需要强弱变化，能保持一个力度，特别是以弱的力度进行演唱或演奏即可。所以小班阶段的强弱要素应以弱力度作为主要活动内容，但是在进行听辨活动时，可以让幼儿尝试区分明显的强和弱的力度。细化目标如下。

一是能初步感受音乐中强和弱的力度；

二是能大胆地表现自己对于弱力度的情感和体验；

三是能用自己喜欢的方式表现弱力度。

（二）速度

适合小班幼儿歌唱的速度为中速，包括演奏也是一样，对于小班幼儿来说太快当然是不合适的，比如 126 拍/分的快板（allegro）速度就过快了。但请注意，慢并不等于简单，例如想要卡准 56 拍/分的柔板（adagio）慢速，其难度丝毫不亚于 126 拍/分的快板，有时连成年人也觉得困难。所以最适宜小班幼儿掌握的速度为中板（moderato），也就是 104 拍/分。研究表明，3~4 岁幼儿的平均心率为 105 次/分，也就是说中板的速度与小班幼儿的心率是具有相似性的，如果歌曲的节奏能够和幼儿自身的生理活动的节奏相适应，如与心跳、呼吸的节奏同步，则幼儿会比较容易掌握。同理，内在的心率速度与音乐速度的相似性也有助于幼儿掌握中板的速度，所以此阶段应以 104 拍/分左右的中速作为活动内容。

但是可以让幼儿去听辨明显的快速和慢速。细化目标如下。

一是能初步感受音乐中速度的快慢；

二是能大胆地表现自己对于中速的情感和体验；

三是能用自己喜欢的方式表现中速。

（三）节拍

节拍表示音乐中相同时值的强弱拍有规律地交替进行。所以，讲解节拍这个要素应把重点放在幼儿对于有规律的强弱拍的感受上。3 岁以后，随着对音乐感知能力的增强，幼儿能够找到节拍，例如 $\frac{2}{4}$ 拍和 $\frac{4}{4}$ 拍的音乐。因为 $\frac{4}{4}$ 拍是 $\frac{2}{4}$ 拍的延伸，所以建议小班阶段节拍的活动内容把重点放在 $\frac{2}{4}$ 拍上。$\frac{2}{4}$ 拍因为"强—弱"的规律特点明显，掌握起来最为简单。细化目标如下。

一是能初步感受音乐中 $\frac{2}{4}$ 拍的强弱规律；

二是能大胆地表现自己对于 $\frac{2}{4}$ 拍的情感和体验；

三是能用自己喜欢的方式表现 $\frac{2}{4}$ 拍。

（四）节奏

节奏实际上是人类的本能，如我们人类的心脏跳动或者走路都是有节奏的，所以小班幼儿其实已经具有初步的节奏意识。若音乐的节奏与其自身生理活动的节奏相适应，如和呼吸节奏同步，幼儿就比较容易掌握。4 岁前的幼儿应以二分音符、四分音符、八分音符构成的节奏为主，通过音乐构成要素的活动设计，小班幼儿还是比较容易掌握节奏的。小班阶段是幼儿刚刚入园的时期，幼儿年龄3~4 岁，有些幼儿可能已在入园前接受过音乐启蒙教育，如钢琴的学习，但是大部分幼儿还是在进入幼儿园后才开始接受音乐教育的，之前对音乐可以说是一片空白。所以小班阶段节奏的活动内容要以比较基础简单的为主，由二分音符、四分音符、八分音符构成的规整型节奏就是首选。结合音乐教育总目标可得出小班节奏音乐构成要素的目标如下。

一是能初步感受二分音符、四分音符、八分音符，并喜欢从自然环境、生活以及多种多样的作品中感受二分音符、四分音符、八分音符构成的节奏。

二是喜欢参加节奏活动，并能大胆地表现自己对于二分音符、四分音符、八分音符构成的节奏的情感和体验。

三是能用自己喜欢的方式进行节奏活动，具有初步表现二分音符、四分音符、八分音符构成的节奏的能力与对三种不同音符进行节奏创造的能力。

（五）音色

音色分为人声音色、乐器音色、自然声音色三种。3 岁前的幼儿倾听经验已经十分丰富，他们能够听辨出家庭成员的声音，最简单的例子就是小班幼儿其实已经可以清楚地分辨出自己爸爸或妈妈的嗓音音色，甚至我们能看到有的幼儿能在多人一起说话相对嘈杂的环境中凭借音色找到自己的父母。《指南》中也提及"能用声音模拟生活情景"，间接地对音色提出了目标。所以小班阶段幼儿的音色构成要素活动以将他们熟悉的各种不同的人声音色作为主要活动内容为佳。具体目标如下。

一是能初步感受各种不同的人声音色，并能从自然环境、生活中区分各种不同的人声音色。

二是喜欢参加音色表现活动，并能大胆地表现自己对于各种不同人声音色的情感和体验。

三是能用自己喜欢的方式尝试表现各种不同的人声音色，具有初步表现各种人声音色的能力与对不同人声音色进行创造性活动的能力。

（六）音高

音高最重要的是要把音唱准，而音准其实对于整个幼儿园音乐教育阶段来说都是难点，小班幼儿更是如此。小班幼儿清唱音准的合格率仅在 30% 左右，因为一来它要求幼儿具备听辨音高的能力、控制自己发声器的能力以及监听自己所唱音高的能力，这对幼儿来说难度太高；二来大部分小班幼儿入园前对音高本身就没有概念，可以说是一张"白纸"。这就要求教师要在幼儿的脑中"写入"正确的音高。为了给幼儿从小种下准确的音高种子，作为辅助设备的钢琴是必备的。根据柯达伊音乐母语理论，如果在幼儿阶段没有给孩子养成正确音高感、培养音准意识的话，长大后出现"五音不全"的可能性很大。因此整个幼儿园音乐教育阶段，音高要素的培养是非常重要的，对于 3~6 岁的幼儿来说，此阶段是培养音高不可错过的关键期。比较常用的培养音高的活动方式就是唱音阶，而唱音阶前首先要考虑小班幼儿的音域，这个年龄段的幼儿一般可以唱六个音，音域一般在 c^1 至 a^1。但是注意这只是一般情况，因为存在个体差异，也有个别幼儿音域超过这个标准。因此，在小班阶段，关于音高要素的活动内容要放在 c^1 至 a^1 这个区间。其目标如下。

一是能初步感受 c^1 至 a^1 这个区间内的音高，并喜欢从自然环境、生活中区分各种不同的音高。

二是喜欢参加音高表现活动，并能大胆地表现自己在 c^1 至 a^1 这个区间内音高的情感和体验。

三是能用自己喜欢的方式尝试表现音高，具有初步的表现 c^1 至 a^1 这个区间内音高的能力与对其进行创造性活动的能力。

（七）时值

乐器演奏活动，即使时值长也没有关系，只须连续演奏即可，难度在于演唱活动。《指南》中明确指出"3~4岁幼儿能模仿学唱短小歌曲"，这里特别提到了"短小"这个词，所以小班阶段的时值要素活动中，选择的时值一定要短，应该重点考虑的是幼儿呼吸这一关键因素。首先，3岁前的幼儿肺活量小，呼吸短促且较浅，对气息的控制能力也较弱，因此在歌唱中换气比较多，即使一个乐句也会换气多次，还会出现一字一顿歌唱的情况，3岁后的幼儿换气能力有一定提高，可以唱简单的乐句后再换气。不过即便如此，刚刚进入幼儿园的小班幼儿换气跟不上旋律的情况也时有发生，所以教师在选择时值时，选择八分和四分等较短时值的音符作为活动内容为佳。其次，要注意乐句的数量，为4岁以下的儿童选择歌曲时，2~4个乐句为宜，总长度一般在8小节。因为乐句过多整体时值就会被拉长，幼儿换气次数就会增多，幼儿唱起来会感觉有困难。最后，让小班幼儿判断时值长短的时候一定要选择时值差异明显的音符，如八分音符和全音符。细化目标如下。

一是能初步感受不同音符时值的长短，能判断差异明显的音符时值。

二是喜欢参加时值要素活动，并能大胆地表现自己对于差异明显的音符时值的情感和体验。

三是能用自己喜欢的方式初步表现差异明显的音符时值。

(八) 旋律

幼儿园阶段要演唱和演奏旋律,而使用音条打击乐器演奏旋律不用考虑幼儿的音域问题,因为敲击即可,所以旋律的能力发展以小班幼儿的歌唱能力发展为主。通过练习小班幼儿要能够在他们的音域范围内,唱好一首歌曲的旋律。《指南》也提到 3~4 岁幼儿经常自哼自唱一些旋律和声调,但是在没有伴奏的情况下或者旋律的音域超出了他们年龄段的能力范围时,幼儿只能接近歌曲旋律歌唱且容易出现"走音"现象。因此这一时期的幼儿会出现类似于"说唱"一样的现象,即似说似唱,旋律性体现得不明显。根据柯达伊音乐教学法的理念,最开始学习歌唱以及最好唱的旋律音程是 sol-mi,sol 到 mi 是一个向下走的小三度(g^1-e^1),同时奥尔夫也认可柯达伊的这个观点。因此,在为小班幼儿选择旋律时应以三度及三度以下音程构成的旋律为主,当然同音重复也是可以的。细化目标如下。

一是能初步感受三度及三度以下音程构成的旋律,并喜欢从多种多样的作品中感受旋律。

二是喜欢参加旋律的表现活动,并能大胆地表现自己对三度及三度以下音程构成旋律的情感和体验。

三是能用自己喜欢的方式进行旋律表现活动,具有初步表现三度及三度以下音程构成旋律的能力与对其进行旋律创造的能力。

(九) 曲式

乐段是规模最小的曲式单位,由一个乐段构成的曲式,称为一段曲式。作为最小的曲式单位,一段曲式也是最简单的曲式结构,即使是小班幼儿也能够轻易掌握。二段曲式是由内容互不相同、既对比又统一的两个乐段构成的。二段曲式的第二部分也是一个乐段或只是一个相当于乐段规模的结构,其最大特征就是引入较新的主题材料,在呈示段的音乐结束时,引发乐思发展的新意向。通过曲式要素活动小班幼儿也能够较为轻松地掌握二段曲式结构。因此一段曲式和二段曲式可以作为小班阶段曲式要素的主要活动内容。细化目标如下。

一是能初步感受一段曲式和二段曲式构成的音乐作品并能够区别两种音乐曲式的不同。

二是能大胆地表现自己对一段曲式和二段曲式构成的音乐作品的情感和体验。

三是能用自己喜欢的方式初步地表现一段曲式和二段曲式构成的音乐作品。

二、中班阶段各音乐构成要素的活动目标和内容

（一）强弱

中班幼儿的发音器官仍处于生长发育阶段，但是相比小班阶段音量大幅增加。因此中班阶段幼儿在歌唱时能够使用强弱不同的力度，但是也要注意音量适中，这是《指南》明确要求的。同时《指南》中也明确指出"此阶段能感知声音的强弱等变化"，所以中班阶段的强弱要素要求幼儿能够用不同力度演唱歌曲或演奏作品，即掌握强（forte，简写为 f）和弱。当然，还要能够继续清晰地分辨出强和弱，所以中班阶段强弱要素的活动内容应继续放在加强感知与表现力度的强弱上。但是可以进一步加深难度，相比小班阶段，这一阶段可以采用比较明显的强弱对比让幼儿去分辨。细化目标如下。

一是能进一步感受音乐中强和弱的力度；

二是能大胆地表现自己对于强弱力度的情感和体验；

三是能用自己喜欢的方式表现强弱力度。

（二）速度

《指南》中提到 4~5 岁幼儿喜欢倾听各种好听的声音，感知声音的高低、长短、强弱等变化。虽然这里没有单独提到速度这个要素，但是在其后教育建议中说到引导幼儿用自己的方式表达对快慢的感受，所以在中班阶段感知快和慢是一个重要环节，应继续巩固幼儿分辨音乐快和慢的能力，并让其能够用自己的方式表现快和慢。歌唱活动中班以中速为主，适当稍快、稍慢。建议可以比小班稍慢一些，具体速度设置在 92 拍/分或 96 拍/分上，因为 5~6 岁幼儿的平均心率就在 95 次/分左右。92 拍/分和 96 拍/分的速度也属于中板（moderato）的速度区间。

细化目标如下。

一是能进一步感受音乐中速度的快慢。

二是能大胆地表现自己对于稍慢或稍快中速的情感和体验。

三是能用自己喜欢的方式表现稍慢或稍快的中速。

（三）节拍

小班掌握 $\frac{2}{4}$ 拍以后，中班阶段则可以顺理成章地引 $\frac{4}{4}$ 拍。

$\frac{4}{4}$ 拍是 $\frac{2}{4}$ 拍的延伸，在"强—弱"的基础上加入了"次强—弱"，衍生出了"强—弱—次强—弱"的规律。在继续巩固 $\frac{2}{4}$ 拍的基础上，中班阶段应把活动内容重点放在 $\frac{4}{4}$ 拍上。中班是养成节拍感的重要时期，在《指南》中也专门提到"4~5 岁幼儿能用拍手、踏脚等身体动作或可敲击的物品敲打节拍"，可知其重要性。细化目标如下。

一是能初步感受音乐中 $\frac{4}{4}$ 拍的强弱规律；

二是能大胆地表现自己对于 $\frac{4}{4}$ 拍的情感和体验；

三是能用自己喜欢的方式表现 $\frac{4}{4}$ 拍。

（四）节奏

经过小班一年的音乐教育，幼儿能够掌握二分音符、四分音符、八分音符构成的节奏，因为二分音符、四分音符、八分音符构成的节奏较为稳定，所以进入中班后的幼儿已经初步具备了一定的稳定节奏感。中班仍旧可以继续强化二分音符、四分音符、八分音符构成的节奏，并在此基础上，经过节奏构成要素活动掌握更加复杂的节奏型。可选择含有少量十六分音符构成的节奏，附点节奏也可以稍微多一些。中班阶段节奏构成要素的活动内容可以集中在十六分音符以及附点音符构成的节奏上。十六分音符同二分、四分、八分音符一样属于规整型音型，但是因为在一拍里面的音符数量变多，与四分音符一拍一个相比，十六分音符一拍四个，所以如果以相同的速度来打节奏，十六分音符给人感觉速度更快、时值更短，相对也就更难一些。附点节奏是指加上附点的音符所构成的节奏。幼儿园阶段比较常用的有两种，一个是附点八分音符，一个是附点四分音符，在难度上附点八分音符要比附点四分音符更难一些。中班阶段可以先从附点四分音符入手，再加入附点八分音符。《指南》中指出"4~5岁幼儿能用拍手、踏脚等身体动作或可敲击的物品敲打基本节奏"，由此可知，中班是节奏活动的关键期。细化的目标如下。

一是能初步感受十六分音符、附点音符构成的节奏，并喜欢从自然环境、生活以及多种多样的作品中感受十六分音符、附点音符构成的节奏。

二是喜欢参加节奏活动，并能大胆地表现自己对于十六分音符以及附点音符所构成节奏的情感和体验。

三是能用自己喜欢的方式进行节奏活动，具有初步表现十六分音符、附点音符所构成节奏的能力与对两种不同音符进行节奏创造的能力。

（五）音色

3岁以后，在教育的影响下，幼儿能够听辨不同的声响。这里"不同的声响"既可以是各种环境的声音，又可以是各种乐器的声音。环境的声音如风声、流水声，或者是下雨的声音；乐器的声音如古筝、琵琶的声音等，又或者是各种奥尔夫乐器的声音。这些都可以作为中班音色活动的素材。《指南》中指出"4~5岁幼儿喜欢倾听各种好听的声音"，所以中班音色活动的内容可以以各种不同的环境音色以及乐器音色为主。细化目标如下。

一是能初步感受不同的环境和乐器音色，并喜欢从自然环境、生活中区分不同的环境和乐器音色。

二是喜欢参加音色表现活动，并能大胆地表现自己对各种不同环境和乐器音色的情感和体验。

三是能用自己喜欢的方式尝试表现各种环境和乐器音色，具有初步的表现能力与对不同环境和乐器音色进行创造性活动的能力。

（六）音高

小班阶段已经掌握了 c^1 至 a^1 这个区间内的音高，中班阶段幼儿的音域会稍有扩展，一般在 c^1 到 b^1 之间，幼儿在巩固 c^1 到 a^1 的基础上，可以把 b^1 的音高唱准确。中班阶段音高构成要素把 c^1 到 b^1 的音高作为活动主要内容。中班阶段是音高教育的关键期，《指南》中明确指出 4~5 岁幼儿要能感知声音的高低。细化目标如下。

一是能感受 c^1 到 b^1 这个区间内的音高，并喜欢从自然环境、生活中区分各种不同的音高。

二是喜欢参加音高表现活动，并能大胆地表现自己在 c^1 到 b^1 这个区间内音高的情感和体验。

三是能用自己喜欢的方式尝试表现音高，具有表现 c^1 到 bc^1 这个区间内音高的能力与对其进行创造性活动的能力。

（七）时值

到了中班阶段幼儿整体的呼吸仍然短促且较浅，但相比小班肺活量有所增加，所以中班阶段可以选择时值更长的附点八分音符、附点四分音符以及二分音符作为活动内容。为 4 岁以上的幼儿选择歌曲时，可以含有 6~8 个乐句，总长度在 16~20 个小节，中速情况下，考虑到幼儿的呼吸和换气，每一个乐句也不宜过长。此外，中班是感知时值长短的关键期，《指南》中明确指出 4~5 岁的幼儿要能感知声音的长短等变化，所以对于中班幼儿来说，能够感知声音的长短是需要达到的目标。但是相比小班阶段要进一步加深难度，小班阶段是感知差异明显的音符时值，中班阶段应该是感知差异比较明显的音符时值，例如可以让幼儿判断八分音符和二分音符的时值长短。细化目标如下。

一是能初步感受不同时值音符的长短，判断差异比较明显的音符时值。

二是喜欢参加时值要素活动，并能大胆地表现自己对于差异比较明显的音符时值的情感和体验。

三是能用自己喜欢的方式初步表现差异比较明显的音符时值。

（八）旋律

中班是旋律活动的重要阶段，《指南》中指出，4~5 岁这个阶段的幼儿经常唱唱跳跳愿意参加歌唱活动并能基本准确地唱歌，还能通过即兴哼唱给熟悉的歌曲编词来表达自己的心情。这也对中班旋律活动提出了一定的要求。小班幼儿阶段已经掌握了三度，包括同音重复，特别是以 sol—mi 这个小三度音程以及三度以下音程为主构成的旋律。到了中班阶段，旋律跨度可以进一步扩大，向上达到 a^1，向下到达 d^1 和 c^1。加上小班阶段的 g^1 和 e^1，就构成了一个五声音阶，五声音阶的使用也是奥尔夫极力推荐的，奥尔夫和柯达伊都有使用五声音阶为孩子们创作歌曲的经历，这一点两人不谋而合。我国民间音乐中有数不尽的用五声音阶创作的旋律，教师应多去挖掘并在中班阶段的旋律活动中使用。中班阶段应该多选择由五声音阶构成的旋律作为活动素材。细化目标如下。

一是能初步感受五声音阶构成的旋律，能从多样的由五声音阶构成的作品旋律中感受音乐的美。

二是喜欢参与旋律活动，能大胆表现自己对五声音阶构成的作品旋律的情感和体验。

三是能用自己喜欢的方式表现五声音阶构成的作品旋律，具有初步表现与创造五声音阶段旋律的能力。

（九）曲式

小班阶段掌握了一段曲式和二曲段式以后，中班阶段的主要活动内容放在下一阶段的三段曲式上。三段曲式其实是在二段曲式基础上加入再现段发展而来，其是由三个相对独立的乐段按三部性结构原则组合而成的。这里的三部性结构原则主要是指三段曲式的第三段必须是第一段的再现或变化再现。三段曲式，即 ABA 或 ABA'（A' 指的是变化再现）曲式，在幼儿园音乐教育中极为常见。三段曲式的优点在于不仅可以把主要乐思初步呈现出来，还能做进一步的发展并引入新的对比因素，而最后的再现段具有再确认和结论性质，使得整体结构完整而统一，因此这种曲式具有严谨的逻辑性和结构性。在幼儿园音乐教育中多使用这种类型的曲式结构也能够培养幼儿对音乐感受的结构性。

中班以三段曲式作为主要的曲式要素活动内容。教师需要注意的是，有些作品其实采用的是规模更宏大的三部曲式，虽然三部曲式和三段曲式一样，也是 ABA（A'）的结构，但是其每一部包含的内容更多，A（首部）必须由二段曲式或三段曲式组成；B（中部）由二段曲式或三段曲式或展开性段落或乐段组成；A（再现段）是首部的重复或 A'（再现段）变化再现。三部曲式的作品也可以应用于中班，但是不需要幼儿听出其中过多细节性的东西，如要求幼儿听出首部中有一个二段曲式或三段曲式结构，就是不合理的。只需像三段曲式那样，听出 ABA 的结构，也就是听出第三部（A 再现段）中再现了第一部（A 首部）中的音乐要素和内容即可。不过还是建议中班以三段曲式结构为主。细化目标如下。

一是初步感受三段曲式构成的音乐作品并能够听辨出 ABA 或 ABA' 的结构特点。

二是能大胆地表现自己对三段曲式构成的音乐作品的情感和体验。

三是能用自己喜欢的方式初步地表现三段曲式构成的音乐作品。

三、大班阶段各音乐构成要素的活动目标和内容

（一）强弱

大班幼儿发音器官日渐成熟，音量也相对达到幼儿园阶段的一个最大值。相比中班阶段，音乐经验的不断积累，听辨能力和记忆能力的增强，让大班幼儿对于音乐的感受和理解能力有了较大提升，能辨别音乐形象鲜明的作品的力度。所以大班阶段可以让幼儿试着去表现和听辨渐强（crescendo）和渐弱（diminuendo）的强弱力度变化，主要活动内容也应该放在渐强和渐弱上。细化目标如下。

一是能够感受到音乐中的渐强和渐弱。

二是能大胆地表现自己对于渐强和渐弱的情感和体验。

三是能用自己喜欢的方式表现渐强和渐弱。

（二）速度

大班阶段速度也以中速为主，可以偏快或偏慢，考虑到 5~6 岁的幼儿平均

心率在 95 次/分，大班阶段的音乐速度也应尽量保持在此区间，在此基础上可以稍偏快或者偏慢。通过小班和中班的速度活动，幼儿能够做到以稳定的速度进行演唱或演奏，所以大班阶段可以进一步增加难度，让幼儿通过速度活动掌握音乐中的速度变化，即渐快（accelerando）和渐慢（ritardando）。可以将渐快和渐慢作为大班阶段速度要素的主要活动内容。细化目标如下。

一是能够感受到音乐中的渐快和渐慢。

二是能大胆地表现自己对于渐快和渐慢的情感和体验。

三是能用自己喜欢的方式表现渐快和渐慢。

（三）节拍

5~6 岁这个阶段的幼儿能较准确地找到拍音乐的节拍。小、中班通过拍和拍的活动，对节拍的感觉趋于稳定后，在大班阶段可以引入拍。拍的感觉明显不同于拍和拍，其强弱规律为"强—弱—弱"，此阶段的重点活动内容即拍。细化目标如下。

一是能够感受音乐中拍的强弱规律。

二是能大胆地表现自己对于拍的情感和体验。

三是能用自己喜欢的方式表现拍。

（四）节奏

大班阶段节奏中可以出现少量含有切分音的节奏。但是其实通过前期小班和中班的节奏活动，在大班阶段的节奏活动中掌握更为复杂的切分音节奏型并不是一件难事。切分音是幼儿园阶段最为复杂的节奏型，它打破了原本规整的强弱规律，与幼儿经验中的强弱规律完全不一样。

大班前的音乐教育都是以第一、三拍为强拍，第二、四拍为弱拍，与幼儿以往经验不同，原本第一拍强拍变成了弱拍，原本第二拍的弱拍变成了强拍。大班阶段随着幼儿节奏能力发展，节奏要素应以切分节奏作为活动的重点内容。同时《指南》还要求"此阶段幼儿能用基本准确的节奏唱歌"，可知大班阶段要求幼儿的节奏能力应该要达到一定的水准，所以对于切分节奏不能仅仅是初步感知，而应是真正地掌握。细化目标如下。

一是能感受切分节奏，并喜欢从自然环境、生活以及多种多样的作品中感受音乐的节奏美。

二是喜欢参加节奏活动，并能大胆地表现自己对于切分节奏的情感和体验。

三是能用自己喜欢的方式进行节奏活动，具有表现切分节奏的能力与对切分节奏进行创造的能力。

（五）音色

在小、中班阶段幼儿已经熟悉了各种人声、乐器声以及自然声的音色。4~6岁幼儿倾听的意识和能力均有所发展，他们能听辨不同的声音。大班阶段的音色活动在于综合前期各种不同的音色，分辨各种乐器声与人声以及自然声的不同。大班阶段音色活动的重点应该放在听辨各种不同的乐器、人声以及自然的音色上，这也是大班阶段音色活动的主要内容。同时《指南》还提到"乐于模仿自然界和生活环境中有特点的声音"，所以综合起来，细化目标如下。

一是能感受各种不同乐器声、人声以及自然声的音色，并喜欢从自然环境、生活中区分各种不同乐器声、人声以及自然声的音色。

二是喜欢参加音色表现活动，并能大胆地表现自己对于各种不同乐器声、人声以及自然声音色的情感和体验。

三是能用自己喜欢的方式表现各种不同乐器声、人声以及自然声的音色，具有表现各种乐器声、人声以及自然声音色的能力与对不同乐器声、人声以及自然声音色进行创造性活动的能力。

（六）音高

大班阶段即5~6岁的幼儿，音域在 b 到 c^2 之间，相比中班阶段，新加入了 b 和 c^2 的音高。不过重点应掌握的还是 c^1 到 c^2 这个区间的音高，也就是一个八度。大班阶段应把 c^1 到 c^2 这个区间的音高作为活动主要内容。《指南》中还特别提出"5~6岁幼儿能用基本准确的音调唱歌"，所以大班阶段对于音高和音准的要求也是最高的。细化目标如下。

一是能感受 c^1 到 c^2 这个区间内的音高，并喜欢从自然环境、生活中区分各种不同的音高。

二是喜欢参加音高表现活动，并能大胆地表现自己在 c^1 到 c^2 这个区间内音高的情感和体验。

三是能用自己喜欢的方式尝试表现音高，具有表现 c^1 到 c^2 这个区间内音高的能力与对其进行创造性活动的能力。

（七）时值

幼儿的成长发育是一个连续的过程，如肺在逐渐增大和增重的过程中，肺活量也在不断地增大。大班幼儿的肺活量相比中班阶段进一步增大，在巩固小、中班阶段八分音符、四分音符及其附点八分音符、四分音符以及二分音符时值的基础上，引入附点二分音符以及全音符等更长的时值作为大班阶段时值要素的活动内容。乐句方面，5~6岁的幼儿在速度较快的情况下，偶尔也可以演唱含有稍长乐句的歌曲，但是总体所选作品还是以短小为宜。至于时值长短的判断，在此阶段可以选择八分音符和四分音符等差异不明显的音符时值，进一步加大判断的难度。细化目标如下。

一是能感受不同时值音符的长短，判断差异不明显的音符时值。

二是喜欢参加时值要素活动，并能大胆地表现自己对于差异不明显的音符时值的情感和体验。

三是能用自己喜欢的方式有创造力地表现差异不明显的音符时值。

（八）旋律

旋律在大班阶段同样重要，《指南》提出"5~6岁幼儿能用基本准确的音调唱歌"就是一个很好的证明。到中班，幼儿已经掌握了五声音阶构成的旋律，而大班阶段的幼儿歌唱音域达到了一个八度。在大班阶段要加入的就是 fa、si 以及高八度的 do（c^2）这三个音。需要注意的是，其中六度和七度音程是不容易唱准的，甚至对于6岁以上的幼儿也是如此。六度和七度音程属于大跳音程，歌唱难度较大，所以建议在选择作品时，避开带有六度和七度大跳音程的作品。八度音程虽然难度略小于六度和七度，但亦属于大跳音程，也不简单，在挑选作品时也应注意尽量回避。到了大班阶段，一个八度的音全部出现，旋律是三个阶段中最复杂的。总体来说，选择的旋律不要起伏太大，要尽量平稳，所以要注意回避大跳音程，五度以内的音程。

综上所述，大班阶段旋律要素可以选择一个八度内的音所构成的旋律作为主要的活动内容。此阶段可以加入一些国外的优秀作品，甚至一些小众的优秀作品，如以色列著名的儿歌民谣 *A Ram Sam Sam*，旋律起伏平稳，朗朗上口。也可以选择欧洲的经典音乐。大部分的欧洲经典音乐作品都是用大小调式写作而成的，与五声音阶构成的旋律有明显的不同。细化目标如下。

一是能感受西方大小调式写成的旋律，从多样的大小调式写成的音乐作品旋律中感受音乐的美。

二是喜欢参与旋律活动，能大胆表现自己对西方大小调式写成的作品旋律的情感和体验。

三是能用自己喜欢的方式表现西方大小调式写成的作品旋律，具有旋律的表现力与创造力。

（九） 曲式

曲式结构分为一段曲式、二段曲式、三段曲式、三部曲式、变奏曲式、回旋曲式、奏鸣曲式、回旋奏鸣曲式、其他曲式结构。小、中班已经掌握了一段曲式、二段曲式、三段曲式，基本能够掌握三部曲式，大班阶段可以引入更加复杂的曲式结构。奏鸣曲式以及回旋奏鸣曲式结构过于复杂，不适合在幼儿园音乐教育阶段学习。变奏曲式是代表基本乐思的音乐主题陈述及其若干次的变奏构成的曲式，从结构上说比较简单，分辨其若干次的变奏有一定难度，但可以适当采用。大班幼儿能够掌握的更加复杂的曲式是回旋曲式，回旋曲式指的是同一个主题反复出现，其间插入若干不同的新材料的对比部分所形成的结构。其结构是ABACA，反复出现的 A 成为叠部，B 和 C 称为插部。当然，回旋曲式结构还可以进一步扩大，如再加入一个插部就变成了 ABACADA 结构。因为回旋曲式主题一直反复，而且中间有多种对比性强的段落出现，并且回旋曲式从其结构上看亦像是三段曲式或三部曲式的延伸，所以对于大班幼儿来说还是能够掌握的。此外，大班阶段还可以适量引入其他曲式结构，其他曲式结构泛指不属于本段开头提到的各种标准类型的曲式。但是注意不宜太难，如 ABBA 对称型曲式结构就可以考虑加入大班音乐活动中来。不过大班阶段应把主要曲式要素活动内容放在回旋曲式上，其他曲式结构需要教师进行甄选，量力而行。细化目标如下。

一是能感受回旋曲式结构构成的音乐作品并能够区别这种曲式结构。

二是能大胆地表现自己对回旋曲式结构构成的音乐作品的情感和体验。

三是能用自己喜欢的方式表现回旋曲式结构构成的音乐作品。

第四章 幼儿园歌唱教学的设计与实施

第一节 歌唱教学的情境设计与实施

现代教育十分重视环境对儿童发展的作用，人们已普遍认识到为幼儿创设良好的物质环境的重要性。优美和谐的气氛能积极、有效地促进幼儿的审美活动，直接影响学习效果。在歌唱教学过程中，首先应创设一个育情的活动环境，即创设与所学歌曲教育内容相适应的良好环境。达尔克罗兹有句名言：对音乐的理解，与其说是一种智力过程不如说是情感过程。所以，音乐教育的重点应着眼于通过创设各种音乐环境来引导幼儿对乐曲的美好体验，从而最大限度地调动其学习的积极性和主动性。幼儿学习以无意识为主的特征，要求教师花大力气在外部环境的设计上，通过情境的营造、物质环境的创设、教学材料的投放等手段，直接诱发幼儿的学习兴趣。在幼儿园歌唱教学实践中，我们主要从故事情境创设、生活情境创设、游戏情境创设和角色扮演情境创设着手，必要的时候也可多种情境创设综合使用，其目的都是使幼儿充分感受音乐内容，吸引幼儿真正进入音乐作品的学习活动中。

一、创设故事情境

"言语渲染，情境带动"，换句话说就是利用孩子爱听故事的天性，在富有情境化的故事中带领幼儿进入音乐教学。它是调动幼儿学习积极性的最佳方法之一。教师通过讲述娓娓动听的故事来引入所要学习的内容，该方法比较适合小、中班的孩子。由于小班孩子的注意力易受干扰和分散，一次活动的时间不宜过长，需要动静结合。而中班孩子处于小班和大班的过渡阶段，虽与小班幼儿相比有显著的进步，但他们仍然好动，有意注意虽然在逐步发展，但无意注意仍占优势，呈现出无意注意向有意注意转化的趋势，所以在低年龄段孩子中实行"言语渲染，情境带动"的导入策略比较适合。这种导入策略要求教师对歌曲的主要内容或创作背景做生动的介绍。介绍的形式就是通过情境化的故事，这样易于调动幼儿学习的积极性，使幼儿在听觉享受中动耳、动口、动脑，调动多种感官主动学习，积极参与。

例 4-1：歌曲《挠痒痒》的故事情境创设

小班歌曲《挠痒痒》描述了毛毛虫春天苏醒后在大树爷爷身上爬来爬去的情景。教师可将歌曲编成一个故事：毛毛虫在大树爷爷的身子里睡了整整一个冬天，现在春天到了，天气暖和了，它们全都睡醒了。毛毛虫们"哩哩哩哩"地唱着歌，全都爬到大树爷爷的身上，大树爷爷浑身被挠得痒痒的，忍不住"哈哈哈哈"地大笑。不仅如此，教师还可借用树的头饰与毛毛虫的指偶把这个故事表演出来。通过故事引导，幼儿歌唱时很自然地对故事中毛毛虫的"哩哩哩哩"与大树的"哈哈哈哈"做出音量上的对比。

例 4-2：歌曲《滑滑梯》的故事情境创设

小班歌曲《滑滑梯》生动地描述了小朋友玩滑梯时的情景，突出了欢快的情绪。在教唱这首歌曲时，教师可先根据歌词一个有趣的故事，绘声绘色地讲给幼儿听。幼儿在了解歌词大意后就很轻松地记住了歌词。整个学习过程中，幼儿情绪高涨，正所谓"故事帮助理解，理解促进记忆"。

例 4-3：歌曲《迷路的小花鸭》的故事情境创设

在《迷路的小花鸭》这首歌曲的教学中，教师直接把歌曲里的歌词作为音乐教学导入策略中的故事内容："池塘边，柳树下，有只迷路的小花鸭，嘎嘎嘎嘎，嘎嘎嘎嘎，哭着叫妈妈。小朋友，看见了，抱起迷路的小花鸭，啦啦啦啦，啦啦啦啦，把它送回家。"用歌词内容作为导入的故事，让幼儿对歌词有一个大致的印象，在情境化的故事中理解歌词内容，为接下去的学习奠定了基础。

例 4-4：歌曲《小鸡在哪里》的故事情境创设

在《小鸡在哪里》这首歌曲的教学中，教师将歌词稍做改编后作为导入环节的故事内容："有一只小鸡和鸡妈妈玩捉迷藏的游戏，妈妈一边找一边问：'小鸡小鸡在哪里？'小鸡调皮地回答：'叽叽叽叽在这里！'"这样亲切、形象、生动的故事使幼儿对歌词的理解更加明了。在理解了这个故事以后，再请幼儿与教师、幼儿与幼儿之间进行对话式的表演唱，幼儿学得就会更加轻松自然。

上面我们列举了四个案例，有的是将歌曲编成一个故事，有的是根据歌词编成故事，有的是直接把歌词拿来作为故事，有的是把歌词加以改编后成为故事。应该说，故事本身就是一种深受幼儿欢迎的形式，恰巧幼儿歌唱作品又以叙事内容居多，这就为我们从音乐作品中挖掘具有内容性的参照物提供了很多便利，在设计幼儿园歌唱活动时可以充分利用这一点，把具有一定情节的歌曲编成有趣的小故事，将幼儿带入音乐学习活动中。当然，故事情境设计的目的不只是引发幼儿兴趣，使幼儿无意识地进入音乐歌唱活动中，故事情境的设计还应当有所指向。故事内容以及故事中角色形象的创设都是为音乐作品服务的，是为了让幼儿更充分地理解和感受音乐内容。比如例中毛毛虫的"哩哩哩哩"与大树的"哈哈哈哈"在歌唱中应当做出完全不同的嗓音处理，若只是教师通过不断的范唱或者用语言告诉幼儿"哩哩哩哩"要轻轻地唱，"哈哈哈哈"要大声唱，幼儿很难感受到这两种声音之间的区别，我们以故事为依托将毛毛虫和大树爷爷发出的声音形象直观地呈现给幼儿，幼儿自然能感受到两者的不同，因此也达到了让幼儿充分感受音乐作品的目的。

二、创设生活情境

通过生活且来自生活的课，是使人印象最深刻、理解最容易的课；同样，来自生活的音乐课程才能让儿童真正感兴趣。让音乐教学实践回归生活，最关键在于教育内容要与儿童真实独特的生活保持紧密联系。音乐教育内容以儿童的生活经验为基础，音乐材料的选择、音乐教学主题的确定等都要源于生活，鼓励儿童以日常生活中熟悉的人、事、物为素材，创造与生活相关的音乐作品。不仅如此，在欣赏艺术作品时，教师也应引导儿童结合自身经验对音乐作品做出解释，或者将个人生活经验与音乐作品所表现的内容进行对比。

例4-5：歌曲《小猫叫咪咪咪》的生活情境创设

小班歌曲《小猫叫咪咪咪》旨在向幼儿传递要讲卫生、勤洗脸的观念。

整首歌只有重复两遍的歌词："小猫叫，咪咪咪，叫我干什么？叫我把脸洗。"教师在设计活动时，很好地融入了洗脸这一在幼儿生活经验范围内的情境。在组织过程中，教师通过创设情境，还原了孩子的生活经验。教师首先出示脏脸娃娃妞妞，再扮演小猫边唱歌边给妞妞洗脸，一下子激发幼儿给妞妞洗脸的欲望，随后又出示了脏脸娃娃丁丁，请幼儿戴上小猫头饰扮演小猫，引导幼儿边唱歌边给丁丁洗脸。整个活动中，幼儿沉浸在给脏脸娃娃洗脸的情境中，一边唱着歌一边帮丁丁洗脸。就这样孩子在活动中发自内心、非常随性地唱着歌，这样的情境还原对于小班孩子来说是非常美好的。

例4-6：歌曲《布娃娃》的生活情境创设

《布娃娃》是一首睡觉情境的摇篮曲。在组织过程中，教师创设了娃娃家的情境，将大布娃娃放在摇篮里，营造睡觉气氛。在桌子上的花瓶里插一枝玫瑰花，帮助孩子理解乐句"两片红红笑脸像朵玫瑰花"。"布娃娃们玩游戏累了，请你们当爸爸妈妈哄娃娃睡觉。"教师在示范过程中动作轻柔，跟随乐句左右摇晃，抚摸着娃娃的身体。孩子们也都自然地跟随模仿，投入地沉浸在哄娃娃睡觉的生活情境中。

幼儿的前期经验尤其是生活经验，是设计音乐教学活动必须考虑的因素，将音乐作品转化为处于幼儿生活经验范围内的活动，一定会受到幼儿的欢迎。上述两个案例中，教师设计洗脸、哄娃娃睡觉这些幼儿常见的生活情境，以此为依托来开展歌唱活动，不仅使幼儿自然地带入自己的生活经验，在愉快、轻松的氛围中参与音乐学习，同时加深了他们对音乐作品的感受。

此外，我们始终认为，音乐教学是一个以生活经验为起点、以音乐经验为终点的活动，随着教学活动进程的推进，生活经验终将让位于音乐经验。在实践中我们努力为歌唱活动寻找处于幼儿生活经验范围内的参照物，创设生动的生活情境，都是为了加深幼儿对音乐作品的感受并最终获得音乐经验。

三、创设游戏情境

幼儿音乐与游戏的起源、本质、内容、特征、形式等各方面具有渗透性与共通性，证明幼儿音乐教学的本质就是游戏。即在幼儿音乐教学中追求愉悦及无功利目的，通过游戏实现个体的人格发展。幼儿音乐教学应以游戏精神为宗旨，以情感为切入点，培养幼儿自主创造的游戏精神。游戏，可以说是幼儿的天性，在游戏中蕴藏着幼儿发展的需要和教育的契机。"玩中学，玩中求发展。"游戏交织，愉悦身心，其实就是在尊重幼儿发展需要的基础上开展的游戏导入方法。它适用于小、中、大各个年龄段的孩子，为孩子营造一种游戏化、情境化的活动氛围，在玩玩、乐乐、跳跳中愉悦身心，寻求不一样的轻松发展。游戏是幼儿喜爱的学习方式，游戏情境的创设能够有效提升音乐教学活动的趣味性，一旦幼儿感受到游戏带来的愉悦感，他们参与音乐活动的主动性就会大大提高。因此，教师创设的游戏情境应当与音乐作品紧密相连，因为音乐内容与游戏情境脱离的音乐教学活动，将无法达到感受音乐内容的效果。

例4-7：歌曲《剪拳布》的游戏情境创设

中班歌曲《剪拳布》的内容是剪刀石头布的手势意义及手势之间的输赢关系。在进行歌唱教学时，教师先带领幼儿集体玩"剪刀石头布"的游戏，回忆各手势的意义以及各手势之间的输赢关系，为其介绍新的名称"剪拳布"。随后，教师示范边唱歌边做相应的动作。接着，教师引导幼儿一边念歌词一边做动作，熟悉"剪拳布"的音乐内容。最后，幼儿跟随钢琴演奏的旋律，在教师的带领下，一边学唱一边玩游戏。

例4-8：歌曲《哈里啰》的游戏情境创设

在《哈里啰》这首歌曲的教学活动中，教师插入"问好"这样一个情境游戏。第一个游戏的规则是：让幼儿在前奏处找到朋友，面对面唱歌，并在两拍休止处随音乐相互击掌两次，表示同伴间见面的问好礼仪。在间奏处，则踏着节奏换另一个朋友来玩游戏，直至歌曲结束。第二个游戏的规则是：半数幼儿手拿铃鼓与没有铃鼓的幼儿结成朋友进行游戏。在每次唱"哈里啰"这个问候语的时候，手持铃鼓的幼儿就将铃鼓定型在一个位置，对面的幼儿就在两拍休止处拍打铃鼓，合作完成歌曲表演。

例4-9：歌曲《猴子学样》的游戏情境创设

在大班歌曲《猴子学样》的教学活动中，教师运用歌曲本身所蕴含的游戏性特点，在教学过程中巧妙自然地设计游戏情境，教师和幼儿分别扮演老公公与小猴子，在游戏的情境中自然对唱。不仅让幼儿很快理解了歌曲的内容、特点和旋律的欢快有趣，更让幼儿自然学会了歌唱。尤其是最后进行的完整的音乐游戏表演环节，更是增添了背景音乐和情境道具，将游戏活动推向了高潮，幼儿乐此不疲，在游戏中实现了音乐性的表达。

例4-10：歌曲《蚂蚁搬家》的游戏情境创设

在《蚂蚁搬家》这首歌曲的教学活动中，教师在结束部分向每个幼儿提供圆舞板，引导幼儿边律动边唱歌边游戏。原本幼儿对说唱环节的兴趣已有减退的迹象，但是通过引导幼儿用圆舞板以创造性的方式来表现说唱环节的律动，幼儿参与的兴趣又随之增强。并促使幼儿模仿一些加油的节奏动作来丰富整个歌唱活动的动态效果。

例4-11：歌曲《小熊找家》的游戏情境创设

在大班歌曲《小熊找家》的教学活动中，教师设计了一个游戏：将幼儿的椅子排成一圈，椅面朝外。幼儿戴上纸偶站在圈外扮演小熊，人数比椅子多一个。游戏开始，大家围着椅子按顺时针方向边走边唱歌并念白"小熊是谁呀"。教师用不同的音高、速度、力度弹奏音乐，幼儿根据音乐的变化，变换自己的动作。在高音1结束后，大家迅速找空椅子坐下，没找到椅子的幼儿将小熊纸偶举起做小熊状。教师念白"小熊是谁呀"，幼儿一起唱"小熊就是他"。

例4-12：歌曲《两只小象》的游戏情境创设

小班歌曲《两只小象》是一首三拍子歌曲，呈三段体结构。曲调简单优美，形象鲜明。每一乐句的结尾均以"哟啰啰"作为衬词。教师创设要参加森林音乐会就需要学会唱歌曲《两只小象》的情境。在多媒体手段辅助下，幼儿倾听、理解歌曲内容。在熟悉歌曲旋律的基础上，出示"大嘴巴精灵"（用卡纸折成的"东南西北"），扮演指挥幼儿歌唱衬词的森林音乐会主持人，并以接唱的方式让幼儿掌握"哟啰啰"的节奏。游戏规则为：大嘴巴对着谁，谁唱歌。

在上面这些案例中，我们可以看出，游戏情境的创设是多种多样的：有的是把歌曲和游戏结合起来，边唱边玩游戏；有的是挖掘歌曲本身的游戏特点，进行扮演式的歌唱；有的是创编一个游戏，将游戏和教唱歌曲合在一起进行。

支持性游戏的情境为幼儿特别创设氛围，是为了歌唱教学的需要而创设的一种个性化的情境。这种游戏能够适应幼儿的年龄和学习特征，是经过一定的整合与变革而形成的。游戏化体现在歌唱教学的一切活动形式、方法都比较自由、灵活、丰富多彩，具有游戏和类似游戏的特征，使幼儿体验到和"玩"一样的感觉，只有这样，他们才会自觉自愿地、不知不觉地投身于活动之中，在唱唱、玩玩中感知音乐。另外，游戏情境创设有利于幼儿以最自然的方式进入歌唱教学，并能熟练准确地演唱歌曲。在游戏活动时，教师将目标装在心中，用游戏的方式展现给幼儿。角色定位与幼儿同乐，在游戏中让幼儿自由阐述对音乐歌唱教学的不同理解，使幼儿在活动过程中将歌舞乐三者结合起来，融编、表演、欣赏为一体，活动内容富有趣味性、情境性，使幼儿更自然地演唱。

四、创设角色扮演情境

角色扮演情境允许幼儿选择某一角色做出符合该角色特征的行为，以浸入式的参与方式帮助幼儿感受音乐内容。这里的创设角色扮演情境与前面提到的创设故事情境有相似之处，但又有区别，同样都包括故事设计，但前者更强调角色性，后者更强调故事性，教师在实践教学中选择角色扮演情境还是故事情境，需要依据幼儿的年龄特点和偏好来决定。

例4-13：歌曲《理发师》的角色设计

在《理发师》的教学实践中，我们将角色设计成小朋友两两配对，一人坐着扮演理发的顾客，另一人站着扮演理发师。前面两句歌词大家一起唱。当唱到"哎"时，理发师弯腰并与顾客眼睛对视，并唱"哎，快要剪好了"一句，然后大家一起唱最后一句。大家一起唱的三句，理发师都做歌词要求的动作。在游戏过程中，理发师与顾客的角色根据需要互换。

例4-14：歌曲《母鸡孵蛋》的角色设计

在《母鸡孵蛋》的教学实践中，通过呈现图谱和图片，帮助幼儿理解歌曲内容后，我们是这样设计角色扮演的：用竖起大拇指、叉腰、抬头挺胸来表现"棒棒鸡"；用小手捂一下嘴巴来表现"打嗝鸡"；用纱巾遮住自己的脸蛋轻声缓慢地唱歌来表现"害羞鸡"。

例4-15：歌曲《洗澡》的角色设计

歌曲《洗澡》的活动内容非常适合情境化的设计。幼儿除了在莲蓬头下模仿洗澡的样子，还能扮演爸爸妈妈，给自己的娃娃来洗澡，自然地一边游戏一边唱歌，满足了幼儿好动、好模仿的天性，使幼儿全身心地投入活动中，真正感受到歌唱活动的快乐。

例4-16：歌曲《冬眠的小熊》的角色设计

在《冬眠的小熊》这首歌曲的教学活动中，教师在最后环节出示几个自制的树洞教具，引导幼儿抱着枕头扮演要躲进树洞冬眠的小熊。"熊妈妈"叮嘱"小熊"："等一下到树洞里冬眠时，可要发出呼噜声，让我知道你们睡得香不香哦。"幼儿伴随着轻柔的歌曲，边跟着"熊妈妈"唱歌边找树洞。每当唱到小熊的呼噜声的时候，幼儿就会投入地闭着眼睛自然发出歌曲中小熊的呼噜声的旋律。

例4-17：歌曲《小动物在哪里》的角色设计

歌唱教学《小动物在哪里》，小动物的角色给了幼儿很好的情境定位。教师创设了小动物捉迷藏的情境，让幼儿扮演自己喜欢的动物角色，并躲在相应的"家"中，教师来找。在这样的情境中，幼儿就自然而然地在和教师对唱过程中享受着歌唱的快乐。

从上面这些案例中可以看出，歌曲教唱时的角色设计也是多种多样的。一般来说，相比音乐欣赏活动，音乐歌唱活动创设情境的难度相对会小一些，因为歌唱音乐作品大多包括具有实际意义的歌词，这些歌词为教师创设相应情境提供了思路，教师只须依据歌词含义合理地创编故事、融入幼儿的生活经验、引入游戏环节，就能达到促进幼儿充分感受音乐内容的目的。实际上我们不难看出，创设故事情境、生活情境、游戏情境和角色扮演情境这四者间并非独立存在，而是相互联系、相互贯通的，如歌曲《挠痒痒》的教学似乎完全是一个故事情境的创设，但实际上"挠痒痒"在幼儿的生活经验范围之内，也融合了生活情境创设的元素。因此，若教师在创设情境时，能够巧妙地将故事情境、生活情境、游戏情境和角色扮演情境综合起来，那么，幼儿对音乐内容的感受一定能更充分、更到位。

第二节　歌唱教学的载体设计与实施

基于3~6岁幼儿思维发展尚处于以形象思维为主的阶段特征，教师需要从视觉角度着手激发幼儿的音乐学习兴趣，加深幼儿对音乐的理解和感受。图谱是指根据歌曲的结构，将符号、图画、线条等编辑绘制成幼儿能认知的图。图谱可以帮助幼儿理解、感受歌曲，是幼儿园歌唱教学中常用的一种教学策略。音乐图谱是音乐教育过程中用以显示音乐结构、音乐内容的形象图画或结构模型图。它可以将抽象的音乐用形象化的图画、符号表现出来，以帮助幼儿较好地理解音乐的表现内容，了解旋律、节奏等音乐要素和作品的曲式结构，强化音乐审美感受，提高音乐记忆效果。对于幼儿园音乐歌唱教学活动而言，图谱既是感受音乐内容的方式，幼儿能够通过图片媒介理解甚至记忆歌词，知道歌曲主要讲述的事件，同时也是感受音乐特征的手段，它以可视化的方式帮助幼儿抓住音乐乐句以及段落结构。歌唱教学中的图谱通常用易于幼儿理解的图片、形象或符号并以乐句为单位进行组合，是辅助幼儿感受音乐作品的节奏、力度、旋律、结构等音乐特征的有效途径。

一、歌词内容的图谱呈现

歌词作为歌曲内容的重要载体，在幼儿园歌唱教学中发挥着至关重要的作用。如果幼儿尚未形成对歌词的理解，没有准确把握歌曲所讲述的具体内容或情境，就意味着幼儿无法真正进入音乐作品中，不可能感受音乐特征、获得音乐经验，因此，以歌词为依托带领幼儿进入歌曲的情境，是幼儿关注歌曲音乐性的前提。但是，歌唱教学不是歌词教学，若教师一味地把教学重点放在记忆歌词上，意味着歌唱教学始终停留在感受和理解音乐内容上，容易导致幼儿无法进入音乐特征感受阶段，无法获得音乐经验，因此需要适当减轻幼儿记忆歌词的负担，将幼儿的注意力引向歌曲的音乐性。

（一）辅助理解歌词内容

理解是学习的前提，只有让幼儿理解学习的内容，才能让幼儿积极主动地学习，更加快乐地参与到教学活动中来。特别是在音乐教学活动中，幼儿理解歌曲内容是关键。有很多歌曲，歌词的含义比较难懂，而且歌词的语言幼儿也很少接触，因此，帮助幼儿理解歌词，并且有效记忆歌词显得非常重要。而图谱的运用能够及时帮助幼儿理解所要学习的歌曲内容及教学要求。

（二）减轻歌词记忆负担

我们常常在想，为什么孩子们唱起动画片里的插曲，歌词唱得准确无误？很大程度上是因为歌曲能唤起他们对动画片中人物和情节的回忆和联想。于是，在幼儿园唱歌活动中，为做好幼儿歌唱教学，我们尝试用图谱这一更直观的方式帮助幼儿记忆歌词。

在幼儿园歌唱教学中，记忆一些节奏不变的多段式歌词对低年龄段幼儿来说是难点。若教师引导不当，很容易导致幼儿以记忆歌词为目的，而忽略对音乐特征的感受，因此，通过图谱以乐句为单位呈现歌词，图谱形象化的特征能够很大程度上减轻幼儿的记忆负担。当幼儿不再死记歌词时，他们就能把更多精力放在感受音乐特征上。

二、音乐特征的图谱呈现

对音乐特征的感受是幼儿获得音乐经验的关键部分。每一个音乐作品都由节奏、音色、力度、速度、旋律、结构、风格、织体八大音乐元素构成，但每一个音乐作品中发挥关键作用的几个音乐元素有所不同，这就要求教师尽可能地让幼儿感受到音乐作品中具有特殊性的那几个音乐元素，以图谱可视化的方式让幼儿感受音乐特征不失为一种好方法。

图谱能够帮助幼儿有效地表现歌曲的独特演唱风格。不同的歌曲，内在的性质和所要表现的情感是不一样的，即使在同一首歌曲中，不同的段落也可能存在不同的性质。比如有的歌曲或段落是抒情性的，那么就要求用柔美舒展的声音来表达；而有的是轻快活泼的，歌唱时就要强调欢快、跳跃、有节奏感。传统的教学往往以单纯讲解和说教以及跟唱教学引导幼儿把握歌曲情感，理解歌曲内容。这样的学习不仅教师累，孩子更累。而如果将具体形象的图谱呈现给幼儿，幼儿看到图谱可以马上体会出歌曲所要表达的情感。

总体来说，图谱在幼儿园歌唱活动中具有相当重要的作用，教师必须正确地认识到这一点，同时也必须认识到，要合理恰当地利用图谱，才能发挥其有效作用，才能为教学服务，提高幼儿的音乐综合能力，从而激发幼儿独特的想象力、创造力和表现力。大多数教师在使用图谱时都是已提前画好，活动时呈现出来，独自操作图谱。这样在一定程度上节省了活动时间，但是教师还是可以根据活动设计，酌情给予幼儿一些画图、摆图的机会。教师可以设计单独的留白给幼儿创作，也可以选择难度适中的音乐，让幼儿在感知以后呈现出来。幼儿是在与环境的相互作用、对物体的操作过程中获得发展的。即使是音乐活动，也需要幼儿运用多种感官，才能获得最大限度的发展。幼儿是活泼好动的，对很多事情更愿意积极主动地参与。因此，教师也可以让幼儿参与图谱的操作、摆放等，如设计图谱、创编歌词，从而让幼儿参与到音乐活动中。幼儿可以填充图谱，对打乱顺序的图谱重新排列，帮助教师贴出图谱或逐步撤图，还可以在活动中担任小教师，随乐指图。

需要指出的是，在幼儿园音乐活动中，图谱只是一种教学辅助工具，不是在所有音乐活动中都必须运用的。如果为了使用图谱而使用图谱，则会违背图谱使用的初衷，僵化音乐活动。同时，在符号的理解与记忆上幼儿也要花费精力，会加重幼儿的学习负担，扼杀幼儿的主动性与创造性。由此，我们在图谱的运用过程中要强调幼儿对图谱的再创造，教师可以利用音乐本身的审美艺术氛围和图谱刺激幼儿的感官，采用让幼儿主动参与、主动体验、主动创造的教学方法，通过引导和探索，提高幼儿的音乐敏感性和表现力，让每个幼儿都有从自己的创造中得到正面反馈的机会，增强其自信心，以显性的教育和隐性的熏陶结合并进的方法让幼儿进行比较随意的情感创造。有效利用图谱，能够吸引幼儿主动投入音乐活动中，帮助幼儿体验和感受音乐活动的快乐。因此，我们必须合理、有效地运用图谱，从而达到提高幼儿整体素质的目的，充分发挥图谱在音乐教学活动中的有效作用。

第三节　歌唱教学的动作设计与实施

基于加德纳、达尔克罗兹等对音乐与运动关系的论述，我们认为，对幼儿而言，音乐即运动，幼儿在身体动作中感受音乐和表达音乐。幼儿园歌唱教学中的身体动作表演通常出现在歌唱之前，因此，身体动作更多地发挥感受音乐作品的作用。幼儿不仅感受歌词内容，更重要的是感受音乐特征，可以说，学前儿童的身体动作表演是学前儿童感知音乐、获得音乐经验的核心手段。为了使幼儿全面地感受音乐特征，教师前期设计的动作必须精准、适宜，一方面身体动作要与音乐作品的各元素充分契合，另一方面动作设计的难易程度要与教学对象相适宜。

一、身体动作的音乐性

对幼儿来说，音乐即运动。运动既可以成为音乐作品的参照物，也是音乐作品与参照物之间的纽带。音乐作品的内容性参照物缺乏与音乐作品的直接对应性，而动作性则具备与音乐对接的得天独厚的条件。当幼儿的身体运动与音乐吻合程度加强时，身体动作的音乐性也就被彰显出来了。

例4-18：歌曲《头与肩膀》的身体动作

歌曲《头与肩膀》是一首弱起拍的歌曲，歌词如下："那头和那肩膀，那胸和那肚皮，那膝盖和那脚趾，那膝盖和那脚趾。"教师设计幼儿在加着重号的身体部位"头""肩""胸""肚""膝""脚"处做相应的动作。

例4-19：歌曲《哈里啰》的身体动作

在大班歌曲《哈里啰》的教学活动中，幼儿始终不能很好地掌握第二小节中的两个空拍，经过多次研磨，教师决定运用这两个空拍，让幼儿从加入节奏衬词"嘿嘿""哈哈"自然感知这两个节拍，逐步过渡到用身体动作来表现这两个节拍。从简单的拍肩、拍手、拍腿到自主地创编自己喜欢的动作来表现这两个节拍，幼儿参与的积极性非常高，也在不知不觉中自然掌握并较好地表现了歌曲中那两个休止节奏。

例4-20：歌曲《小猫》《哈巴狗》的身体动作

歌曲《小猫》和《哈巴狗》，歌词内容描述了小猫蹲在门口摇尾巴、啊呜叫和哈巴狗眼睛滴溜溜转、吃肉骨头的情景。教师将这些内容用夸张的动作示范给幼儿看，幼儿伴着欢快的旋律模仿这些有趣、形象的动作，生动地表现出了小猫和哈巴狗的可爱形象，也就在模仿和表演的同时自然而然地记住了歌词。

如以上案例所示，在幼儿园音乐教学中，身体动作是否具有音乐性直接关系到幼儿能否获得音乐经验，因此，身体动作的设计必须考虑与音乐作品的节拍、节奏、句段、速度、力度等因素的契合度。如上例中的歌曲是一首弱起拍的歌曲，那么身体动作的设计也应凸显这一音乐特征，所做的动作要合上重拍，弱拍时等待。只有这样，身体动作才能成为幼儿感受并内化音乐的通道，幼儿才能真正感受到音乐作品的特征。

二、身体动作的适宜性

合拍能力是音乐能力的基石。在幼儿园音乐教学过程中，教师只通过语言很难让幼儿理解合拍，幼儿感受与掌握合拍主要是在大量模仿活动中完成的，所以教师在动作表演中的准确示范是幼儿获得音乐经验的必要条件。

例4-21：歌曲《火车开了》的身体动作

在中班歌曲《火车开了》的教学过程中，教师让全班幼儿围成圈，表示一列火车，幼儿双手做出火车方向盘的样子，置于胸前，上肢一拍一次地左右摇晃，下肢一拍一步地行走，全班幼儿在音乐中兴致颇高地开着小火车。

合拍地进行身体动作表演是幼儿感受音乐特征的有效途径。在幼儿能力范围内的身体动作既能使幼儿通过肢体体验歌曲的节奏，又能从中获得音乐本身带来的乐趣。相反，那些超出幼儿能力范围的身体动作，不仅无法让幼儿感受到音乐特征，甚至会导致课堂秩序混乱。这就对教师前期为音乐作品设计身体动作提出更高的要求。如果对合拍动作的难度进行排序，我们认为上肢动作合拍最容易，其次是不移动下肢动作合拍，移动下肢动作合拍最难，明确这一顺序便于教师依据幼儿的能力水平为其设计适宜的身体动作。对于年纪较小的孩子，我们应当尽可能设计使用上肢的动作，若一定要有下肢动作，则应设计一套去掉下肢的上肢动作先进入教学。例中设计的身体动作属于难度最大的移动下肢动作合拍，更适宜运动能力水平较高的中、大班幼儿。另外，在实际教学中，教师应先让幼儿用上肢动作体验小火车的节奏，然后用下肢动作合拍地表演开小火车。

三、身体动作的解释性

如果说音乐课堂教学是一所房子，那肢体语言就好比这所房子的一扇门，通过这扇门就可以了解房子的内部。肢体语言的创设不是单纯为了表演而表演，它可以为音乐提供素材，表现情感。如在鉴赏音乐时，首先可以体验作品所蕴含的情感，对作品的情感情绪做出判断，如欢乐、悲伤、愤怒等。因为肢体语言是情感的表现，在音乐欣赏教学中可以用肢体语言带动幼儿的情绪变化。教师在设计活动之前挖掘和体验音乐作品所反映的情绪、情感，并将其转化为自己的情感，充分利用体态语言形象感强的特点，通过面部表情、举止、身段、动作、神态等创设与歌曲内容相协调的情境，引导幼儿通过观察教师解读歌曲，从而更好地理解歌曲，表达歌曲所蕴含的情感。

例4-22：歌曲《种瓜》的身体动作

在小班歌曲《种瓜》的教学活动中，教师让幼儿蹲下，双手做小芽状，然后随着音乐节奏缓缓起来，最后两手上举，做一个圆圆的大西瓜状，并自转一圈，表示西瓜种子一天天长大了，终于结出一个大西瓜。通过这样的动作，幼儿对歌词所表达的情感有更深的体会，他们把日常生活中遇到开心事时，会身体后仰、双手举高、开心地转圈的动作迁移过来，逼真地表现出看到结出大西瓜时的喜悦之情。最后一句"抱呀，抱呀，抱呀抱不下"时，身体前倾，抱一抱，歇一下，最后实在抱不下了，两手一摊，摇摇头，一脸既兴奋又无奈的样子，惟妙惟肖地把歌曲中的情景表现出来。这个活动深得孩子们喜欢。

上述案例中，教师将歌词意象或抽象的音响通过身体动作解释出来，幼儿通过肢体动作迅速明白歌曲所描述的内容，既有趣又有效。当然，教师在设计身体动作时应时刻警惕走进误区，避免过度关注身体动作的解释性，而忽略身体动作本应承载的音乐标准。对身体动作的设计可以来自歌词的意象，但绝不是对歌词的逐字解释，动作设计应以乐句为单位，一个乐句一个动作为宜，至多两个动作，而且一定要与音乐作品的元素相吻合。

在我国各教育阶段的音乐课中，歌唱活动始终都是最重要和最必不可少的。世界上许多儿童音乐体系也都非常强调歌唱这项活动，尤其是匈牙利柯达伊音乐教育体系，歌唱教学是其主要内容。柯达伊认为，一个更深入的音乐文化只能在歌唱的基础上发展起来，音乐之根在于歌唱。在柯达伊的歌唱教育中，独具特色的是从幼儿阶段就开始实施多声部合唱启蒙，并且不采用钢琴伴奏，这是使多声部合唱效果达到更加纯净、和谐的重要原则和方法之一。歌唱活动普遍受到重视，除了因为歌唱者随身携带"乐器"、不容易受到外界条件的限制之外，还与其独特的发展儿童音乐能力方面的作用密不可分。"仅仅作为一种实际的需要，歌唱课必须永远是学校音乐工作的核心。在逻辑和心理学上，这也是合乎需要的。歌唱是基本的音乐活动。那种不曾培养这种能力的人必然在音乐上有所欠缺。"美国音乐教育家詹姆士·穆塞尔曾这样说。歌唱对于培养儿童的音准、节奏、音乐感等都大有好处，甚至有儿童音乐教育家认为器乐学习也应该从歌唱开始。学前儿童音乐教育是实施人的全面发展教育的一个重要途径。幼儿在学习唱歌的过程中，要唱好歌首先需要仔细倾听歌曲范本，在歌唱的时候仔细控制自己的发声器官，并通过不断的听觉反馈来调整自己的发声。也就是说在学习唱歌的过程中，幼儿必须养成良好的倾听习惯和能力以及对自己的歌声进行控制的习惯和能力，同时在学习唱歌的过程中，养成的学习方法和获得的成功体验也将迁移到其他领域或其他类型的学习活动中，对他们的终身发展有着积极的作用。

总之，幼儿歌唱教学应是生动活泼形象化的，教师不能只限于完成数量上的要求，而忽视使幼儿获得情绪体验；只满足于教会幼儿唱歌的技巧，而忽视对幼儿音乐素质及能力的培养，忽视艺术动人心弦的教育力量。教师应结合幼儿的年龄特点，选择符合幼儿发展需要的歌曲，设计适宜的教学策略与方法，使歌唱教学做到寓教于情，寓教于趣，寓教于美，取得事半功倍的教学效果。

第五章 幼儿园的音乐欣赏与评价

第一节 幼儿园的音乐欣赏活动

一、怎样发展幼儿的音乐欣赏能力

音乐欣赏，一般指通过聆听音乐作品获得审美享受的音乐活动。但是，幼儿需要通过更多的直接参与活动来感知音乐、理解音乐，从音乐中获得审美享受，因此，在幼儿园音乐教育活动中，音乐欣赏应该以学习如何听音乐为主要内容。

开展音乐欣赏活动，可使幼儿接触更多的优秀音乐作品，开阔音乐眼界，丰富音乐经验，培养对音乐的喜爱之情，初步发展起感知、理解、欣赏音乐作品的能力。

音乐欣赏，是怀着欣喜之情反复倾听音乐的活动。人们欣赏音乐，首先要有欣赏的兴趣和愿望，其次要有感知音乐的音响并从中获得积极体验的能力。实际上，在个人音乐欣赏能力的发展过程中，兴趣、愿望与能力的发展是相辅相成的，即欣赏的能力越强，欣赏的兴趣和愿望也会越强；兴趣和愿望越强烈，就越可能主动去寻求更多的欣赏机会；机会越多，从欣赏过程中得到的审美快乐也就越大。

音乐欣赏能力发展的标准主要包括倾听、理解、创造性表达和个人音乐趣味倾向四方面。理想的音乐教育能够全面促进幼儿各方面的发展，形成有关的初步意识和能力。发展幼儿音乐欣赏能力的方法主要有选择最好的音乐作品，选择最好的音响，让幼儿有机会利用更多的感知觉通道进行音乐的感知，让幼儿有更多机会在伴随音乐进行的表演活动中进行感知体验，让幼儿有更多机会利用不同的符号体系来表达自身的音乐感受，引导幼儿感受倾听环境音响的快乐。

（一）选择最好的音乐作品

研究证明，幼儿不仅喜欢带有自己能够理解的歌词的歌曲作品，而且也喜欢不带歌词的器乐作品。许多著名的幼儿音乐作品都已经普遍应用于儿童早期的音乐教育，并已收到了良好的效果。所以，如果可能，教师应尽力为幼儿选择公认的、最好的音乐作品，让幼儿直接与音乐大师对话，尽早发展他们对优秀音乐的敏感性。

（二）选择最好的音响

音乐的真实形象是通过音响展示出来的，因此教师必须尽力选择最好的音响，只有让幼儿亲自聆听到最好的音响，幼儿才有可能知晓究竟什么样的音乐音响才是真正美好的。

（三）让幼儿有机会利用更多的感知觉通道进行音乐的感知

认知心理学告诉我们，人在认识一个具体事物的过程中，开放的感知觉通道越多，人对该事物的认识就会越全面、越丰富、越深刻。音乐认识也不例外。所以，教师在音乐欣赏教学中，要让幼儿有机会倾听音乐，表演音乐，借助语言来交流自己对音乐的感觉和体验。

（四）让幼儿有更多机会在伴随音乐进行的表演活动中直接进行感知体验

传统的音乐欣赏教学中，教师比较重视向幼儿讲解音乐作品和让幼儿单纯地运用倾听的方式感知音乐。有关研究表明，让幼儿有更多机会在伴随音乐进行的表演活动中直接进行感知体验，学习的效果会更好。因此，教师应注意将倾听和表演的教学方式有机地结合起来使用。

（五）让幼儿有更多机会使用不同的符号体系来表达自身的音乐感受

心理学告诉我们，人的感受和表达活动经常是整体的，相互不能分割。人运用不同的符号体系来对音乐感知结果进行表达，实际上已经是在进行更深一步的感知了。所以，教师应该利用这一规律进行音乐欣赏教学设计，让幼儿有更多机会使用不同的符号体系，以此来表达他们自身对音乐的感受。

（六）引导幼儿感受倾听环境音响的快乐

在我们周围的环境中，无论是自然界，还是社会生活中，都充满了各种音响，如马叫，蛙鸣，暴风的呼啸，雨水的低吟，汽车的鸣笛声，火车、飞机的隆隆声……这些音响与人们的语言、声调、朴素的民歌等都是音乐家进行创作的重要源泉。世界名曲《野蜂飞舞》《雀》《雨滴》《田园》等，就是经过艺术家的头脑，用高超的艺术手法表现出来的人类对自然音响的主观感受。专门为幼儿创作的深受幼儿喜爱的歌曲、乐曲中，也有许多模拟自然音响的成分，如儿童所熟悉的动物、交通工具发出的声音和人们活动所发出的声音等。如果能从小培养幼儿对周围生活中各种声音的倾听兴趣和倾听能力，将会为他们欣赏音乐作品打下良好的基础。因此，教育者应充分利用一切机会，自然地、有意识地引导幼儿倾听周围生活中的声音，丰富他们对声音的各种感性经验。

例如我们可以引导幼儿倾听活动室中的声音，庭院、活动场所中的声音，厨房中的声音，卧室中的声音，马路上的声音，建筑工地上的声音，在公园、郊外游玩时所听到的声音，在家庭、社区中听到的声音等。

二、音乐欣赏教学

（一）幼儿园音乐欣赏材料的选择

音乐欣赏活动的材料包括音乐作品和音乐欣赏的辅助材料。因此，在为幼儿选择音乐欣赏的材料时，也要分别从这两方面来考虑。

1. 音乐作品

为幼儿的音乐欣赏活动选择音乐作品时，既要考虑每一首作品是否符合教育的要求，又要考虑作品的内容、形式、风格是否丰富、多样，比例结构是否合理。此外，还要考虑幼儿感知、理解音乐的实际能力水平。

如果选择的材料是歌曲，须着重考虑歌曲的内容、形象、情绪，是幼儿所熟悉、喜爱和愿意接受的；歌曲中的歌词，应该是幼儿能够理解的。可以选用一些中、大班将要学唱的歌曲作为小班的欣赏材料，也可以选用一些少儿歌曲作为中、大班的欣赏材料。

如果选择的材料是器乐曲，除了一般选择音乐的条件外，还要考虑结构单纯、工整、长度适中的，由歌曲改编的器乐曲也应符合上述条件。大量中外著名音乐作品，以及一些为大年龄儿童创作的音乐童话，无论在长度还是结构上，往往不可能完全符合上述要求。因此，在选择材料之后，通常还需要再进行一定的节选或改编工作，使这些材料能够接近幼儿的接受能力。

一般常用的节选改编方法如下：

节选片段，即选取作品中相对独立的片段。如贝多芬第九交响乐第四乐章中的《欢乐颂》主题、海顿第 94 交响乐第二乐章中的《惊愕》主题、约翰·施特劳斯《拉德斯基进行曲》ABA 结构中的 A 部分、刘铁山等的《瑶族舞曲》中第一乐段的第一主题等。这些片段结构完整，有完满的结束感，形象鲜明生动，长度也比较适中，完全可以满足前述的选材条件。

压缩结构，即删减作品中的某些部分，而保留另一些相对独立的部分。如聂耳的《金蛇狂舞》，原作品的结构是引子—A—B—A—引子—A—B—A—B—A。现将其中的重复部分删去，就构成了引子—A—B—A 的新结构，实际上也就是将原曲压缩成了一个单纯的、带有引子的单三部曲。再如奥尔特的《钟表店》，原作品的结构是引子—A—B—A—过渡—C—A—尾声。在为 3~4 岁幼儿选择音乐时，可以只选其中的"引子—A—尾声"；在为 4~5 岁幼儿选择音乐时，可以只选"引子—A—B—A—尾声"；在为 5~6 岁幼儿选择音乐时，可以将 C 段中的其他部分删除，仅保留其中的慢板部分，并以这个慢板部分代替原结构中的 C 段音乐，构成一个新的"引子—A—B—A—过渡—C—A—尾声"结构的作品。这些作品经压缩以后，结构变得单纯而清晰，长度也变得较为适中，比较容易为幼儿所接受。

当然，在为幼儿选择音乐欣赏教材时，还应注意从总体上考虑入选教材的多样性和丰富性。如从内容出发，应广泛包含反映社会、自然以及儿童生活和内心世界的作品；从表演形式出发，应广泛包含各种形式的歌曲和各种不同的器乐曲；从材料的文化历史代表出发，应广泛包含不同时代的中外优秀创作作品和优秀的民间音乐。

2. 辅助材料

在音乐欣赏活动中使用辅助材料，其目的是帮助幼儿更好地感受和理解音乐作品。音乐欣赏的辅助材料一般有动作材料、语言材料、视觉材料三种。

（1）动作材料

通过跟随音乐做动作的方式，参与到音乐进行的过程中去，这是幼儿感知、理解和表现音乐最自然、最重要的途径之一。与韵律活动不同的是，在欣赏活动中，选材条件更侧重于反映音乐的性质，即动作与音乐在节奏、旋律、结构、内容、情感等方面的一致性。所以，在为欣赏活动选材时，一般不宜选择令幼儿感到复杂、陌生的动作，而应选择绝大多数幼儿能自然做出的动作。

此外，在音乐欣赏活动中，应经常让幼儿有机会独立选择动作，独立地对音乐做出反应。因此，在为欣赏活动选材时，有时只须选择动作反应的性质，无须确定具体的动作。如欣赏一首优美的抒情音乐，只须确定幼儿所做动作的性质应是柔软、连贯、绵长、自由的即可。

（2）语言材料

语言材料在这里特指含有艺术形象的有声文学材料，如故事、散文、诗歌、民谣等。

在音乐欣赏活动中，选择语言辅助材料的首要条件是从音乐出发，与音乐欣赏的要求相一致。这里所讲的"一致"，不仅在于文学作品本身的结构、内容、形象和情感与音乐相一致；同时也在于讲述或朗诵文学作品时，语言的音调、节奏、力度、音色、风格等因素与音乐也相一致。如在欣赏舒曼的《梦幻曲》时，所配的故事与诗歌不仅本身内容应具有梦幻的性质，而且讲述和朗诵时，也应十分注意保持和渲染这种梦幻的气氛。

选择语言辅助材料的次要条件是语言优美、文学性强，能为幼儿理解与喜爱。在音乐欣赏活动中，应经常让幼儿有机会独立地选择语言，独立地对音乐做出反应。教师只须按音乐欣赏的要求，选择划定大致的范围，如欣赏一首优美抒情的音乐，只须确定幼儿语言所描述的形象和描述时所使用的调应是优美的即可。

（3）视觉材料

视觉材料形象具体，既可在时空中静止（如图画、雕塑等），又可在时空中流动（如录像、可活动的教具操作等）。形象具体，便于幼儿感知和理解；能在时空中静止，便于幼儿从容不迫地反复观察，有利于精细感知和记忆；能在时空中流动，便于与音乐同步流动展开形象，有利于帮助幼儿感知和理解音乐形象的动态化。

在音乐欣赏活动中，选择视觉辅助材料的首要条件是从音乐出发，与音乐欣赏的要求相一致，即视觉材料的线条、构图、造型、色彩、形象、内容、情绪都应与音乐相一致。如果视觉材料是在时空中流动的，其运动的方式也应与音乐相一致。

例如，在欣赏柴可夫斯基的《洋娃娃的葬礼进行曲》时，所提供的画面色彩应是灰暗的，构图应是凝重的；而在欣赏聂耳的《金蛇狂舞》时，所提供的画面色彩应是辉煌的，构图应是具有强烈动感的。再如，在欣赏陈兆勋的《小白兔跳跳跳》时，木偶操作的节奏和结构变化应与音乐的节奏和结构变化相一致；在欣赏史真荣的《龟兔赛跑》时，幻灯或投影操作的画面变化应与音乐内容变化相一致。

选择视觉辅助材料的次要条件是形象生动，有个性，艺术感染力强，能为幼儿所理解与喜爱。另外，还须考虑制作、购买材料时，精力和经济上的条件是否允许等。

在音乐欣赏活动中，有时也可让幼儿自己独立地创作视觉艺术作品，并以此来表达他们对音乐的感受。在这种活动中，创作的要求应与音乐欣赏的要求相一致。如在欣赏一首回旋曲时，欣赏的要求是感知和理解乐曲的结构，就应要求幼儿在美术创作中尽力反映出这种结构。

（二）幼儿园音乐欣赏活动的导入

1. 从完整作品开始的设计

该导入模式比较适合结构单纯、清晰的作品，以及不太注重感知体验细节的教学设计。

例5-1：大班音乐欣赏：《单簧管波尔卡》

（1）教师出示挂图，提出带小兔子去花园玩耍。

（2）教师播放音乐并用套在手指上的教具"兔子指偶"在挂图上运动，以暗示音乐的节奏和结构。

（3）教师让幼儿伸出食指，边听音乐边模仿教师用动"指偶"的方式感知音乐的节奏和结构。

（4）教师用创编简单韵律动作的方式继续引导幼儿感知和享受音乐。

2. 从作品的某个部分开始的设计

该导入模式比较适合结构稍复杂的作品，以及比较注重感知体验细节的教学设计。作为开始的部分可以是一种节奏型、一个旋律动机、一句乐句，或者一个乐段等。

例5-2：大班音乐欣赏：《金蛇狂舞》

（1）教师提示过新年敲锣打鼓舞龙灯的情景，并出示挂图。

（2）教师利用挂图引导幼儿感知音乐中模仿锣鼓节奏的 B 段节奏，并教幼儿学会吟诵以该段节奏为基础创编的锣鼓模仿音响。

（3）教师用哼唱，进而用琴声或录音音乐为幼儿的吟诵伴奏。

（4）教师引导幼儿用手臂模仿舞龙灯的情景，配合体验 A 段音乐，并结合 B 段音乐进行整体欣赏。

3. 从某种辅助性材料开始的设计

该导入模式是与专门性的教学设计相对应的。一般包括从其他音乐活动（如歌唱、奏乐、韵律活动、音乐游戏）开始的设计，从文学活动开始的设计，从美术活动开始的设计。

例5-3：中班音乐欣赏：《墨西哥舞曲》（中班韵律活动《小雨和花》）

（1）教师邀请幼儿创编各种不同的下小雨的动作，并在哼唱 A 段音乐的同时，带领幼儿用创编出的下雨动作感知音乐的乐句。

（2）教师邀请幼儿创编各种不同的花的造型动作，并在哼唱 B 段音乐的同时，带领幼儿用创编出的开花动作感知音乐的乐句。

（3）教师带领幼儿用小雨给花儿喝水的游戏动作继续感知 B 段音乐，体验合作交流的快乐，同时锻炼幼儿的相互配合能力。

（4）教师带领幼儿用完整游戏的方式感知和享受音乐。

例5-4：大班音乐欣赏：《欢乐颂》

（1）在幼儿学会了唱填自己可以理解的新歌词歌曲的基础上，教师组织幼儿创编简单的、可以加入铃鼓演奏来做的韵律动作。

（2）教师用琴声为幼儿的韵律动作练习和表演伴奏。

（3）教师引导幼儿加入大鼓和大钹的演奏，形成一个有气势的打击乐作品。

（4）教师邀请幼儿演唱歌曲，然后欣赏音乐家演唱的《欢乐颂》，最后用打击乐器跟随成人演唱的录音演奏。

例5-5：中班音乐欣赏：《梦幻曲》

（1）教师讲述作家冰波写的童话故事《梨子小提琴》，并用作曲家舒曼的《梦幻曲》（小提琴演奏的音响版本）作为配乐。

（2）引导幼儿学习复述故事中某个优美的语言片段，继续用上述音乐作为配乐。

（3）引导幼儿创作美术作品，表现美好的梦境，继续用上述音乐作为配乐。

（4）有条件的教师在现场用钢琴弹奏该乐曲给幼儿欣赏。

三、其他相关表演艺术的欣赏教学

尽管在当今世界保持着原生状态的文化区域中，各种综合性的艺术表演仍然保持着它天然的审美魅力和自然传承的传统，而在我国以及全世界现代文化区域中，各种综合性的艺术表演形式也已经发展到了很高的水平，同时也积累了许多专业表演人员培养的经验，但反映在我国普通学校的基础教育课程中，仍旧只有彼此分开的音乐课和美术课。21世纪初，教育部组织制定了综合性的《艺术课程标准》，随后也陆续出版了教材，进行了教师培训。

在这样的大背景之下，我国幼儿园传统的学科或领域课程中一直没有除音乐以外的其他表演艺术的教学内容，这方面的教学研究也一直处在相对空白的状况。20世纪末以来，幼儿园教师得到了更多自主选择和开发课程的自由，在强调贴近幼儿的现实生活，强调打通幼儿领域经验壁垒的新的教育理念的影响下，教师实际上已经做了许多有益的尝试，即将许多现实生活中已经存在和正在发展的综合艺术表演形式引入幼儿园的课程。

所有这些欣赏学习活动，总的设计原则和实施原则与这里所述的音乐欣赏基本相同，都是采用幼儿能够接受的简单参与方式，让幼儿通过亲身实践来获得对该艺术作品和该种艺术表演形式的粗浅体验。下面的例子都是幼儿园教师亲自设计和实践过的。需要注意以下两点。

一是以下方案实际上都是很好的综合性和自主探索性的教学设计范例。

二是这些范例并不都是一次集体活动完成的设计，更多的是一些系列活动设计的思路。

（一）舞蹈和哑剧的欣赏

例5-6：大班舞蹈欣赏：《俏夕阳》

（1）教师和幼儿一起欣赏真实的皮影戏（亲临现场或利用影像资料）。

（2）教师和幼儿一起欣赏舞蹈《俏夕阳》。

（3）教师和幼儿一起研究和练习一种最基本的行走动作（使用原作的音乐片段A）。

（4）教师和幼儿一起研究教师根据原作音乐风格专门创作的音乐B（旋律短句加锣鼓短句），研究和练习怎样在旋律短句处运动，怎样在锣鼓短句处静止造型。

（5）跟随音乐尝试完整表演。

（6）幼儿分成小组，轮流到教师提供的幕布后表演（因为后面打了灯，在幕布前看似皮影表演的效果）和欣赏别人的表演。

例5-7：大班哑剧欣赏：《巴塞罗那奥运会》

（1）教师和幼儿一起收集关于运动会各种体育项目的图片，并将这些图片在活动室中的某一面墙上布置成A—空白—A的格局。

（2）教师和幼儿一起分享各自关于体育项目的经验，在此过程中，教师鼓励幼儿尽可能多地使用动作来表现各运动项目的特点。

（3）教师和幼儿一起欣赏各自收集来的体育漫画，学习了解这些漫画的有趣之处，尝试绘制自己的体育漫画。最后将这些收集和创作的体育漫画布置在两个A格局之间的空白处，形成ABA的格局。

（4）教师和幼儿一起按照这个ABA格局中的实际内容进行哑剧表演，先表演正规的体育动作，再表演滑稽的体育动作，最后再重复表演正规的体育动作。

（5）欣赏由俄罗斯著名喜剧大师表演的哑剧《巴塞罗那奥运会》（影像资料）。

（6）教师引导幼儿分享各自所喜欢的内容，并总结出幼儿认为可以学习的内容。

（7）教师和幼儿一起讨论和尝试怎样把自己的哑剧表演修改得更有意思。

（二） 曲艺和武术的欣赏

例5-8：大班相声欣赏："双簧"

（1）幼儿欣赏教师现场表演的简单"双簧"。

（2）教师和幼儿一起讨论，理解"双簧"表演的特点和乐趣。

（3）教师和幼儿集体练习提供的简单内容。

（4）幼儿两两自由结伴练习，集中交流分享。

（5）教师和幼儿一起欣赏专业演员表演的"双簧"。

（6）教师引导幼儿分享各自所喜欢的内容，并总结出幼儿认为可以学习的内容。

（7）教师鼓励幼儿创作自己的"双簧"。

例5-9：大班武术欣赏系列活动

（1）教师和幼儿一起欣赏太极拳，可以是现场表演或影像资料，使用背景音乐《高山流水》。

（2）教师和幼儿一起讨论，理解"太极拳"运动的特点和乐趣。重点引导幼儿体会"圆圈运动"的过程性特点和稳健的静止造型特点。

（3）教师和幼儿一起尝试模仿"太极拳"的运动。

（4）教师和幼儿一起欣赏太极剑，可以是现场表演或影像资料，使用背景音乐《高山流水》。

（5）教师和幼儿一起讨论，理解"太极剑"运动的特点和乐趣。重点引导幼儿体会"圆圈运动"的过程性特点和稳健的静止造型特点与太极拳是相同的。

（6）教师和幼儿一起尝试模仿"太极剑"的运动。

（7）教师向幼儿提供节奏更快情绪更高昂的音乐，鼓励幼儿自由迁移先前打拳或舞剑的运动经验。

（8）教师向幼儿提供扇子，组织引导幼儿迁移先前的武术经验，集体为自己的班级创编一套扇子武术操。

（三）歌舞剧、木偶剧和其他戏曲的欣赏

例5-10：大班歌舞剧：《三只小猪》

（1）教师组织幼儿欣赏动画片《三只小猪》，学唱其中的主题歌。

（2）教师引导幼儿集体创编简单剧本并绘制成连环画。

（3）教师引导幼儿集体讨论三只小猪和大灰狼的表演。

（4）教师引导幼儿集体讨论怎样用许多人一起表演稻草、木头、砖头和这些材料搭建的房屋，以及怎样用人和扇子或手帕来表演"开幕关幕"。

（5）组织引导幼儿集体表演，每次都鼓励幼儿自由尝试各种不同的角色。

（6）教师再次组织幼儿欣赏动画片《三只小猪》，和幼儿一起研究怎样才能够表演得更好。

例5-11：大班木偶剧欣赏：《孤独的牧羊人》

（1）教师组织幼儿讨论：牧羊人是做什么的人？他生活在哪里？孤独是什么意思？牧羊人为什么会感到孤独？他如果不想让自己感到孤独可以做些什么事？

（2）教师在琴声的伴随下朗诵《孤独的牧羊人》歌词，然后帮助幼儿理解：愉快的歌唱可以使自己高兴也可以使大家高兴。

（3）教师和幼儿一起欣赏电影《音乐之声》中的木偶剧表演《孤独的牧羊人》。

（4）教师和幼儿一起欣赏木偶剧表演，并自由地跟随音响唱自己能够唱的部分。

（5）教师鼓励幼儿分成小组，选择不同材料制作木偶人绘制布景，组织排练和汇报演出。

例5-12：大班豫剧《朝阳沟》选段《锄草》

（1）和幼儿谈论唱词，幼儿基本理解主要意思后，鼓励幼儿用动作来表现，重点是"杂草被锄死，苗儿长得好"，以及"心不要慌，手不要猛"。

（2）教师向幼儿教授唱词所述"锄草"的要领："前腿弓，后腿蹬。"

（3）在教师演唱伴随下，幼儿跟随教师模仿表演动作。每一遍结束时，教师以锄死了草，或错锄死苗的情景作为游戏的信号，让幼儿做"植物死亡状态的造型"。

（4）当幼儿逐步熟悉后，教师鼓励幼儿边做表演动作边自由选唱自己能够唱的部分。

（四）影视作品的欣赏

例5-13：中班动画片欣赏《加菲猫》片段《照镜子》

（1）教师组织幼儿照镜子。

（2）教师组织幼儿玩假装照镜子的游戏。

（3）教师引导幼儿跟随音乐的结构玩假装照镜子的游戏。（音乐［法］德立博《拨弦》）

（4）教师和幼儿一起欣赏《加菲猫》片段《照镜子》，并和幼儿一起研究怎样才能够表演得更好。

第二节　幼儿园的音乐教育评价

一、幼儿园音乐教育的评价

（一）对幼儿园音乐教育工作的评价

对幼儿园音乐教育工作整体评价是从幼儿园本身针对音乐教育这一重要教育教学领域进行常规计划、管理、实施等过程的评价，具体涉及以下三方面内容。

1. 幼儿园音乐教育管理的评价

音乐教育管理的评价主要以幼儿园对音乐教育的重视程度、常规计划、教育实施过程管理等的评价。

（1）是否在幼儿园课程设置中占有均衡的地位，也就是音乐教育在幼儿园整体教育中的分量比，这是衡量幼儿园对音乐教育活动重视与否的重要标尺。

（2）是否有明确的音乐教育工作总目标，是否有完整的音乐教育活动实施计划，以及主题活动或单元活动中所涉及的具体音乐活动。

（3）是否有专门主管音乐教育的领导或领头人，是否进行常规的或不定期的活动交流，用听课、评课等形式进行音乐教育的教研活动。

（4）是否在音乐教育中投入足够的经费，是否有音乐活动场地、设置，场地的常规使用和维护是否能够保障，设备是否齐全、合乎要求，如音乐活动室、音响、影视设备、足够的打击乐器、表演场地等。

（5）幼儿园是否注重教师音乐素质和能力的提高，是否支持教师的进修、学习，是否有常规的音乐教育能力的培训、交流活动；是否鼓励参加教学评优和竞赛活动，是否鼓励教师引进适合时代发展的新的教育理念、新方法、新手段等。

（6）是否有园内外的音乐活动交流展示活动，如专家引领、园际交流互访等。

2. 幼儿园音乐教育活动研究的评价

幼儿园音乐教育活动研究的评价是对幼儿园音乐教育活动实施过程中的教育研究的计划、保证实施的措施以及实际落实情况的评价。

（1）幼儿园是否有音乐教育学科的教科研专题，是否有科研计划、具体实施步骤以及开展的相关活动资料汇总。

（2）幼儿园是否具有常规的音乐教科研活动，如活动经验交流、互相听课、评课、针对某一课题进行讨论、分析、论证等。

（3）幼儿园是否鼓励和引导教师探讨实践新的音乐教育理念、方法，探索运用现代化的教学设备的手段。

（4）是否鼓励教师积极总结音乐教育教学经验，鼓励教师积极发表论文，参与科研课题等。

3. 幼儿园园本资料的积累评价

幼儿园园本资料的积累是幼儿园对音乐教育活动的重视程度和园本文化的呈现和反映。

（1）是否有音乐教育活动的各个层面计划、实施步骤、听课评课记录、课例分析、专题总结或报告以及经验总结和改进意见。

（2）是否有本园特色的音乐活动资料的收集和保存。如活动照片、活动视频、活动记录，甚至更为系统的园本音乐教材。

（3）是否有参加社会活动、专家讲学、发表作品以及本园成果资料积累。

（二）对幼儿园音乐教育活动的评价

幼儿园音乐教育活动的评价要依从幼儿音乐教育活动的设计和实际操作的环节顺序来进行，主要包括以下四方面。

1. 活动设计的评价

（1）活动目标评价

首先，要看活动目标与幼儿音乐教育活动的总目标、年龄目标、单元目标是否一致。同时活动目标与每一个向上递进关系的目标是否有直接的紧密的联系。其次，活动目标是否兼顾了认知、情感与态度、操作技能三方面的要求。这里指的兼顾并不是说每一个教育目标必须涵盖所有三方面，而是根据活动内容本身的特点以及幼儿的实际情况有侧重地制定。最后，就是活动目标的设计与幼儿实际情况是否相适应，不同的生活地域，不同的家庭社会环境，不同园本文化和环境设施，以及班级幼儿特点和实际存在个体差异，使得教师在活动目标设计中的全面考量是十分重要的。

（2）活动内容评价

活动内容是指幼儿音乐活动中指向音乐作品的音乐材料，它是实现活动目标的媒介。对音乐活动内容的评价有两方面，即活动内容的选择和设计的评价。评价活动内容要看内容的选择是否与教育目标相符，是否支持活动目标的实现，是否适合自己班级幼儿的能力发展水平，内容本身是否具有审美和艺术价值。评价活动内容的设计和组织是指教师在设计活动时其内容的比例设置是否合理，难点重点是否突出，内容和形式是否相协调，活动的组织环节是否合理，过程是否顺畅等。

（3）活动方法的评价

首先，要评价方法的选择和运用是否与目标相适应，是否与内容的特质相协调，是不是实现目标的最佳选择。其次，方法的选择是否适合幼儿的年龄特点和接受水平。再次，活动的方法是否能体现出幼儿的自主性和主动性。最后，我们要考量活动本身是否注意到与环境设备的有效联系利用。

2. 活动准备的评价

活动的准备工作在幼儿音乐教育活动中至关重要，准备工作的到位与否直接关系到活动的成败。

（1）教师经验准备的评价

首先，评价教师对活动内容本身是否熟悉熟练，其程度如何。其次，对于音乐内容和技能所涉及外延以及相关的知识技能的准备是否完善，如对有关音乐内容的语言、文字、图片、动作、视频等的把控。最后，就是对活动环节的流畅与合理性的有效把握与否。

（2）环境材料准备的评价

环境材料的选择与设计能否支持音乐活动目标的实现是我们首先要考量的，同时需要评价的还有环境与材料是否与音乐活动的内容相适应。其次，环境与材料的准备和设计是否顾及幼儿的年龄特征以及实际需要和能力可及的范围，并且，环境和材料是否能够最大限度地得到利用。最后，要评价环境材料准备的质量和数量是否能够保证幼儿的活动参与需求，以及最为重要的安全因素。

（3）幼儿经验准备的评价

幼儿经验准备的评价主要有两方面，首先，我们通过教师的准备材料和活动设计来评价教师对于本班幼儿实际情况的了解程度。其次，评价教师针对本次活动对幼儿进行的前期经验准备。

3. 活动过程的评价

幼儿音乐活动过程是一个能动的复杂的过程，是以幼儿为主体的在教师引导下的进行师幼互动过程，对活动过程的评价是以教师、幼儿、师幼互动三方面进行的。

（1）教师的评价

首先评价的是教师的综合业务水平，如语言的把握运用能力，音乐技能、教学技能、教学态度、精神饱满度和热情度是否具有等。其次要评价教师对活动的把控能力，活动的指导是否有效，能否照顾到班级的所有幼儿，是否具备随机应变的能力，活动的环节进行是否合理有序等。

（2）幼儿的评价

幼儿是音乐活动的主体，因此幼儿在活动中的具体表现是我们评价的重点。如幼儿是否注意力集中、是否积极参与？参与过程中的具体表现程度如何？是被动参与，还是主动参与？是简单模仿，还是能动发挥等。

（3）师幼互动的评价

教师是幼儿音乐活动的组织和支持者，师幼互动的评价多从教师的角度进行。主要体现在以下方面：教师为幼儿创设的环境能否引发幼儿主动学习的兴趣；教师的语言和活动引导是否能够完全吸引幼儿的注意力；活动形式是否能够让每一个幼儿都能完全参与；能否创设适合与幼儿情感交流的机会和条件；能否体现因材施教；能否激发幼儿的独立、自信等良好心理品质的形成。

（4）活动结构评价

结构评价主要评价活动结构的安排是否紧凑、有序；每一个环节和步骤是否有层次的递进关系；活动的节奏把握是否张弛有度，适合本班幼儿的性格特征和学习特点；整个活动过程是否自然流畅而且直接有效。

4. 活动效果的评价

活动效果的评价是音乐活动中指向幼儿的结果性评价，主要有以下方面。

（1）幼儿在活动中的参与和学习态度评价

主要评价幼儿在活动中注意力是否集中；表现是否积极主动。

（2）幼儿在活动过程中情绪状态的评价

指在整个活动过程中幼儿的情绪是否轻松、愉悦，精神是否饱满等。

（3）活动预期目标实现评价

在活动结束时观察幼儿的表现，或者通过问询调查的方法来评价是否实现本次活动的预期目标。

二、幼儿音乐学习的评价

（一）对幼儿参与音乐活动的评价

幼儿是音乐活动的主体，教师是引导、指导角色。对幼儿参与活动的评价是在活动过程中针对幼儿的具体表现来考量我们音乐活动的科学可行性和成效性。

1. 幼儿参与活动的主动性评价

每一个幼儿是否都参与到活动中，并能够在教师的引导和组织中积极主动地进入音乐的体验、感受中，并获得丰富的音乐表达和表现经验。

2. 幼儿参与活动的快乐性评价

音乐本身具有愉悦功能，幼儿是否快乐地参与、快乐地体验音乐活动所带来的愉悦感，而不是一味地进行技能训练式的强化练习。

3. 幼儿参与活动的感受与表达评价

在整个音乐活动过程中是否尊重幼儿的自我感受和个性表达是十分重要的，音乐本身就是情感的艺术，不同的个体对相同音乐的感受是不同的，是否更多注重音乐活动的听赏、想象、创作、肢体表达，重体验、轻说教，从而提高幼儿音乐感受和创造性表达能力。

（二）对幼儿音乐能力发展的评价

幼儿音乐能力是指幼儿感受音乐和表达音乐的审美能力。反映和表现在幼儿自发音乐活动、教师组织的音乐活动、家庭音乐启蒙等方面。我们会通过观察、谈话、问卷和测试等方法对幼儿音乐能力的发展做出相应的评价。以下是三种具有代表性的测验体系。

1. 戈登的《初级音乐表象测量》

当代美国音乐教育家和心理学家埃德温·戈登在 1965 年前出版了第一套《音乐才能测量》后，于 1979 年又出版了一套针对更年幼测验对象（幼儿园至小学三年级儿童）的测验手册——《初级音乐表象测量》，并由此提出在年幼儿童音乐能力倾向测验中更强调"直觉反应"和"表象"在音乐发展才能中的重要性。这套《初级音乐表象测量》手册包括两个子测验。每个子测验包括 40 个测项，每个测项在音调测验中是成对的音序列，由 2～5 个时值相等的音组成。成对的音序列完全相同，或改变其中一个音。节奏测验则是由音高相同的音组成的成对的节奏型。它们有的完全相同，有的拍子或音群的组织不同。每个测项里每对片段中间隔 5 分钟。所有的测项均为电子合成。测验的任务是要求儿童听辨这些成对的片段中第一个和第二个是相同还是不同。为便于学龄前儿童回答测验的问题，戈登特别设计了一些儿童熟悉的物品图形，如汽车、勺子、帽子、船等，用来代表各个测项；同时还设计了笑脸的皱眉面孔的图形，供儿童选答：若测相中程度的片段相同，儿童就在两个同样的笑脸图形上画圈；如果不同，就在一个笑脸和一个皱眉面孔图形上画圈。

戈登的《初级音乐表象测量》关注的是儿童直接的听觉印象和音乐表象作用这两种能力，并以这两方面来组织和设计测验的项目及材料。因此，通过测量，既能使教育者了解到儿童这两种能力发展的天生潜能，同时也能促使教育者了解到儿童这两种能力的发展，寻找后天的音乐经验。

2. 日本的儿童音乐能力诊断测验

这是一个由日本音乐心理研究所编制的标准化的测验工具。该测验的适应对象为4~7岁的学前儿童。测验材料及指导语全部采用录音播放的方式提供给儿童。另外，该测验采用的是书面选择答题的方式，答题册上所有内容都用形象直观的图画呈现。且画面精美，富于童趣。儿童答题仅须根据判断画圈或打叉。因此，这套工具可以在大面积的集体测量、评价工作中使用。

整套测验包括以下五个部分。

第一部分：强弱听辨——画面包括1个例题和4个测试题。每题1分共4分。每题由一对音量不同的音乐片段组成。要求被试听辨并指出各组中音量较强的那个片段，并在相应形象下的方格内画圈。

第二部分：节奏听辨——画面包括1个例题和4个测试题。每题1分共4分。每题由一对鼓声节奏组成。要求被试听辨并指出各组中的一对鼓声节奏之间是相同还是不同。若相同便在相应画面中的方格内画圈，否则打叉。

第三部分：高低听辨——画面包括2个例题和8个测试题。每题0.5分，共4分。前4个测试题由一对单音组成，后4个测试题由一对音乐片段组成。要求被试听辨并指出各组中的一对单音或音乐片段中较高的一个，并在相应形象下的方格内画圈。

第四部分：音色听辨——画面包括2个例题和5个测试题。每题0.8分，共4分。每题由3个演奏不同乐器的形象组成。要求被试听出录音中播放的音乐是何种乐器演奏的，并在相应形象下的方格内画圈。

第五部分：音乐欣赏——画面包括6个测试题。共4分。每题由两个性质不同的画面组成，如热闹的公园、安静的田野，老牛拉车、骏马奔跑等。要求被试听录音中播放的音乐更接近于哪幅画面所描绘的内容。

3. 教育鉴赏和批评策略

美国斯坦福大学的艾斯纳教授反对传统的自然科学式的对教育问题的量的评价，受艺术鉴赏和艺术批评的启发，提出了他称为教育鉴赏和教育批评的教育评价策略。由于教育鉴赏和教育评价策略重视对艺术教育课程的评价，重视对儿童运用多种活动形式如音乐、美术、舞蹈等表达自我的能力的评价，所以这种评价策略对以各种游戏活动、艺术活动为主要活动的幼儿和主要由各种游戏活动、艺术活动组成的学前教育方案的评价来说，无疑是十分重要的一种策略。

（1）基本框架

艾斯纳认为，儿童要表达某一概念，可以运用多种方式如文字、数字、音乐、美术、舞蹈等，因此，教育方案或计划应该以教育儿童使用各种表现概念的方式，而不是像以前那样，只重视教育儿童使用文字、数字来表现概念。而且他认为，根据儿童身心发展的特点，艺术表现形式对他们来说尤为重要。也正因为如此，艾斯纳主张教育方案和计划必须重视艺术教育课程。由这一基本观点出发，艾斯纳认为传统的自然科学式的评价不适合评价以艺术活动为主的教育课程，主张以艺术活动为主的教育课程应该用艺术的方法来评价。

（2）基本含义

在传统的自然科学式评价进行批评的基础上，艾斯纳提出了改革原有的量的评价，提倡质的评价，实施教育鉴赏与教育批评的评价策略主张。他的教育鉴赏与教育批评策略的基本含义有如下内容。

教育鉴赏：鉴赏是感知、认识和理解个人所经验的现象的艺术，它可以为我们进行价值判断提供基础。鉴赏运用于教育上就是教育鉴赏。教育鉴赏是对教育现象的感知、认识和理解，它可以是对教育方案或计划的鉴赏，也可以是对教育方案或计划实施过程的鉴赏，等等。

教育批评：教育批评是建立在教育鉴赏基础上的。教育鉴赏常常是完全个人的。为了让别人分享自己对教育现象的认识和理解，使自己的认识所得成为别人的认识和理解的媒介，就需要教育批评。教育批评是鉴赏与批评策略的重点，它可以包括以下三方面的内容。

a. 描述

描述就是将所感知的教育现象描述出来。例如对某幼儿教师组织幼儿游戏活动的描述，就应该包括他事先做了哪些准备，他是如何组织幼儿的游戏活动的，游戏的主题是什么，他在游戏中扮演什么角色，在游戏中他是如何对待幼儿的，幼儿游戏兴趣如何，他是在什么时候结束游戏的，等等。描述应该尽可能生动、准确，让读者如身临其境，能够从中认识和理解该教育现象的本质。

b. 解释

解释指的是解释前面所描述的教育现象，其重点在于说明教育现象对处在教育情境中的人具有什么意义和作用。

c. 评价

评价是教育批评的最后一方面，也是最重要的一方面，因为教育评价关心的是所描述和解释的教育现象在教育上的重要性如何，或者在教育上具有什么样的价值。它要求评价者运用评价标准，对教育现象进行价值判断。

（3）可信性和类推性的考察

教育鉴赏和教育批评策略的可信性或者说它的"信度"如何呢？艾斯纳认为可以从以下两方面考察。

a. 结论是否有足够的证据支持

如果所得到的结论能够在描述材料中找到足够的证据支持，那么所得到的结论就是可靠的，否则所得到的结论就是不可靠的。

b. 读者对评价者描述的验证

教育评价者所描述的一切，读者都应该可以在教育现象中得到验证。如果读者在教育现象中找到了相应的佐证，那么结论就是可靠的，否则结论就可能是不可靠的。

从以上介绍的几种幼儿音乐能力发展评价的标准或者说量化测试中我们发现：这些针对幼儿音乐能力方面的多角度的评价和测试，其目的有两方面，一是有助于识别幼儿的音乐天赋，二是为了较好地了解评价幼儿音乐发展的水平及音乐能力发展方面的优势和缺陷，给教育者提供有效数据，作为改进和调整音乐教学的依据，从而更好地更有针对性地进行相关数据的分析、思考，制订出更适合的教育教学计划，并能提供更适宜的优化的音乐教育环境，进一步完善幼儿园音乐教育体系。我们的幼儿园也要根据自己的地域和文化特点，以及幼儿音乐学科和幼儿实际接受教育的情况，能动地借鉴和有选择地运用更为适合的幼儿音乐能力测试项目和内容及方法，同时要发展地研究和解决问题，在实践中不断探索和总结，编制更科学的、符合现代幼儿发展的测试项目。

第六章 幼儿舞蹈的内涵及教育

第一节 幼儿舞蹈的特点与分类

幼儿舞蹈是幼儿教育中的一个重要组成部分，具有较强的故事性和情节性，也包含一定的教育性，学习舞蹈不仅能提高幼儿的身体素质，对他们认识外界事物、陶冶情操也能起到一定的积极作用。

幼儿期的孩子各方面都处于发展阶段，语言能力较弱，认识水平较低，身体动作是他们认识周围世界的重要手段之一。舞动身体是幼儿的一种本能反应，非常符合幼儿的生理、心理特点，能够满足他们好动、好奇、好模仿、热爱游戏的天性。

一、幼儿舞蹈的含义

舞蹈艺术是以经过提炼加工的人体动作为主要表现手段，运用舞蹈语言、节奏、表情和构图等多种基本要素，塑造出具有直观性和动态性的舞蹈形象，表达人们思想感情的一种艺术形式。作为舞蹈艺术的一个重要组成部分，幼儿舞蹈可以反映出学前儿童的生活、思想、情感和态度，以幼儿的思维方式、认知事物的方法，用肢体语言来表达他们特有的情感。

幼儿舞蹈边歌边舞，形象直观，易于被幼儿理解和接受，对幼儿的身体素质、情感、审美、注意力等方面有着十分重要的意义，能明显促进幼儿身心的健康成长。

二、幼儿舞蹈的特点

（一）直观性

舞蹈形象是一种直观的艺术形象，人们通过眼睛来进行审美感知。这就决定了舞蹈作品中的情景和人物的心理状态、情感都必须通过舞蹈形象直接表现出来。幼儿的大脑神经系统尚未发育成熟，思维特点具有形象性和具体性。因此，幼儿舞蹈的语言形象必须是直观、容易被幼儿理解和接受的。幼儿舞蹈所呈现的内容一定要能被幼儿看明白、弄懂，他们才能表演好，小观众才能接受。例如，当你双手握拳，将手背放在眼睛上来回擦，幼儿就知道这是小孩子哭了；当你把手臂伸直放在身体两侧，掌心向下，并左右摇摆地走动，幼儿就知道这是小鸭子在走路。

对有情节的舞蹈，所表现的人和事一定要清晰、条理分明，切忌逻辑混乱；对抒情性的舞蹈所表现的人物的情感要鲜明，不能含混不清；而对戏剧性的舞蹈，则要求人物性格突出。只有如此，幼儿舞蹈教育才能具有艺术感染力，达到应有的艺术效果。

例如幼儿舞蹈《猫鼠之夜》讲述了猫设陷阱捉鼠，鼠不知是计，步步落入猫的圈套，结果被猫一网打尽的故事。舞蹈创编者从童话故事中取材，运用了拟人化的手法，从猫鼠大战到戏剧化的猫鼠探戈之舞，再到将老鼠一网打尽，情节设计巧妙合理、直观有趣，让我们不得不惊叹创编者的大胆想象和创新思维。

（二）模仿性

模仿是幼儿的主要学习方式，他们往往通过模仿来学习别人的经验并对外界形成各种认知。幼儿的好奇心强，他们感兴趣的都会去模仿，小动物、植物及各种玩具都可以成为他们的模仿对象。例如幼儿会通过在身体两侧上下摆动手臂模仿小鸟飞翔，模仿小兔子蹦蹦跳跳。

幼儿舞蹈的模仿并不是简单的照搬，而是通过拟人化的艺术手法展现一定的思想内涵。例如幼儿舞蹈《小蚂蚁》采用模仿的手法展现出小蚂蚁齐心协力寻找食物的场景，让幼儿充分体会团结的力量。幼儿舞蹈的模仿性使幼儿舞蹈更加贴近幼儿生活，具有更强的感染力。

（三）童真性

童真性是指幼儿舞蹈中表现出的幼儿纯真、稚嫩的思想情感特点。幼儿对待外界事物有着与成人不同的思维方式和独特的视点，他们经常把一些无生命的玩具或物品看成有生命的朋友，如把自己当成娃娃的妈妈，带娃娃看病、唱歌，哄娃娃睡觉等。幼儿舞蹈应以幼儿的视角探索世界，从他们的生活中选取舞蹈题材。例如幼儿舞蹈《悄悄话》，一群可爱的孩子在动感的背景音乐下说着悄悄话，充分展现出孩子们纯真可爱的天性。舞蹈动作不多，但非常有特点，队形变化和画面设计简洁清晰，贴近幼儿生活，易被他们接受和喜爱。

（四）游戏性

爱玩是幼儿的天性，一切游戏活动都容易被幼儿接受和喜爱，因此，只有幼儿舞蹈好玩、有趣，具有游戏性，才会让他们更主动、更积极地去参与。

幼儿舞蹈非常符合幼儿好动、爱模仿的特点，也很符合幼儿通过感知和依靠表象来认识事物的心理特点。在国家大力倡导素质教育的今天，"快乐的舞蹈"是儿童舞蹈教育领域倡导的理念，"快乐"是舞蹈带给孩子们的基本功能之一。所以，很多幼儿舞蹈的题材都是孩子们所熟悉的、喜爱的，且具有一定积极意义的、可以用舞蹈表现的游戏生活内容。例如在幼儿舞蹈《小鸡》中，一群小朋友扮作小鸡蹲在箩筐里，一个喂鸡的小朋友把箩筐上的纱布解开后，小鸡们高兴地跑出来，追逐着、游戏着，一只小鸡还啄了一下小朋友的手指。后来小朋友把小鸡重新赶回箩筐，可是有一只小鸡就是不肯进去……正因为这个舞蹈与游戏巧妙地结合在一起，才使这个舞蹈变得富有趣味性。

三、幼儿舞蹈的创编要求

（一）主题明确，情节单一

幼儿舞蹈是一种有意识、有空间范围、有动作规律的游戏方式，在舞蹈的情绪或情节上要注重单一直接，主题简单明了、浅显易懂、充满童趣。例如大班幼儿舞蹈《我爱洗澡》，通过对孩子们洗澡的了解，创编出一系列以洗澡为主题的单一动作，让幼儿体验洗澡的快乐，养成爱洗澡的习惯。

（二）音乐节奏活泼欢快

幼儿天性好玩好动的特点，决定了幼儿易对节奏鲜明、形式活泼、旋律欢快的音乐产生兴趣。一般来说，幼儿舞蹈音乐节奏欢快、节奏感强，这样的音乐易激发起幼儿的表演欲和身体的律动感，让幼儿一听到音乐，就能跟着节奏翩翩起舞。

（三）舞蹈动作夸张，情感表达强烈

幼儿对喜、怒、哀、乐的情感表达十分强烈。幼儿舞蹈用夸张、简洁的表现手法把情绪以直观的舞蹈动作呈现出来，让幼儿在学习中大胆地模仿，使他们更好地把内心的情感表达出来。

四、幼儿舞蹈在素质教育中的定位

舞蹈活动不仅可以使教育对象具有健美的身体姿态、协调灵活的动作，使其富有节奏感和表现力，还可以丰富、抒发、表达情感，起到良好的健身怡情功效。幼儿舞蹈课程旨在让不同特点的孩子掌握舞蹈基本的美化形体方法和学会培养基本的艺术修养能力，增加交流语言，为幼儿逐渐成长、培养良好的性格奠定坚实的基础。

舞蹈是一门综合艺术，它可以丰富人的情感，发展人的想象力，增强人的自信心和自豪感。学习舞蹈可以提高幼儿对艺术的感知能力、审美能力和鉴赏能力，从而满足幼儿对美的高层次的追求，在寓教于乐中使幼儿身心和谐、健康发展。所以，幼儿舞蹈融体能、技能、艺能为一体，不仅可以"以美辅德""以美益智""以美怡情"，还可使幼儿领悟到人体的美、运动的美和力量的美，使内在的美与外在的美、形体的美与心灵的美和谐一致，从而达到美的最高境界。

五、幼儿舞蹈与幼儿身心发展

（一）智力的发展

幼儿舞蹈对幼儿身体发展的作用首先表现为可促进幼儿智力的发展。幼儿舞蹈非常符合孩子们爱动、爱跳的特点，也非常符合幼儿通过感知和依靠表象来认识事物的心理特征。但是，在幼儿舞蹈教学过程中，教师不应该满足于教会幼儿一段组合或一个技巧，更重要的是给他们一片空间，让其有意识地发掘自己的创

造性和想象力。例如幼儿舞蹈《雪花》，教师让孩子们自己编排、自己表演，充分发挥孩子们的想象力和创造性。结果让人欣喜，孩子们大胆想象，跳出了对雪的不同感受，有的是赞美、有的是喜爱、有的是强调其寒冷，这种创造性的艺术活动，不仅给孩子们留下了一块空间去想象、思考、创造，而且帮助孩子们实现从想象到舞蹈动作的转变。这样能培养幼儿的形象思维和空间想象力，训练其敏锐的观察能力，充分发展幼儿的感知、想象和联想等能力。

幼儿舞蹈的主题、体裁、表现形式是丰富多彩的，通过对舞蹈的观摩、学习和表演等活动，不但可以锻炼幼儿的观察力、想象力、记忆力，还可以培养幼儿对音乐舞蹈的感受力、理解力和创造力。例如让幼儿学习"马儿跑"动作，从欣赏教师的示范动作到学习掌握这一动作的过程中，幼儿必须观察、思考、记忆动作的规律特点。同时在教师的启发下，联想自己所见过或想象中的马儿跑形象，然后经过反复练习，掌握马儿跑的基本动作，之后再经过幼儿的思维想象和再创造更丰富了马儿跑动作。通过以上过程的锻炼，幼儿的智力能够得到一定程度的发展。

（二）身体机能的发展

在游戏过程中，幼儿可以自由地变换动作、姿势，多次重复他们感兴趣的动作，在舞蹈造型时锻炼肌肉的控制力，可使其更灵活和协调。音乐游戏有一定的体能消耗，经常活动能促进幼儿食欲，增强消化机能，促进身体微循环，提高身体抵抗力，增强免疫力，促使幼儿骨骼的生长。所以，适当的舞蹈活动可以增强幼儿的体质，促进幼儿身体机能的健康发展。

（三）社会行为的发展

1. 自我认识

自我认识是幼儿社会性发展的重要组成部分，对幼儿的自信心、自尊心及其对外界事物的态度都有很大的影响。通过舞蹈活动，幼儿可以逐步了解自己的肢体语言能力，并试着将自己的感觉、情绪用肢体语言表达出来。在舞蹈学习的过程中，通过排练、演出和集体活动，幼儿会更容易克服内向、胆小害羞等不健康心理，增强幼儿的自信心，培养他们开朗活泼的性格。

2. 与他人合作的能力

律动舞蹈能锻炼幼儿协调能力及角色扮演能力，增加幼儿和同伴之间的相互交流，有利于培养幼儿与同伴之间的合作意识，对促进幼儿合作习惯和合作能力的发展都具有其独特的作用。

（四）情绪与情感的发展

幼儿舞蹈活动与视听艺术相结合，能潜移默化地使幼儿受到音乐的熏陶，培养幼儿对音乐、节奏的感知力，帮助幼儿建立初步审美意识。舞蹈通过动作、表情、姿态等，为孩子们构建了一个富于童心的审美欣赏和审美创造的空间，使幼儿的内心深处获得积极的感受，并伴随发生某种触及心灵的情感反应和相应的表情、动作、态度。舞蹈可以让幼儿尽情抒发情感，表现幼儿生活中的喜、怒、哀、乐及对周围事物的爱憎，也可以引导幼儿向开朗、活泼、愉悦的性格发展。孩子们在舞蹈的寓教于乐、潜移默化中认识和热爱美好的事物，让孩子们认识美、欣赏美、追求美。培养幼儿感受、表现和创造舞蹈美的能力，并在舞蹈美的陶冶中练就一双审视大自然和社会生活中真善美的眼睛。

舞蹈是一门艺术，来源于生活又高于生活，而幼儿舞蹈大都带有故事性、情节性及深刻的教育性，孩子们在学习、排练、表演舞蹈的过程中，能学会认识事物的真善美。

舞蹈所具有的美育功能，主要有以下两点。

一是能够塑造学习者自身的形体气质。舞蹈是通过舞者的身体将艺术美表现出来，因而在舞蹈的学习中形体练习也是重要内容，通过形体练习能够改变舞者不良形体习惯，改变舞者形体，促进舞者身体的协调均匀发展。同时，舞蹈对于舞者自身的气质具有一定的要求，因而学习和练习舞蹈能够培养学生相应的舞蹈气质，通过不断的练习和学习，久而久之学习者自身就会散发出与他人不同的美的气质，达到塑造舞者形体气质的目的。

二是能够帮助学习者构建审美意识。审美意识是人类在对美的追求中产生的，而舞蹈作为艺术美的表现载体，能够帮助学习者树立相应的审美观，陶冶学习者的情操。而对于年龄较小的幼儿来说，舞蹈学习所带来的审美意识则能够帮助孩子建立对世界上美的事物的初步认识，对于构建正确的世界观和健全人格具有重要作用。通过舞蹈的练习，学生能够体会到舞蹈所带给他们的美感，从而有利于培养学生积极向上的审美方向，树立正确的审美意识。

第二节 幼儿舞蹈教学的基本原则、任务和方法

一、幼儿舞蹈教学的基本原则

教学原则是根据教学目的、遵循教学规律而制定的指导教学工作的基本要求。幼儿舞蹈教学的基本原则可以概括为教学相长、启发诱导、循序渐进及形式多样。

(一) 教学相长

孔子在《礼记·学记》中提出："是故学然后知不足，教然后知困。知不足，然后能自反也；知困，然后能自强也。故曰：教学相长也。"可以将其理解为"教师的教与学生的学可以相互促进"，这一原则揭示了教与学之间相互制约、相互渗透、相互促进的既矛盾而又统一的关系。

在新课标的指导下，教师要加强与学生之间的互动，使幼儿舞蹈课堂变得更加生动活泼，充满童趣。幼儿舞蹈教师应在日常生活中认真观察幼儿的活动规律，向幼儿学习，不断改进幼儿舞蹈动作，有效地激发幼儿对舞蹈的学习兴趣。

(二) 启发诱导

教师教学生，最重要的是启发诱导，教师如果能在教学过程中成功做到启发诱导，就能使师生关系融洽，学生既会感到学习有趣而容易，又能进行独立思考，发展思维能力。因此，人们常说启发诱导是培养学生的学习情趣，使学生获取知识、认识事物的基本的、十分重要的原则之一。

在实际的幼儿园教学过程中，教师要深刻认识到，幼儿获得某种体验和认知是需要一个过程的。从操作上来讲，教师提出问题或传授一个知识点之后应耐心地等待，在适当的时候稍做停顿，给幼儿留有思考、观察、探索的时间。教育家

陈鹤琴曾说：凡儿童自己能够想的应当让他自己去想。有些教师提出问题后，看幼儿没有及时答出来，就马上将答案公布出来，而使幼儿失去了思考的机会。

激发幼儿的学习兴趣，调动他们的积极性和主动性，教学才能收到事半功倍的效果。在传统的舞蹈教学中，教师往往忽视了幼儿主体作用的发挥，没有为他们提供自主发挥的学习氛围，只注重技巧训练，忽视了幼儿兴趣的培养。例如在学习律动时，基本上是教师示范、幼儿练习，一遍一遍地机械重复，幼儿渐渐失去了练习的兴趣，甚至产生厌学情绪。其实，在舞蹈教学中，教师只要满足幼儿的表现欲望，给他们自由发挥的空间，让他们自主探究和创新，就能激发他们的学习兴趣。

（三）循序渐进

教育要尊重幼儿的实际水平，他们的身心尚未发展成熟之前，要耐心地引导，不能违背幼儿发展的自然规律和幼儿发展的内在"时间表"，人为地通过训练加速他们的发展只会适得其反。

任何教育过程都要遵循循序渐进的原则，这是由教育发展客观规律和认知发展规律决定的。幼儿舞蹈教学也一样，如果没有熟练掌握单一舞蹈动作，就不能表演出完整的舞蹈作品；如果没有对舞蹈基础知识的系统学习，就不可能会对舞蹈作品有深刻的体会。幼儿舞蹈教学的整个过程都要遵循循序渐进的原则，只有这样，才能顺利开展舞蹈教学，有利于幼儿的长远发展。

（四）形式多样

由于幼儿自身的发展特点，他们对于大多数事物都不会有持久的兴趣，因此，确保舞蹈形式的多样性就成为保持幼儿兴趣的关键。通过实践发现，多媒体教学是确保幼儿对舞蹈保持兴趣的一种有效手段。与传统教学手段相比，多媒体教学手段具有声图并茂、直观形象、感染力强、表现手段多样的特点，可以打破时空和地域的限制，根据教学要求灵活调整教学内容。例如在学习蒙古族舞蹈时，会学习"软手"动作，在教学过程中，教师可先利用多媒体向幼儿展示有关草原的人文地理概况和雄鹰翱翔的动作，给幼儿以直观、丰富的感性认识，启发他们想象，有利于教学的顺利进行。

二、幼儿舞蹈教育的任务

(一) 培养幼儿感受美、表现美的艺术情趣

爱因斯坦说过，"兴趣是最好的老师"。兴趣的生理机制是人脑的一种定向探究反射机能，可以被认为与大脑皮层中最大的兴奋中心相联系。兴趣是一个人力求接触和认识某种事物的一种认识倾向，当幼儿注意、了解、欣赏舞蹈并带有愉快的情感体验时，就会对舞蹈产生兴趣，感觉就会灵敏起来，理解力也会提高，而且能够主动地探索认识它的方式和手段。

舞蹈教学形式的多样性是保证幼儿兴趣持久的好方法，教学中要考虑到幼儿的年龄特征、接受能力和专注时间，灵活变换教学方式，让新鲜和好奇充满课堂。只有这样才能引发幼儿的学习兴趣，从而培养他们感受美、表现美的艺术情趣。

(二) 培养幼儿欣赏美、创造美的艺术能力

1. 幼儿观察力的培养

观察力是培养幼儿艺术才能必不可少的一方面，观察力的培养是幼儿认识世界的第一步，是获得知识、学习技术、进行思考的前提。我们常说"手舞足蹈才是舞"，在教学中指导幼儿观察不同动态对象的动作特征是培养其观察力的核心。学前期的幼儿好动、好奇、好模仿，但他们对学习舞蹈很向往，教师要以培养幼儿的观察能力为牵引，使其通过简单的"看"来认识舞蹈，有目的、有选择地引领幼儿感知客观舞蹈。

2. 幼儿注意力的培养

教师在舞蹈教学中，合理地组织教学能帮助教学顺利进行，所以对于幼儿舞蹈教学者来说，组织教学要贯彻教学全过程，必须在教学过程中根据幼儿的实际情况调节教学内容和训练方法，合理引导幼儿将无意注意与有意注意交替使用。所谓无意注意是指自然而然产生的注意。凡是新鲜、活泼、有兴趣、符合本人需要的事物就会引起注意。有意注意是指自觉的、有目的的，要付出意志努力的注

意。教学要强调目的要求，但有的舞蹈元素动作既单一又辛苦，却必须要学，就要依靠有意注意来坚持学习，就要求培养幼儿的求知欲和坚强的意志，尽力克服学习中的困难。因此，教师要不断变换授课方法，完善教学环节，合理组织教学，做到既符合教学大纲的要求，又能吸引幼儿的注意力。

3. 幼儿表现力的培养

舞蹈艺术是向欣赏者展示美感的艺术表演形式，表现力的培养是不可缺少的一部分。教师在教学中以生动的示范、准确的讲解、动听的音乐素材实施教学，展示活灵活现的艺术形象，音乐或伴奏贴近日常生活，有利于幼儿了解、表现舞蹈形象，抒发艺术情感，激起他们的表现欲望。但在现实幼儿舞蹈教学中，教师有时缺乏对幼儿身心特点的了解，幼儿也缺乏对舞蹈的情感体验，往往会造成教师只注重让幼儿单纯去模仿学习舞蹈动作，并以学会"规定动作"为主要要求，而忽视了幼儿对舞蹈的整体感受。这样在舞蹈教学中过多地强调规范和准确性，会忽视幼儿在情感上的愉悦性，使得幼儿对重复单一的动作感到厌倦，并对舞蹈学习产生抵触情绪，不利于培养其表现力。

4. 幼儿社会功能的培养

幼儿舞蹈的社会功能即对幼儿进行的德、智、体、美教育，挖掘幼儿的艺术潜力，为幼儿的全面发展奠定基础，所以，幼儿舞蹈教学要在训练形体美的同时，增强幼儿的视觉及全身各部位的协调配合能力，增强幼儿的集体主义精神和组织纪律性，培养他们独立思考和不断前进的自信心和毅力。

(三) 培养幼儿良好的品德及品质

"道德是做人的根本"，而幼儿舞蹈作为一种艺术形式，有极强的故事性、情节性及深刻的教育性，幼儿在进行舞蹈学习、排练、表演的过程中，能从中提升道德情操，培养性格品质。此外，舞蹈是一门苦艺术，幼儿在学习舞蹈的过程中能够砥砺自己的性格，展现出刚毅的一面。还能培养幼儿自己的事情自己做、爱清洁、讲卫生、尊敬师长等习惯，并且养成一定的社会公德意识等。

三、幼儿舞蹈教育的教学方法

（一）示范法

舞蹈教学的示范法在传递舞蹈动作概念和幼儿学习舞蹈动作上起着重要的作用，它要求教师以准确、形象、生动、富有感染力的示范动作向幼儿说明所学动作的内容、要领和做法，启发幼儿积极思维，激发幼儿的学习兴趣。准确的示范动作能使幼儿将直观动作与形象思维结合起来，帮助幼儿建立起准确的动作形象。

舞蹈示范分为完整示范法和分解示范法两种，一般根据幼儿年龄和对动作的掌握程度分别进行。此外，在教学过程中，教师示范动作的次数不宜过多，动作的示范次数一般以两到三次为宜。幼儿的注意力易分散，示范次数过多还会影响幼儿表现的积极性。

（二）练习法

练习法要根据舞蹈要求，有目的地反复练习，是幼儿学习舞蹈、记忆舞蹈及巩固舞蹈的基本途径。练习法的大量运用，可以提高幼儿运用形体动作抒发情感的兴趣和能力，并掌握相应的舞蹈知识和技能。

根据舞蹈动作的组合程度，练习法可以分为单一动作练习和组合练习。

单一动作练习：单一动作练习一般是在教授新动作时运用的，是幼儿对新动作从模仿到消化的过程。单一动作练习还可以针对个别难点动作，纠正幼儿的不规范动作。

组合练习：舞蹈组合由单一动作组成，每个动作之间的衔接和动作的顺序都需要幼儿经过多次练习才能记住。

（三）观察模仿法

舞蹈教学中的观察模仿法，是指幼儿通过观察教师或同学的示范表演模仿动作。以舞蹈教学《走路歌》为例，教师可以选择锻炼反应能力的角色扮演类游戏，引导幼儿模仿动物动作形态并学习"走步"，游戏以幼儿易懂且生动活泼的

《走路歌》为背景音乐，让幼儿模仿一些动物的走路动作；以活泼跳跃的音乐节奏配合兔子走路形态，缓慢悠长的旋律配合乌龟的走路特点，时快时慢的旋律配合小猫走路的特点，在每段歌词的前半句如"小兔走路""小鸭走路"中，教师可以播放这些小动物走路姿态的视频，在下半句让幼儿模仿相应的动物动作。

（四）游戏法

游戏是开展幼儿教学的重要途径，采用游戏的方式开展舞蹈教学活动也能取得事半功倍的效果。传统的舞蹈教学以动作的拆解教学与重复训练为主要教学方法，但这对于幼儿来说枯燥、无味，无法长时间集中注意力。而通过将舞蹈动作教学与特定的游戏类型结合起来会实现寓教于乐的教学效果，这也是舞蹈教学游戏化的实现方式之一，可以借助游戏激发幼儿的舞蹈表现力。如舞蹈动作中的半蹲起跳，虽然只有蹲和起跳两个动作组成，但是长时间循环练习也会让幼儿感到厌烦。对此，教师可借助"青蛙跳"的游戏来组织学生练习，在扮演青蛙的情境中，幼儿会有种沉浸式的游戏体验。

当幼儿的舞蹈动作积累到一定程度之后，出于巩固舞蹈动作掌握成果并将其运用于新动作的目的，教师应当采用游戏的方式开展动作复习和新动作创编。新动作的创编需要在游戏带来的宽松环境中，根据其表现力自由发挥，角色表演类游戏非常符合舞蹈动作创编的要求。在角色扮演类游戏中，幼儿可就某一主题展开表演，教师不能把所有动作都教给幼儿，而要在传授一部分动作的基础上，让幼儿借助已掌握的动作经验和自由表现力进行创编，有利于提高幼儿的舞蹈艺术表现力。

（五）讲解、提示、口令法

教师在讲解舞蹈的内容、情节、动作要点等时，可以同时配合口令的运用，使幼儿初步领会舞蹈的节奏和规律，是舞蹈教学中的辅助方法。这种方法可以加快幼儿对舞蹈内容、情感的理解和对动作的掌握，从而提高学习兴趣。运用这种方法时，要注意语言口令的简明。学习具体的动作时，口令的运用不宜过多，应加强音乐与动作的配合。

幼儿舞蹈教学对教师的语言要求如下。

一是准确：无论讲解还是传递知识，教师的准确性最重要。

二是生动：生动的语言可以唤起孩子的兴趣，从而减少舞蹈学习中的痛苦部分。

三是精练：教师的话要尽量准确、简单，不能啰唆，否则孩子的兴趣就会降低。

四是亲切：教师的语言要生动，形象不能过于严厉，过于生硬，孩子易产生抵触情绪和逆反心理，所以教师要有耐心。

五是身授：教师要全面示范，待孩子熟悉后可以逐步简化动作示范，最后让幼儿自己完成动作。在排练中语言表述要非常清楚。首先教师的头脑要很清楚，不管是舞蹈中的逻辑思维，还是它的形象重点、动作重点、音乐节拍，教师都要非常清楚。在教给孩子的时候把动作做到位，把节拍说清楚。

第七章　幼儿舞蹈的创编设计

第一节　幼儿舞蹈创编的基础

一、幼儿舞蹈创编的专业要求

作为一名专业的幼儿舞蹈创编者，必须具有专业的舞蹈素质，掌握舞蹈创编的专业知识和技巧。除了与成人舞蹈创编相同的职责外，幼儿舞蹈创编者更重要的是掌握幼儿的生理、心理特征，了解不同年龄幼儿的思维特点和认知能力，尊重幼儿的个性化发展，热爱幼儿教育事业并富有爱心和责任感。同时熟悉文学、艺术等多个领域的知识，通过自己的艺术表现手段去概括和描述幼儿的心理和生活，用丰富的舞蹈语言勾勒出具体可感知的艺术形象，并赋予其丰富的情感，表现独特的幼儿世界。

（一）广博的知识和良好的舞蹈专业素养

舞蹈创编者是舞蹈创作演出的负责人，其所担负的任务全面而复杂。这一性质决定了舞蹈创编者必须是受过良好教育且具有较高的思想修养，具有渊博的知识和广泛的舞蹈专业知识的人。在日常的生活和工作中，舞蹈创编者应有意识地培养自己的知识兴趣，深入系统地学习社会科学知识、艺术理论、美学知识及心理学、舞蹈史、舞蹈美学、舞蹈基础理论、舞蹈创作理论和舞蹈教育学，学习各艺术门类的基础理论，如戏剧、音乐、美术等。这些艺术形式与舞蹈艺术有着许多共通的方面。舞蹈创编者还应该把学习舞蹈当作自己每天的必修课，使自己成为一个丰富的舞蹈宝库。学习掌握的舞蹈越多，素材越多，不但可以丰富自己的想象力，而且可以深化自己作品的艺术内涵，使舞蹈更加丰富多彩。

1. 良好的文学素养

在不少优秀的幼儿舞蹈作品中，有一部分舞蹈作品是根据寓言、童话、神话小说、科幻故事等文学作品改编而成的。文学素养更主要的是体现在舞蹈作品的创作过程中，从观察生活、取材直到艺术构思的完成，都是形象思维的过程，这尤其需要运用文学的修养来丰富创编者的想象力。深厚的文学素养才能使创编者积累的生活升华为艺术的构思，让形象思维插上翅膀，创造出诗一般的舞蹈意境。

2. 良好的音乐素养

幼儿舞蹈创编者对音乐的感悟、体验、造诣和修养等，都会直接或间接地影响与制约幼儿舞蹈的创编过程。

一般来说，舞蹈创编者应具有较高的音乐素养，以便全面、正确地理解音乐和表现音乐，让音乐和舞蹈共同担负刻画人物形象、表达舞蹈内容和主题的任务。

从一定意义上来说，音乐是舞蹈的声音，舞蹈则是音乐的形体：一个有形而无声，一个有声而无形，这种天然合理的结合乃是舞蹈不能离开音乐的重要原因，因为音乐配合并帮助舞蹈在整个过程中起到表达情绪、体现个性、烘托气氛、塑造形象和组织舞蹈创作的作用。

3. 良好的美术素养

舞蹈和绘画、雕塑都属于造型艺术范畴，都是直观的视觉艺术。绘画和雕塑只是追求在静止的造型中获得动态性的效果，而舞蹈则是在运动中寻求雕塑性的造型美，这就要求创编者将生活中的自然形态升华到具有美术性的造型上来，使舞蹈的每一瞬间尽可能地像绘画和雕塑艺术那样具有强烈的感染力，使舞蹈作品成为一幅生动的画、一组活的雕塑。

4. 应具有良好的戏剧修养

舞蹈与戏剧都是舞台表演艺术，区别之处在于戏剧主要是依靠演员的说话或唱歌，而舞蹈则是用演员的形体动作去完成创造舞蹈角色和情绪的任务。尤其是我国的传统戏曲与中国舞有着血脉之源，中国古典舞韵味中的"圆与曲、点与线、刚与柔、形与神"的动作韵律，都是汲取了我国戏曲的精华，其步法、手位等都是从戏曲中借鉴的。

（二）了解幼儿的生理、心理特征

幼儿的思维、心理和生理在不同年龄段有着不同的特点，因此创编者要根据幼儿的身心发展特点来创编舞蹈。从幼儿生理角度来看，幼儿在生理发育时期，身体的各个部位都处于成长阶段，骨骼较软，弹性大，不易骨折但易变形；关节、韧带的固定能力较差，易脱臼；上下肢大肌肉群发育早而小肌肉群发育晚，肌肉的弹力小，收缩力差，运动量不宜过大，容易疲劳。这些决定了幼儿的平衡能力、控制能力、节奏能力相对薄弱。因此，幼儿舞蹈动作的创编要力求简练、舒展、活泼、欢快。

从幼儿的心理角度来讲，幼儿都有贪玩、好动的心理和行为特征，对许多事物没有形成固定的思维模式，喜欢探索自然和日常中的各种现象，在玩耍的过程中通过探索、启发来认识世界。

（三）敏锐的观察力和丰富的生活阅历

熟悉和了解幼儿的生活是舞蹈创编者进行幼儿舞蹈创作的首要条件。创编者要以幼儿的眼光来观察事物、认识生活，以幼儿生活的独特感受为基础，从幼儿的生理和心理特征出发反映生活，捕捉动作，以使舞蹈作品充满童心、童真、童趣，塑造出生动可爱的形象。除此之外，创编者还要在日常生活中有意识地锻炼自己观察生活的能力，并不断提高认识幼儿生活和提炼幼儿动作的能力，为舞蹈创编积累素材。

（四）富有想象力和创作激情

想象是建立在现实生活基础之上的、对生活的概括和提炼。幼儿舞蹈创编，是艺术想象的过程，也是形象思维的体现。这种想象并不是停留在一般生活意义上的奇思妙想，而是创编者将幼儿生活提炼、升华后在脑海里勾勒出一个看得见的事物与形象，然后用生动有趣的舞蹈动作语言来赋予抽象的事物以形式、姿态、色彩和情感，表现出幼儿舞蹈的独创性。

想象的发展要靠对艺术的热情和激情来推动。一个好的幼儿舞蹈创编者往往有在平凡的工作、生活中善于观察、思考，勤于联想、想象的好习惯，当他接触到的幼儿生活引起和触动自己的注意力时，就会习惯性地进行舞蹈的形象思维和舞蹈的想象。在脑海中储存表象，从结果中再次进行想象与发展想象，直至萌发创作的念头。

幼儿舞蹈的创编以成人为主，幼儿舞蹈音乐也是成人创作和选取的，对幼儿舞蹈创编者提出了较高的要求。新时代背景下，幼儿的自我意识趋向复杂、成熟，他们的知识更加丰富，审美需求更加多样化，对此，创编者必须不断更新自身的知识库存，拓宽视野和知识面，近距离观察幼儿绚丽多彩的生活，为幼儿创编出更多优秀的舞蹈作品。

二、幼儿舞蹈创编过程

（一）构思与选材

1. 整体构思

（1）整体构思的含义

整体构思阶段是一个充满想象，并利用舞蹈思维进行反复探索、寻找最佳的外化途径的过程。构思过程使舞蹈形象和动作语言逐渐连贯，使作品所要表达的内容在一个富有观赏价值的结构框架中得到体现。

在舞蹈创作中，整体构思是指创编者在体验和感受生活的基础上，运用舞蹈的形象思维，对所创作的舞蹈作品从萌芽、酝酿到成熟孕育的过程，是创编者在进入创作之前对所要编排的舞蹈做出的全部设想的总和。这个过程主要解决两个问题：一是表现什么；二是怎么表现。就是由选择题材入手并对题材进行可行性研究和发掘，寻找合适的角度和层面确定作品内容、提炼主题思想。同时，寻求外化的舞蹈形式，也就是选择适合的体裁和舞蹈的样式，探索和捕捉舞蹈的形象，最终创作出与表达内容完美结合的表现形式。

（2）整体构思的环节

a. 激发创编灵感

在整体构思的过程中，第一个环节就是激发灵感。灵感常常是来自一瞬间迸发的感动，如欣赏一段好听的音乐或一幅动人的画作，领略一地风光。生活是创作的源泉，在幼儿的世界中，任何事物都有灵性，他们可以和玩具小鸭谈心，可以和精灵王子共舞，可以和小狗小猫说悄悄话。作为幼儿创编者，灵感直接来源于幼儿的日常生活，他们情感上的喜怒哀乐和平时的一言一行都是激发创编者灵感的源泉。因此，只有充分了解幼儿的生活，积极融入他们的情感世界中，熟知他们的情感表达方式，才能捕捉到最具有创作潜力的舞蹈形象。

b. 获得童趣的想象

在整体构思过程中，创编者还需要运用幼儿的思维方式展开想象，深入幼儿的情感世界中，捕捉典型事件、典型形象并运用舞蹈的思维方式去筛选和设计，使幼儿舞蹈创编更幼儿化。幼儿化主要表现在构思与表现手法上，也就是说，舞蹈从构思开始，就要尽量向幼儿的思维方向靠拢，这样，舞蹈的幼儿化也就能自然地显现出来了。

c. 找出适当的形式

别具匠心的舞蹈形式是一部好作品成功的开始，这里说的形式也就是人们日常所说的"点子"，即吸引幼儿的方法和手段。幼儿舞蹈的创编重点不在动作的发展上，而在"点子"的开发上，这是幼儿舞蹈整体构思的关键。很多创编者的创编只是各种动作的堆叠，却毫无童趣和意味可言，这是不可取的。

幼儿舞蹈创编不同于成人舞蹈，不需要高难度的技术技巧，而是需要借助一些有趣的道具、背景及舞台声光效果来衬托舞蹈，使幼儿对舞蹈更加感兴趣。

2. 选材

创编选材是舞蹈创作过程中的题材选择环节，是对整部作品的主题、形式、风格等最直接的定位。它集中体现了创编者的专业能力、审美品位及对作品最后走向的把握。选材是舞蹈创作前期最关键的因素之一，是否得当对作品最终能否成功具有重要的作用。

选取的舞蹈题材应具有积极向上、寓教于乐的特点。幼儿是未经世事的一张白纸，因此在早期教育中要向其灌输正面、积极的内容，舞蹈题材就应以此为原则来选取，所选内容应富有教育性和启示性。一个优秀的舞蹈，其内容应该可以将幼儿暂时不能理解的事物以他们可以感受的方式呈现出来，通过这种富有乐趣的教育形式，带领幼儿初步感受世界和人生。

为了选取让幼儿乐意接受、充满兴趣，又具有教育意义的题材，创编者可以从以下四方面来考虑：

（1）从现实生活就地取材

生活中时时刻刻都在发生着有趣的故事，这些小事为何不能作为舞蹈素材呢？一些脍炙人口的音乐作品如《一分钱》《洗手绢》《让座》等都是来源于生活的儿歌创作，是良好的舞蹈素材；还有一部分描绘动物生活状态的作品，如《喵呜》《可爱的企鹅》等，也深受幼儿喜爱。

（2）从大自然取材

丰富多彩的大自然中蕴藏着无限的奥秘，幼儿对大自然的兴趣是与生俱来的。这类题材可从幼儿喜爱的、感兴趣的动植物入手，如《小兔子》《小蚂蚁》《大灰狼》《小树》等作品；还可从幼儿好奇的、极富探索欲望的日月星辰、风雨雷电等自然现象入手，如《小雨沙沙》《小星星》《我们的地球》等作品。这些题材可以使幼儿充分了解大自然，丰富他们奇特的想象力，还可以让幼儿开阔视野、增长见识。例如幼儿舞蹈《小动物问好》，小鸭子嘎嘎嘎，小猫喵喵喵，小鸡叽叽叽，其中大量的舞蹈动作都是对动物动作的模仿，这些都是幼儿熟悉的动物的典型动作，容易被幼儿接受和喜爱。

（3）从寓言、童话故事及其他艺术形式中选材

寓言、童话故事和儿童文学是幼儿成长过程中不可缺少的部分，这些作品创造出栩栩如生的人物形象，幼儿可以通过熟悉的故事了解其中的道理。例如《白雪公主》《龟兔赛跑》等作品，通过不同的故事情节对幼儿进行正确的引导，使幼儿从中感悟真善美和一些道理。

少儿动画是幼儿热爱的娱乐活动之一，如《喜羊羊与灰太狼》《熊出没》等。这类素材符合幼儿的兴趣爱好，主题熟悉、亲切，舞蹈创编难度相对较小，且效果较好。从这个角度选取主题，可以在很大程度上激发幼儿的学习兴趣和积极性。

（4）从时代背景及当前形势选材

时代在发展，社会在进步，幼儿舞蹈的内容也要与时俱进。这类题材要求创编者追随时代的发展，敏锐地察觉出幼儿成长过程中的不同需求。例如提倡低碳生活等主题，又如载人飞船遨游太空等，这些对于培养孩子们的思想品质具有重大意义，对孩子们的健康成长起到了积极的引导作用。

总而言之，幼儿舞蹈的题材来源非常广泛，要求幼儿舞蹈创编者知识面广

泛，眼界开阔，想象力丰富，同时用一双善于发现美的眼睛在广阔的生活空间中选取素材。但是，任何题材都要突出一个"选"字，绝不可俯拾而取，照抄照搬，盲目跟风，草率移植。必须与时俱进，以幼儿的视角予以提高和深化、发展与升华，从而使幼儿从中得到情操的陶冶和思想的启迪。

（二）结构设计

有了幼儿喜欢的题材，确定舞蹈作品的结构非常重要，各类舞蹈作品基本是由开头、发展、高潮、结尾四部分组成的，各部分的连接应该自然、紧凑、完整，首尾呼应，布局匀称，顺理成章，形式与内容要和谐。

1. 舞蹈结构的表现内容

舞蹈的结构是指舞蹈作品的组织方式和构造方法，它包含创编者的创作构思、舞蹈形象的塑造、思想感情的表达以及舞蹈语言的运用，是舞蹈作品内容外化的载体。舞蹈作品的主题一经确定，就应该将选取的素材按照需要进行合理的组织、搭配和排列，这便形成舞蹈的结构。具体来说，结构由舞蹈创编者创造，主要表现为创编者在思考"表现什么"的同时又在思考"如何表现"。一方面要确定舞蹈的时间长度、舞段安排、表现风格、语言基调；另一方面要将客观的对象转化为创编者的主观发现与选择，并通过认识、想象、联想等情感活动对客观对象进行再创造，从而确定其表现范围和表现内容。

2. 舞蹈结构的常见形式

（1）情绪性结构

情绪性结构应用非常广泛，包容性极强，由一种或两种以上的特定情绪作为贯穿舞蹈的主线。一般没有故事，只有简单的情节或者根本没有情节，表现的人物形象性格都是"共性的"，没有矛盾冲突。因此情绪性结构主要是以动作、节奏、速度和画面的对比变化来表现舞蹈。常见的体式有以下三种。

a. 一段体体式

一段体体式是以一种情绪贯穿始终为特征的，运用重复和展开的手法来创造舞蹈意境和氛围。

b. 二段体体式

二段体体式以两种特定情绪的先后展开为特点，在节奏处理上根据作品的需要先快板后慢板或先慢板后快板，根据作品的不同有所侧重，使两种情绪出现浓与淡、缓与急的对比。

c. 三段体体式

三段体体式是以两种或两种以上的情绪间隔或先后出现为特征的，通常称为A—B—A式。这种结构体式的情绪变化和节奏变化较大，在布局中，A 与 B 或 B 与 A 的转换处要既合乎逻辑又出乎意料。同时后一个 A 不能等同于前一个 A，而是比前一个 A 更加热烈，是前一个的发展和升华。

（2）情节性结构

情节性结构是单一性的舞蹈，以一种或两种以上的特定情绪作为贯穿舞蹈的主线。情绪性结构没有故事，只有简单的情节，无论是欢乐还是抒情都可以通过舞蹈动作、音乐结构、速度和整体画面的对比变化来发展，它主要以优美的形象创造出意境和情绪氛围。例如舞蹈《蓝天小银鹰》，整个作品从头到尾展现的都是孩子们从小立志当一名空军飞行员的情节，动作整齐、干净利索。

3. 音乐式结构

音乐式结构是按照音乐的结构方式来编排舞蹈的方式。这种结构是以成功的音乐作品为依托的，要求创编者首先要对音乐作品有深刻的理解和认识，分析其曲式结构，音乐动机、旋律和节拍等，在充分理解和感受中去寻找动感鲜活的舞蹈形象和组织舞蹈动作，以达到舞蹈和音乐的统一。

4. 结构设计注意事项

幼儿的理解力有限，结构设计不能太过复杂，要在幼儿理解力的范畴内设计简单易懂、合理的舞蹈结构。因此，幼儿舞蹈一般时长较短，情节简练，动作变化较少，结构设计灵活合理。

幼儿舞蹈虽然短小精悍，情节简练，舞蹈结构依然要符合内容和事物发展的规律，做到结构严谨，布局匀称，形式和内容完整统一。同时，还要为幼儿搭建充满奇思妙想的情景，能大胆地构思和创新，具有童趣性和想象力。幼儿舞蹈创编既要突出作品的完整性，又要能充分突出幼儿舞蹈充满童真童趣的特性，使舞蹈符合幼儿的身心特点，符合幼儿的审美观，让幼儿乐于参与。例如，小班应以音乐游戏、律动、歌舞表演为主；中班以集体舞、律动、歌舞表演为主；大班相对中、小班在肢体协调运动能力上有较大的提高，可以进行舞蹈表演、集体舞、音乐歌舞剧的锻炼。

（三）音乐选择

音乐是舞蹈的灵魂，只有音乐与舞蹈相辅相成，才能保证舞蹈的艺术性。幼儿舞蹈的音乐首先要注意曲调明朗、简单、形象化且节奏感强，歌词也应顺口、押韵，富有感染力，让孩子们听后能展开想象，有想跳、爱跳的欲望。可以选用一些幼儿喜爱的儿歌作为舞蹈音乐，幼儿会更易接受。

1. 音乐选择途径

创编舞蹈可以先确定音乐，再创编舞蹈，也可以先选定题材再配上合适的音乐。除了选取现有的音乐，还可以从以下途径选取音乐。

（1）改编

创编者也可以请专业人士创作音乐，根据舞蹈的构思、风格、动作进行创作，这种音乐的灵活性较大，可以在动作延伸时延长音乐，也可以在特殊情节中变化音乐，使得音乐和舞蹈动作整体让作品丰富起来。例如儿歌《小老鼠上灯台》改编自一首专为儿童作的短诗，强调格律和韵脚，改编成为歌曲后，歌词能为舞蹈提供鲜明的文学形象，具有幼儿特点和趣味性，并且歌词的节奏对幼儿的舞蹈动作的表现力、协调感的培养十分有利。

（2）剪接

剪接音乐是舞蹈作品中另一个有效途径，可以利用大量的音乐素材来进行制作，对多种风格的音乐试行剪接使音乐多元化，如不同民族、不同器乐、不同风格音乐的多元拼接。如舞蹈《猫鼠之夜》的音乐就是运用了京剧的锣鼓点，国标舞的探戈、爵士音乐、儿歌念白等多种元素，极大地增强了舞蹈的表现力。

（3）创作

根据舞蹈结构和主题的要求，以及所要表现的内容和每个段落来创作与之相吻合的音乐。创作相对音乐作曲家的素养要求较高。

2. 音乐选择标准

首先，音乐情绪必须和舞蹈内容相吻合。感性直观是幼儿的基本特点，他们只能分辨出情绪非常明显的音乐，所以在选择舞蹈音乐时必须重视考虑其与舞蹈本身的契合度。如果舞蹈与音乐相差甚远就会混淆幼儿的感觉，不利于培养幼儿的艺术审美能力。

其次，音乐节奏必须和舞蹈节奏相匹配。音乐节奏和舞蹈节奏一致，幼儿在学习时就容易动作流畅，反之则会导致幼儿手足无措，无法将舞蹈整体连贯地表现出来。

（四）舞蹈编排

舞蹈作品最为核心的部分便是舞蹈动作，舞蹈的优美全凭动作来展现，舞蹈动作的编排直接影响了舞蹈的整体效果。从舞蹈创作萌芽之初到题材选择和结构构思，舞蹈创编者的注意力都放在舞蹈的总体设想上，对舞蹈中具体形象的思考只是大体概括。进入编舞的实质性操作阶段后，如何塑造人物、动植物和自然景物形象，就必须进行具体的分析和研究。

1. 舞蹈动作的来源

舞蹈动作的编排可以从以下三方面思考。

（1）动作来源于生活，高于生活

编排幼儿舞蹈，其动作应符合幼儿的心理认知，要包含具体含义，避免动作抽象难懂。对于某些舞蹈，我们可以将生活中的动作提炼加工，让其具有一定的艺术性而形成舞蹈动作。这种动作孩子们易于理解，便于表达，符合孩子的心理认知。例如舞蹈《捉泥鳅》，在编排中将跑跳步、娃娃步、后踢步等幼儿步法穿插运用，使舞蹈格调鲜明欢快，适合孩子们进行表达；同时，"捉"泥鳅，"摸"泥鳅等动作均由现实生活演变而来，孩子们一看就懂，一做就会，整个舞蹈便显得生动形象。

（2）取众家之所长

我国是一个具有悠久历史、辽阔领土、丰富文化的文明古国，各民族、各地区的舞蹈数不胜数。这些舞蹈动作都可以为我们舞蹈的创编提供参考。例如《掀起你的盖头来》便是一首具有浓郁新疆特色的舞曲,《孔雀舞》又展现了傣族风情舞蹈的婀娜多姿。而舞蹈《喜迎归》,则是将东北二人转、陕北秧歌和云南舞曲的动作结合在一起。因此,从各地民族舞中选取素材,是创编舞蹈的一个不俗的选择。

(3)他山之石,可以攻玉

舞蹈动作的选取不应局限于舞蹈本身,舞蹈以外的适宜动作仍然可以为我所用。例如舞蹈《中国娃》,在古代、近代、现代三个阶段,均运用了不同的舞蹈动作。古代阶段运用我国古代戏曲中的圆场步配合手脚位,来展现我国古代的诗情画意;近代阶段,则多用京剧中的方步,展现了近代文化百花齐放的壮美;现代阶段便辅以艺术体操形式的舞蹈,富有时代气息。整个舞蹈以武术贯穿其中,用中国功夫诠释中国精神。整个舞蹈结合了戏剧、艺术体操与武术多种动作,但是经过有序编排之后,每个动作都被赋予了自身的含义,形成了舞蹈的一部分。舞蹈与多种艺术动作的结合浑然一体,给人眼前一亮、耳目一新的感觉。

2. 编舞常用手法

(1)重复

重复的方法也叫作再现法,一般是指在舞蹈作品中对已出现的动作进行适当的加工再展现。对捕捉到的形象即动作形象进行重复再现,可以给观众留下深刻的印象,增强作品的表现力,有利于舞蹈形象的确立,是一种不可缺少的编舞手法。例如在幼儿舞蹈《向前进》中,不但出场、进场都用大跨步转身再接踢腿这一方向、节奏都有变化的动作,而且在舞蹈的进程中,始终都有这一动作的变形,让观众牢牢地记住了这群活泼可爱的孩子,久久不能忘怀。

重复可以是单一动作的重复,也可以是一个舞句或舞段的完整重复,具体做法可以分为:a. 主题动作贯穿始终;b. 主题动作在不同的情节、段落,不同的节奏下变换出现;c. 主要的舞蹈组合反复出现;开头和结尾是同样的舞蹈处理或"意境"的再现。

(2)夸张

艺术源于生活而又高于生活,舞蹈也同其他艺术一样,善用夸张的手法来表现其艺术形象。舞蹈动作需要夸张,这是由舞蹈是反映生活的特殊形态这一性质所决定的。当然这种夸张不是无限度的随意夸张,它是根植于艺术原型,又不失艺术原型精气神韵的有限夸张。舞蹈创编者要善于巧妙地把握住夸张的度，使动作具有强烈的感染力，凭借幼儿夸张的形体动作尽情渲染，使得作品给观众留下更加深刻的印象。例如幼儿舞蹈《向前冲》，孩子们用自己的双臂大幅度地甩动，夸张地表现了勇往直前的精神。

（3）对比

在生活中，我们一般会把两种不同的事物或者同一种物体的不同面放在一起进行对比。而在舞蹈作品中，对比是时刻都存在的，有时间（节奏）上的快与慢、强与弱、延长与短暂等；有空间（造型）上的大与小、高与低、方与圆、放与收、动与静等。这些对比变化不应是形式上的安排，而是人物内心情感上的促使。舞蹈动作的变化也应如此，对比性的动作能够加大情绪变化的起伏，使各种情感显得更鲜明、突出，舞蹈语言更加生动。

对比既是促成舞蹈发展变化的基本方法，也是增强舞蹈表现力的基本方法。在创编过程中，如能够在段与段之间、组合与组合之间、动作与动作之间运用对比的方式，往往能收到极好的艺术效果。

（4）美化

舞蹈艺术来源于生活，但绝不是生活的还原。创编者在创造舞蹈作品时，把幼儿生活中的动作形态通过艺术美化后，使原有的舞蹈形象比现实生活中更典型、更富有感染力。例如幼儿舞蹈《春笋》，该作品运用了美化动作的手法，将生活中春笋破土而出的形态通过肢体语言的形象塑造得淋漓尽致。

（五）舞蹈构图

舞蹈构图即舞蹈创编完成后所呈现出来的舞台画面。它可分为舞蹈队形的变化和舞蹈场面，具体指表演者在舞台空间形成的点、线、面的动态交织与变化，也就是舞蹈队形移动线的连接。一般来说，凡是成功的舞台作品，除了具备主题鲜明、结构严谨、立意新颖等优点之外，还必须具备与此相适应的恰当而准确的舞台构图，通过表现舞蹈作品的内容来反映主题，使舞台画面的整体效果和谐、流畅，富有美感。

1. 构图常用的舞台调度

任何构图都是由不同的线——直线、斜线、竖线、弧线和折线所构成的形，包括三角形、方形和圆形，以及三角形的变体菱形，方形的变体梯形和圆形的变体椭圆形等。构图就是这些线和形的组织和安排，根据塑造形象和表现主题的需要，把它们放在适当的位置上，给人以美感，这就是舞蹈艺术形式美的重要作用。在具体舞蹈作品中，舞蹈队形（移动线）表现出的情感特征会因动作的幅度、力度和音乐节奏的快慢发生变化。

从一般构成来看，舞蹈构图主要有整齐一律、平衡对称、聚散等。

（1）整齐一律

也称单纯统一，是最简单的一种表现美的规律。它的特点是没有差异和对立的一致反复。如色彩、声音、线条、形状的反复，都能体现出单纯、整齐的美，也能给人一种平和的审美感受。

（2）平衡对称

也称均衡对称，是比整齐一律稍微复杂的表现美规律。它的特点是既有重复的一面，又有差异的一面，但它们在差异中仍保持一致。对称，是每一件事物左右两侧虽有差异但大体均等或相应。如人的两耳、两眼、两手、两足，虽有方向、位置上的差异，但它们是对称的。平衡，是指左右两侧的形体不必等同，但在量上却要大体相当，如用杆秤称量一样。两者给观众的视觉效果是不一样的，对称给人以安宁、稳定的审美感受，而均衡则给人在安定中又具有一定自由、灵活、愉悦的感受。

（3）聚散

"聚"指集中，讲究疏密有致的变化，用于突出展示主要形象和主要情节。"散"指分散，可以表现整体的气势。分散和集中变现的是舞蹈画面的"面"和"点"的关系，就像照相时的远景、近景等效果一样。

2. 设计幼儿舞蹈构图应注意的问题

舞台构图必须从表现舞蹈作品的内容和塑造人物的形象出发，来选取适当的表现形式，安排和舞蹈动作相结合的空间运动线，而形成不断移动的舞蹈画面。舞蹈的空间运动线的选择和使用，要根据不同线条所能引起人的审美情感的体验为标准。不同的构图会给观众留下不同的直觉感受。例如，直线运动所形成的斜线和竖线可以表现出强劲有力的动势，有逼近、压迫的感觉；横线则比较平稳、缓和；而有棱角的曲折线则给人一种游移跳动和不安定的感觉；曲线运动所形成的圆形、弧线和蛇形线，则能表现出流畅、圆润、丰满、柔和的情调。

需要注意的是，舞台的构图不能孤立设计，必须和舞蹈动作结合起来，并且与服装、道具也是分不开的。

总体来说，舞台构图应遵循以下四点要求：①服从和适应舞蹈作品的内容；②从表现人物的情感和思想出发；③衬托和展现作品所规定的环境；④符合舞蹈艺术的表现形式。

在舞台构图的过程中，创编者还要发挥自己的独创性，根据所要表现的内容和塑造的人物形象，进行大胆的创造。好的构图可以对作品起到画龙点睛的作用，但也不能一味地追求形式，要服务于作品情节及内容的发生和发展过程，为主题思想服务。

第二节　不同类型幼儿舞蹈的创编实践

一、幼儿律动的创编

（一）律动基础知识

1. 律动

律动两个字是由希腊语"ryhmos"变化发展而来的，英语称"rhythmic"，是节奏的意思。从字义上讲，律动可解释为有韵律节奏的身体动作，在幼儿园中被称为听音乐做动作，即幼儿听了音乐，敏感地领会音乐节奏、内容，直觉地产生一种与音乐相适应的感情，这种感情自然而有节奏地通过身体动作与姿态表达出来。这种由音乐节奏激发感情，同时又把感情变为节奏动作的表现就是"律动"。

2. 幼儿律动

幼儿律动是幼儿园艺术领域活动组织中不可缺少的途径之一，通过大量的律动训练，能培养幼儿的节奏感、音乐辨别能力及对音乐的感受力，为学习音乐、舞蹈奠定基础。同时也能更好地促进幼儿思维内化的过程。

幼儿律动是幼儿舞蹈最基本的组成部分，律动与舞蹈的关系像砖瓦和大厦的关系一样重要，三四岁的幼儿对声音的高低、强弱、快慢、长短的辨别力较差、节奏感不强，动作的协调性亦较差，通过律动的训练，能发展舞蹈动作的正确性、连贯性、协调性和优美性，并引起幼儿对音乐的兴趣。

幼儿律动内容，分为基本动作和模仿动作两大类，基本动作包括运用身体各部分，如头、臂、手指、腰、腿、脚、趾等所做的动作，以及由走、跑、跳、跃、滑等组成的各种简易步法。模仿动作包括模仿日常生活、成人劳动、动物、自然、乐器演奏、交通工具等的动作。这些模仿动作都是幼儿在日常生活、游戏、学习中接触到的，为幼儿所理解的，并且是幼儿所喜欢的动作。

3. 幼儿律动分类

目前的幼儿园音乐教学中所进行的律动，大致可以分为行进律动和安静律动。行进律动是在行进中做的律动，以行进中的舞步、动作练习为主，安静律动则是指在原地站立或在座位上做的律动，从编排的形式上可分为节奏律动、模仿律动、动作律动等。

节奏律动是随音乐做节奏练习的律动，可以通过拍手、点（摇）头、拍腿、手腕转动、跺脚等来培养幼儿的节奏感。

模仿律动是随音乐模仿从日常生活实践中提炼出来的节奏较强的动作，如刷牙、洗脸、照镜子、梳头、叠衣服、洗手绢等日常生活模仿律动，还有动物的走、跑、跳等动作，幼儿通过模仿动作练习可以掌握舞蹈的基本语汇。

动作律动是跟随音乐学练简单的舞蹈动作的律动，通过练习、学习常用的舞路基本动作，掌握部分舞蹈素材，为幼儿学习舞蹈打下良好的基础，强化幼儿对舞蹈的感觉。动作律动已具有舞蹈的表演因素，要求动作准确，身体各部分配合协调，集体动作要整齐划一，注意力要不断提高。动作表演能培养幼儿的节奏感、旋律感、美感、情感，是一种综合训练。

（二）律动创编要点

1. 明确目的

在幼儿自娱性舞蹈的创编过程前，首先要明确创编目的，即培养幼儿的节奏感，还是发展幼儿的模仿能力，或是训练幼儿的动作协调性等。明确了目的之后，再选择合适的音乐编舞。如果是为了培养幼儿的节奏感，可编一些走、跑、跳、拍手、转腕、点头、转头等简单又动律感强的动作。发展幼儿的形象模仿能力可从模仿劳动、生活场景或动植物入手，如扫地、洗衣服、刷牙、洗脸等，或小树长大、鲜花开放、雪花飞舞，以及小鸭、小猴子、小猫等动物形象，使舞蹈富有趣味性。

2. 选择音乐

目的明确后，应当选择一个既符合舞蹈内容又富有动作性的音乐或歌曲。选择的音乐或歌曲一定要篇幅短小、乐句方整，节奏鲜明，音乐形象突出，让孩子们一听到音乐节奏，就有一种想随乐起舞的冲动。

3. 设计动作

音乐确定后，就必须根据歌词或音乐的内容，找出所表现事物或动物的最大特征，设计出能刻画人（事）物、突出主题、形象生动鲜明、动律感强的主题动作，再将主题动作进行变比，小班的律动一般采用 3~4 个动作，中班可采用 5~6 个动作，大班则采用 7~8 个动作，需要注意的是，设计的律动应富有趣味性或游戏色彩。

4. 连接组合

主题动作和变化动作产生后，接下来就是根据音乐的节奏、结构进行动作的连接。在分段动作的连接中，应突出音乐的强弱，层次分明，并遵照人体运动的规律，将动作连接得通顺连贯、易于上手。采用的形式可轻松、自由、丰富多样，队形不拘，让孩子们感觉就像在玩游戏。

二、幼儿歌舞表演的创编

幼儿歌舞表演融音乐、诗歌、舞蹈和游戏为一体，能有效地促进幼儿素质的全面发展。在歌舞表演中，幼儿通过排练、学习和舞蹈表演，不仅能欣赏到优美的舞姿和悦耳动听的旋律、歌声，而且能同时观察颜色各异的服装道具，这都符合幼儿好奇心强、好动的特点，能让幼儿在接受艺术陶冶的同时，不断提高身心协调活动的能力。

（一）歌舞表演基础知识

1. 舞歌表演

在进行音乐活动时，音乐与舞蹈动作常常是不能分割的。歌舞表演中的舞蹈动作能够让幼儿的运动机能得到开发，而且还能够陶冶幼儿的品性，同时锻炼幼儿的注意力、观察力等。

2. 歌舞表演的选材

（1）符合幼儿的年龄特征

3~4岁的小班幼儿受其生理、心理发展水平的影响，对音乐的理解力和表现力十分有限。因此，教师可以更多地为小班幼儿选择一些旋律和歌词比较简单的素材，为今后中、大班的舞蹈活动打下良好而坚实的基础。到了4~5岁，幼儿的表现力有所提高，此时可选择一些题材不同、风格鲜明、结构短小的歌曲进行表演。到了5~6岁，大班幼儿对音乐的感受力、理解力和表现力有了更大的进步，动作发展也更加协调和丰富，用动作表达音乐的能力增强了，并能在音乐变化的过程中大胆想象。因此，教师可以更多地选择一些优秀的中外儿童歌曲、当下幼儿所喜闻乐见的儿童歌曲等。

（2）贴近幼儿的生活，符合幼儿的兴趣

选择恰当的音乐作品，是幼儿感受、表现和创造的前提，当幼儿有了切身的体验，他们才能对音乐产生表现的欲望。为幼儿选择音乐作品时，应当考虑他们的兴趣爱好，并善于把幼儿生活中熟悉的内容引入歌舞表演活动中，以便让幼儿联系实际生活加以想象，并用动作表现出来。

对于流行音乐，很多幼儿也能随口哼唱几句。成人世界的流行音乐同样可以作为幼儿音乐欣赏的题材，但需要教师结合幼儿的认知水平，对作品进行筛选和过滤，并经过认真思考、推敲、提取和升华，将歌曲进行一些改编，把成人化的歌词进行简单化处理，将歌曲中描写爱情的歌词改编为赞颂友情。经过升华后的作品更适合幼儿欣赏，也更容易被幼儿理解和接受。

（3）紧密联系主题活动

目前，主题教学活动在各级幼儿园广泛开展。在主题活动中，幼儿在教师的引领下对某一主题进行深入的学习和探究，在选择歌舞表演作品时，可以在选定的主题背景下，根据幼儿已有的知识经验选择具有典型代表性的作品来进行创编。

（二）歌舞表演创编要点

1. 选定歌曲

只有音乐与舞蹈相辅相成，才能保障舞蹈的艺术性。根据幼儿的年龄特点，创编者选取儿歌时要注意：音乐的乐句要短小活泼，旋律流畅，富有感染力；音乐节奏要鲜明强烈，具有动感；音乐形象应生动具体，便于幼儿理解；歌词应通俗易懂，能激发幼儿的兴趣和跳舞的欲望。

儿歌中的歌词能提供鲜明的文学形象，具有趣味性的歌词能启发幼儿对"景"的理解，并且歌词的节奏性能帮助提升幼儿舞蹈动作的表现力和协调感。例如幼儿歌曲《拔萝卜》，重复的段落中包含变化的形象，这样的歌曲易激发幼儿的参与热情，使幼儿不自觉地跟随音乐动起来。此外，还可以选用幼儿熟悉的儿歌或唐诗，通过改编使幼儿在充分体会到自己创作乐趣的同时，发展舞蹈能力，从而掌握身体语言的运用规律。

2. 设计主要形象的动作

歌舞表演以唱为主，以舞为辅，所以在设计动作之前首先应将歌曲反复唱熟，并根据歌词的主题意义来设计能突出主题、形象鲜明，并具有鲜明风格特点的主要动作。同时，在主要动作的基础上派生新的动作，力求达到歌与舞生动贴切，风格完整统一。例如幼儿舞蹈《小娃娃跌倒了》，以"跌""哭""跑""抱""送"五个关键动词作为表演创作的要素，从生活原型出发，经过夸张、提炼，创造出生动丰富且有个性的歌舞表演。

3. 根据歌曲结构连接动作组合

歌舞表演以唱为主，在设计动作时，无论是在队形的变化上还是在步伐的起伏上，动作幅度都不宜过大，否则就会影响歌唱而造成喧宾夺主。同时，舞蹈段落应分明，节奏的强弱要清晰，在力求动作以平稳为主的同时体现动作的优美顺畅、连贯统一，主体形象要生动鲜明，从而更加完美地表达歌曲的风格和主题。

三、幼儿音乐游戏的创编

(一) 音乐游戏基础知识

1. 音乐游戏的概念

音乐游戏是在歌曲或乐曲的伴奏下，按音乐的内容、性质、节奏、乐曲的结构等进行的游戏。音乐游戏有一定规则和动作要求，这些动作常常是律动、歌舞表演或舞蹈，采用游戏的方法来培养幼儿的节奏感，发展他们对舞蹈的感受力、记忆力、想象力和表现力。

2. 音乐游戏的作用

音乐游戏是普遍受幼儿欢迎和喜爱的一种综合性活动。根据苏联著名教育家、心理学家赞可夫的理论，舞蹈教学原则的核心是发展和形成学生的舞蹈音乐听觉表象。音乐游戏具备了将音乐听觉表象付诸舞蹈行动之中的功能，让幼儿从乐曲中来——感受音乐（听音乐），到音乐中去——表现舞蹈（音乐游戏），再回到舞蹈中——达到音乐游戏教学的目的。因此，可以说音乐游戏是为幼儿学习舞蹈架设的一座桥梁。

教师如能在舞蹈教学中恰当地运用游戏，将获得意想不到的效果。其一，它具有其他学科不可企及的优势，它变枯燥的知识传授和抽象的音乐符号为富有情绪的生动形象的游戏教学，既符合音乐艺术的运动特性，又满足幼儿好动好玩的特征，充分实现了愉快教学。其二，游戏教学体现了课堂教学中教师的主导地位和学生的主体作用，幼儿成了课堂的主人，每个幼儿成了舞蹈活动的积极参与者与创造者，使学习不再成为负担，融洽了师生关系，提高了幼儿的学习兴趣，可以使不喜欢舞蹈的幼儿也能爱上舞蹈课。

(二) 音乐游戏创编要点

1. 确定主题、内容和形式

音乐游戏的内容、性质和形式多样，有"表演游戏""控制游戏""身体接触游戏""模仿性游戏""竞赛性音乐游戏"等。音乐游戏大多是有主题、角色和情节的，在创编舞蹈之前，首先应将内容和形式确定下来，以此为依据来选择与游戏相适应的歌曲或乐曲。

2. 根据内容选择音乐

在音乐游戏中，歌曲或乐曲一般是作为背景音乐存在的，选择的歌曲或乐曲应与内容相符，还要力求节鲜明，对比性强，段落清楚，富有动感。最理想的是选用有游戏情节的歌曲，以便让幼儿边唱边玩，提高参与性。

3. 设计游戏的动作与队形变化

音乐游戏的动作不宜设计得过多、过难，其重点应放在刻画角色性格和角色之间的动作交流上。同时，舞蹈动作要力求形象直观，富有趣味性；要善于将幼儿日常生活中的素材加以提炼，多用拟人化的动作，以此来提高幼儿对游戏的兴趣。音乐游戏的队形变化应根据内容形式的发展设定，多采用圆圈队形。

四、幼儿集体舞的创编

幼儿园活动常常以集体舞为主，幼儿集体舞的创编是幼儿舞蹈创编中不可缺少的重要组成部分之一。

（一）集体舞基础知识

1. 集体舞的含义

幼儿集体舞是在音乐的伴奏下，全体幼儿共同参与，在集体舞蹈过程中进行队形变化，体验人际交流乐趣的一种舞蹈形式。集体舞既是一种行动的艺术，也是一种集体参与的活动；它既强调幼儿个性气质的展现，又强调幼儿情感的表达交流；既是一种表达交流的艺术，又是一种综合能力的培养过程。在简单、重复的动作表演中发展幼儿的节奏感、韵律感和美感，培养幼儿感受美、表演美的情趣，丰富幼儿的审美经验，体验表演和创造的快乐，促进幼儿良好情感的培养。

2. 集体舞的分类

集体舞的动作简单、生动、活泼，贴近幼儿生活。幼儿园集体舞通常为整齐的队形或队形变化简单、动作统一的集体表演舞。根据其不同形式，集体舞可以分为邀请舞、单圈集体舞、双圈集体舞和多人舞。

（1）邀请舞

由部分人发出邀请，被邀请者接受邀请后与之共舞，随后互换角色继续舞蹈。

（2）单圈集体舞

全体参与者在单圈队形上集体进行的舞蹈，舞蹈动作统一，队形变化简单。

（3）双圈集体舞

在双圈队形上反复进行的舞蹈，每跳完一遍交换一次位置获得新的舞伴，使舞蹈能反复进行，最终可以和每个参与者都合作一次。

（4）多人舞

在一定的队形上多人合作的集体舞。

（二）集体舞创编要点

1. 确定内容和形式是方向

内容的选择应符合幼儿的年龄特点和生活经验，既不要过于熟悉让幼儿没有新鲜感，也不要过度新颖让幼儿失去信心。例如小班幼儿喜欢有歌词的音乐，可选择《找朋友》《蚂蚁搬豆》《学做解放军》《小兔和狼》等音乐素材，适合编排以游戏性为主的教学内容。到了中、大班，可以选择幼儿乐于接受的中国风格及异国风格的经典音乐和儿童音乐，如《欢乐舞曲》《木瓜恰恰恰》《拉德斯基进行曲》等。

2. 选择合适的音乐是前提

音乐的选择要恰当。在集体舞教学中，音乐能否被幼儿喜爱和接受是非常关键的。教师应选择中速、结构简单、节奏明快的曲子，最好有较明显的间奏，这样，幼儿就有较充裕的时间来思考动作和变换队形。例如《小士兵进行曲》音乐，节奏清晰、明快，速度适中，每段都有不同的间奏，乐曲强健有力的节奏有助于幼儿表现出士兵雄赳赳、气昂昂的形象，深受幼儿喜爱，能很好地激发幼儿参与集体舞的热情。

3. 编排简单易学的动作和队形是基础

动作是集体舞的一个主要因素，动作的编排应考虑幼儿的接受程度。一般来说，要编排易于幼儿学习、简单重复的动作，一个小班集体舞只须设计 1~2 个动作，中班可设计 2~3 个动作，大班可安排 3~4 个基本动作，且每个动作可重复一个八拍以上，这样易于幼儿学习，使他们在获得成功的基础上感到自信和快乐。

幼儿集体舞的队形应是整齐有序的，变化应有规律并且不能太过频繁，在队形的编排上要符合幼儿的年龄特点和发展水平。例如小班幼儿可从单圈舞开始学习，中、大班幼儿可学习双圈舞、尝试三圈舞。

为了实现集体舞教学所追求的每个幼儿都能愉快地参与和在队形变换中进行人际交往的目的，集体舞活动中的动作和队形变换方面的难度应被控制在最低水平，也就是说，幼儿在学习集体舞的过程中，应该更多地享受人际交往、合作交流、自我价值的实现所带来的快乐，而不应在记忆动作和队形方面投入过多精力。

五、幼儿表演舞的创编

幼儿表演舞是反映幼儿生活情趣，由部分幼儿表演的以供广大幼儿欣赏的提高性幼儿歌舞，是幼儿舞蹈的一种高级表现形式，一般只在幼儿大班进行。良好的幼儿表演舞，不仅能丰富幼儿的业余生活，激发幼儿对舞蹈活动的兴趣和爱好，还能发展幼儿的想象能力与创造能力，培养幼儿的积极情感，陶冶幼儿的性情，使幼儿受到良好的思想教育。

（一）表演舞基础知识

幼儿表演舞是通过对生活的观察、体验、分析、集中、概括和想象，结合幼儿年龄特点进行的艺术创造，具有主题思想鲜明、情感丰富、形式完整、艺术形象典型的特点。

1. 表演舞的分类

表演性幼儿舞蹈的题材广泛，主要分为情节舞和情绪舞两类。

（1）情节舞

情节舞一般是指叙事性的舞蹈体裁，其主要艺术特征是通过舞蹈中不同人物的行为所构成的情节事件来塑造人物，表现作品的主题内容。它包括人物、矛盾冲突、特定的时间和环境，通过人物与人物、人物与环境的具体矛盾冲突，构成完整的故事内容，以塑造舞蹈形象和表现舞蹈主题。

（2）情绪舞

情绪舞以抒发情感为主要目的，它没有复杂的具体情节，也没有特定的人物关系，更没有跌宕起伏的故事。其主要艺术特征是在特定的环境中，以典型的舞蹈语汇、明快的乐曲节奏、丰富的画面构图和流畅的舞台调度为载体来抒发幼儿的思想感情，并以此展现舞蹈的主题，感染观众。

2. 表演舞的特点

（1）主题鲜明

表演舞的主题简单、浅显易懂。例如，表现幼儿积极向上的情绪和健康活泼的精神风貌的舞蹈，模拟大自然动植物之间有趣故事的舞蹈；反映乐于助人、团结互助的优秀品质的舞蹈等。

（2）形象直观

幼儿的大脑神经系统尚未发育成熟，思维特点以形象性和具体性为主。因此，表演舞的舞蹈形象必须符合幼儿的生理、心理发展水平及审美特点，应是幼儿熟悉的、能激发其兴趣，并易于理解的。

（3）情节有趣

有趣的情节设计应为幼儿所熟悉的角色和人物，具有个性又有角色间的戏剧冲突，不仅能加强作品的感染力和舞台艺术效果，而且能深深吸引幼儿，激发他们的兴趣，引导他们模仿、学习、欣赏、体验到舞蹈的艺术美，并享受到舞蹈学习的乐趣。

幼儿表演舞创编是一项复杂而又细致的工作，是脑力与体力并重的智能型艺术活动。为完成舞蹈创作，创编者需要懂得幼儿的生理和心理特点，了解幼儿的思想和生活，熟悉文学、艺术等多个领域里的知识，更需要掌握幼儿表演舞创编的专业知识和整个创编技术过程。

一般情况下，一部舞蹈作品创编的技术过程，包括三个阶段：选材、构思、做结构是设计阶段；挑选、剪辑音乐是准备阶段；编舞则是施工阶段。但因幼儿表演舞在题材、形式、动作、内容和表现手法等方面与成人舞蹈及其他幼儿园舞蹈有很多不同之处，所以它的创编技术过程有自己的特性。

（二）表演舞创编要点

1. 选择题材

舞蹈题材是指舞蹈作品中所反映和表现的生活内容材料。选材既要和主题统一协调，又要符合幼儿的实际。情节舞的故事情节要贴近幼儿的生活，内容清晰，主题明确，"求童心，唤童趣"。情绪舞立意要新，有特色，寻找能充分营造幼儿情绪、利于幼儿表现的题材，要注意形象简明，富有儿童情趣。

幼儿表演舞题材首先要从幼儿的生活中寻找，幼儿生活丰富多彩，处处体现丰富幼儿情趣，是舞蹈最好的题材。

其次，要从丰富的大自然中捕捉，在大自然中选取富于情趣的、引发幼儿想象的动物、植物、景物等题材，将它们人物化、性格化。

再次，从幼儿喜爱的童话、神话、寓言、传说等文学作品和音乐、美术、摄影等艺术作品中挖掘。

最后，可从时代的发展中选取。作品若能与时俱进，符合当前社会形势，对幼儿进行思想教育和促进幼儿身心发展都有积极意义。

2. 构思脚本

构思是编导在舞蹈创编之前对一个舞蹈进行的全部设想的总和，是对所要创作的舞蹈作品从萌芽、酝酿到成熟的孕育过程。构思脚本就是把题材进行概括、提炼，把构思好的情绪、意境、情节、人物和对音乐的设想写出来，并根据这个脚本去采集音乐、创编舞蹈和进行舞美设计。这个过程主要解决两个问题：一是表现什么，二是如何表现。构思过程主要有三个步骤：一是到幼儿的生活和幼儿情感世界中触发灵感，捕捉有创造潜力的形象。二是展开想象，精心设计舞蹈形象。三是找出舞蹈表现形式。舞蹈最动人的地方往往不是动作，而是形式，不在舞蹈之中，而在舞蹈之外。

3. 设计结构

设计舞蹈结构就是对舞蹈形象情调进行的安排和分配。一方面要确定舞蹈的时间长短、舞段安排、表现风格、语言基调，另一方面要确定其表现范围与内容。幼儿情节舞的结构设计常常围绕某一中心事件展开，要求线索清楚，脉络分明，人物情感发展自然流畅。一般情况下，作品的结构为引子、开端、发展、高潮、结尾。幼儿情绪舞主要以优美的形象、动态和富有变化的画面来创造意境、情绪和气氛，用动作、节奏、速度和画面的对比变化来发展。一般要求舞蹈所表现的人物情感要鲜明，喜、怒、哀、乐不能含糊不清，情感发展的转换也要脉络清晰。常见的结构形式有一段体（单一形式一贯到底），两段体 A—B（陈述、发展），三段体 A—B—A（陈述、发展、再现）。

舞蹈的开头无论采取怎样的手法，如静态优美造型或静中舞动、调动的舞蹈流动、高超的技艺、美好的意境等，都要吸引观众的眼球，把观众带到作品中去。作品的展开要丰富多彩，主题拓展深入，情感波澜壮阔。结尾或是静态造型，或是队形画面，或是队形流动、旋转、跳跃，都要干净利落，不拖沓、不草率，可以余音绕梁，也可浑然有力。

4. 舞蹈构图

舞蹈构图首先是为了表达舞蹈表现的内容，同时也是为了使画面成为一种富有美感的形式。因为舞蹈是造型艺术，演员在舞台空间中的流动与点、线、面的交织、变化，直接关系到作品的主题思想和美观效果。一般来说，成功的舞台作品，除了具备主题鲜明、结构严谨、语言生动、新颖等优点之外，还必须具备与此相适应的丰富而恰当、准确的舞台构图。说到构图，我们就会非常自然地联想到绘画。绘画和舞蹈都是运用形与线来构图的，不同的是一个用画来表现，一个用人体来表现。例如表现海鸥在大海中的搏击时，满台 24 人展开双臂，采取三度空间来做海鸥飞翔的动作，这种构图的基本形态能带给人强烈的动感。

5. 编排舞蹈

编舞就是对舞蹈动作元素进行挖掘和整合。情节舞的舞蹈动作要充分表达人物形象、矛盾冲突，动作表现的内容要完整、形象要鲜明、主题要突出。情绪舞的舞蹈动作要典型、立体，动作的运用和表现要科学合理。编舞中，创编者首先要运用舞蹈思维，捕捉出"新、奇、特"的舞蹈形象，这是编舞基本技法之一。

其次，在丰富的舞蹈语汇中，力求动作的发展与变化，这是编舞技法之二。动作的发展与变化有左、右、正、反变化，上、下、中变化，节奏快慢、节拍转换变化，轻重缓急变化，转身、步伐或转换姿态变化，动作幅度变化，保上变下、保下变上，改变原来的动作连接顺序等。

最后，掌握创编常用手法。一是对比，舞蹈表现中的一切变化都是由高低、长短、快慢、进退、强弱、明暗、刚柔、聚散、松紧、上下、左右等对比手法表现的，它可以使舞蹈形象更突出。二是重复，其目的是加深印象、深化主题。三是夸张，舞蹈动作需要在生活的基础上，进行艺术夸张，尽情渲染，以达到欣赏的艺术效果。四是美化，舞蹈艺术的美，要比生活中的美更富有魅力。

当然，一个成功的舞蹈作品，除了具备鲜明主题、严谨结构、生动语言、优美构图之外，还需要适当的音乐、合理的服装道具的支持，从而使舞蹈更丰满、更能调动观众的共鸣和想象。

6. 舞台布置

幼儿舞蹈舞台效果包括布景、灯光、道具、服装等，是幼儿舞蹈作品设计的重要组成部分，精美的道具、得体的服装都能为作品的成功奠定良好的基础，同时展现出创编者的构思和立意。

（1）舞台布景

舞台布景可以渲染出一种特殊的环境，为幼儿舞蹈作品的呈现提供现实背景，交代舞蹈发生的时间、地点，对幼儿舞蹈情节的发展起到烘托作用。通过舞台布景的烘托，舞台演出的各种动态舞姿和静止造型能产生各种舞台氛围。需要注意的是，舞台布景的创意和其表现出的效果必须和幼儿舞蹈所要体现的内容相统一，才能发挥出其在舞蹈表演中的作用。

（2）舞台灯光

舞台灯光是构成演出空间的重要组成部分，是根据情节的发展对人物及所需的特定场景进行全方位的视觉灯光设计，并有目的地将设计意图以视觉形象的方式再现给观众的艺术创作。幼儿舞蹈创编者在设计舞台灯光时应该全面、系统地考虑人物和情节的空间造型，严格遵循造型规律。

舞台灯光和舞台布景相互配合，渲染出幼儿舞蹈的气氛，只有做好各种色彩在舞台上的运用，处理好色彩的对比协调，补充舞台布景的不足之处，才能在舞台上创造出具有极高水准的舞台灯光艺术效果。

（3）舞台道具

舞台道具的使用可以营造一个典型的环境，在舞台表演中如果没有道具的支撑，无论演员具有多么娴熟的技能，都会使表演显得很单薄，难以充分扩大表现空间，因此，道具在舞蹈表演中占据很大的分量。

道具的使用，使舞台的立体感和空间感更强，能够增加表演的气氛，增强观众的共鸣感。艺术表演离不开道具，道具的使用能够更形象地刻画人物的内心活动，帮助演员更好地塑造人物形象，营造特殊氛围。在幼儿舞蹈的创作过程中，道具的新视觉、新形式和新的使用方法是应该特别注意的。

在舞蹈表演中，道具的使用以突出人物和主题为前提，从而将道具和舞蹈配乐有机地联系在一起，增强道具的象征功能。

（4）舞台服装

舞台服装也是幼儿舞蹈的闪光点。但在日常生活中，我们见到的舞蹈服装大多不符合幼儿的年龄或舞蹈主题，对舞蹈的效果有很大的影响。因此，在舞蹈作品形成后，创编者对舞蹈服装的选择与设计也不能掉以轻心。

首先，服装不能影响表演动作，不能让幼儿戴太多的装饰物，幼儿舞蹈服装应突出幼儿天真、活泼的特点，切忌大、繁、旧。其次，要注意色彩的选择及搭配，鲜艳明亮的颜色在幼儿舞蹈服装上运用得较多，也较能体现幼儿多彩的生活和乐观向上的积极心态。在此基础上，还应注意服装的样式及制作工艺，舞台服装与生活服装有着本质的区别：前者是为了进一步衬托舞蹈而设计的，而后者则体现了舒适的原则。舞台服装在制作工艺上应持一种制作工艺品的心态，突出精致和新颖。

第八章　幼儿舞蹈训练及教学设计

第一节　幼儿舞蹈基本动作训练

一、古典舞基础训练

（一）头、眼的基本位置

1. 头的位置

（1）正中位——垂直、眼平视。

（2）中上位——仰头。

（3）中下位——低头。

（4）左转位——向左转约25度。

（5）右转位——向右转约25度。

（6）左偏位——向左侧倒头约15度。

（7）右偏位——向右侧倒头约15度。

2. 眼的位置

眼的位置主要是指头在正中位时，眼球运动时的几个基本停顿点。如果头的位置已有变化，眼也必须根据这种变化正确地找准自己的位置。例如头在左转位，眼如果不动，那实际上是在眼眶的正中，交叉感就不那么突出。如果将眼球向旁移动一点，头、眼的配合就更协调了。

眼的位置可分为正中位、中上位、中下位、左侧位、右侧位。

必须强调的是，眼球向旁移动时不得超过25度，向上下移动也在30度左右。眼往下看时，眼皮不能完全耷拉下来，还须让观众看得见眼球才行（特殊的情绪要求和专门的眼睑训练除外）。

3. 头、眼的运动线

头、眼的运动线大致可分为以下四种。

眼的视线、头的（外部）动作。以下运动线的起和止，便是头、眼的复合位置。

（1）左右横线：围绕垂直轴左右转头。

（2）上下直线：围绕额状轴上下仰低头。

（3）弧线：围绕前后轴左右侧倒头。

（4）斜直线：围绕垂直轴和额状轴左转头加抬头或转头加低头。

这里所说的头、眼的运动线，主要是指眼睛的视点所经过的线路。一个是按动作的外部形态，另一个则是从内心感觉出发。所谓外部形态，是以动作的外沿为假想的构图线，并让人感觉到头、眼的运动是沿着一条平圆线或立圆线或 S 线在进行。所谓内心真实感、形象感，就是表演者本人感觉到自己真实地从上至下，从左至右地看到并沿着一个圆圈、一条弧线等去运动。

4. 眼神与眼睑的控制与运用

在头和眼的位置以及运动线规定了以后，眼神与眼睑的训练可在任何一个规定的位置和运动线上进行。眼睑主要是训练"张"与"弛"的能力。能做到张弛自如即可，眼神的训练要求眼睛快速而准确地找到视觉焦点，通过放光与缩光的练习，达到眼神收、放的表演效果。眼神的收放是与眼睑的张弛相一致的，睑张时放神，睑弛时收神。

在训练上一般可采用下列三种办法。

（1）慢收慢放，在慢而延续的"线"中随眼睑的张弛而收放神。

（2）快收快放，在快而跳跃的"点"中随眼睑的张弛收光放光，一般是快速地"聚神"。

（3）快收慢放或慢收快放，这是一种"点""线"相结合的练习。以正前为例：头由正前下往正中位抬起，眼睑随头的动作由松弛而下，逐渐向上张开，到正中位时张到最大，眼神放。头由正中回到下时，眼睑也逐渐向下放松还原，眼神收。又如眼做斜直线运动时，眼睑可在斜线的两端撑开，眼放神，而在这一过程中则松弛、收神。

再就是快速地张与弛的训练。比如眼球由左侧快速移动至右侧时，中间的过程是弛，两旁是张。这种快速的训练，在小而脆的亮相中应用最多。一般通过左右快速转头来突出"点"的脆劲。前面两种训练主要是锻炼眼睑和眼神的控制力，它要求在慢而延续的运动线中进行。另一种则是训练眼的灵活自如，它要求在快而跳跃的运动点中进行。点、线练习还要交替进行，教员可根据教学对象的具体情况做出不同的处理。头和眼的运动在身韵训练中是一个整体，大多数情况下是眼领头随，眼起主导作用。即使在亮相中先走头，后留眼，也是为突出眼在最后一瞬间的放神。

（二）手形

1. 基本手形

（1）单指——食指伸直上翘，拇指与中指轻捏，其余二指弯曲靠拢中指。

（2）兰花掌——拇指伸直靠拢中指，其他两指伸直上翘。

（3）拳——拇指与食指、中指轻捏在一起，其余两指弯曲靠拢中指。

（4）提腕手——腕屈。手指放松自然下垂。

（5）压腕手——手腕伸、手指上翘。

2. 指的训练

（1）转指

转指是手指末梢神经的一种意识训练，它可将动作的延伸感贯穿到指尖，尤其对于初学者，采用单指在胸前进行立圆的转、绕等练习，可为整个手臂动作起到领法儿的作用。使之在今后复杂的手臂运动中，手指能有意识地、积极细腻地参与工作。转指练习可做单一的，如单指向左或向右做立圆的环绕，也可同整个手臂一起练习。与小臂（肘关节为限）、大臂（以肩关节为限）做中的和大的立圆环绕。以后再与身体其他部位一起训练。尤其要注意同头、眼一起做"点""线"的练习。通过在不同运动线上做跳跃、延续或停顿等各种练习，从而加强手指在运动中所起的引导作用。

（2）轮指

轮指是训练手指灵活、运用自如的素质练习。在所有腕关节的动作中，如盘腕、转腕、绕腕，都有一个轮指的过程。它能使手掌动作显得圆润、丰富，从而增强手掌的表现力。它一般与转腕一起练习。例如往里转腕时小指带，其余四指依序收拢向外打开时仍由小指带，如果先往外转腕，则由拇指带其余四指。

（3）翘指

翘指是加强手指关节的活动，可使手指造型优美、修长。它一般与屈伸（提压）腕、转（推摊）腕在一起训练。也可以让学生两手交叉压指关节，来加强手指的柔韧性。

3. 腕的训练

（1）提压腕

提压腕是腕关节的屈伸运动。一般同翘指一起训练。屈时手指放松、自然下垂；伸时手指上翘。这个动作要做得脆而小，有寸劲。提压腕可在手臂的任何一个位置上做，也可在各位置之间的连接过程中做。它还可以同头、眼及腰部的提、沉、冲、靠等元素进行综合练习。

（2）推摊腕

推摊腕是腕关节旋内与旋外以及屈伸的运动。一般同翘指、轮指一起训练。旋内时经过轮指的过程，然后屈腕，再伸腕翘指，用手掌向外推，抛强调手指根部关节下压的感觉。推腕和压腕的结束动作一样。旋外时手指自然放松成握拳状，然后再打开伸腕，手掌向上顶，手掌形态同托腕。这个动作要做得有柔劲。它可以同头、眼及腰部的提、沉、冲、靠等元素进行综合练习。

（3）盘腕

盘腕是腕关节的环线运动。手腕在空中如同画一个立体的 8 字。往外环绕时由小指主动带，经轮指打开后，同时手腕伸，即托腕。往里环绕时则由食指主动带。手腕屈，即掏腕。它可同头、眼的弧圆线及腰部的含仰、旁提、拧等元素一起练习。

以上动作可单手做，也可以双手间做。

（4）小五花

即双手相配合做盘腕。两手手背相对，尽量屈腕，一手向外环绕，另一手向里环绕。行走路线可做上下直线，也可做 8 字线。与腰的提沉、含腆及旁提、拧等元素相配合。做小五花这个动作时，要求两手对称，腕子转的幅度要大，转的过程要圆。

（三）脚形

1. 基本脚形

勾、绷、抓、撇这四种脚形是古典舞中基本的和常用的脚的形态。如踢前腿时的勾脚，踢后腿时的绷脚，踢踹盖腿时的把撇脚，以及所有步伐中脚的形状。假如脚形做得不准确，不仅破坏了古典舞的风格美。更重要的是，它直接影响动作的完成，比如"摆扣步"，抓与撇脚的位置不到家就走不了曲线的浑圆与饱满，而且它辅助和连接其他动作的作用也大大削弱了。因此，勾、绷、抓、撇要进行严格而细致的训练，以准确掌握并自如地运用它为最终目的。

2. 脚的位置

（1）正步

双脚并立，脚尖向身体的正前方，重心在两脚上。

（2）点步

在正步基础上向前、旁、后擦出后点地，重心在主力腿上。

①前点步——一脚脚尖向正前擦出，髋关节处无内、外旋动作。

②旁点步——一脚脚尖向旁擦出，大拇指外侧点地，膝盖对正前方，另一脚的踝关节稍向外旋。

③后点步——一脚脚尖向后擦出，脚的大趾与二趾点地，膝关节无内、外旋的动作。

（3）虚步

在点步的基础上，加主力腿半蹲。

（4）前交叉步（别步）

两腿膝盖前后重叠。以左脚为例：左脚交叉于右脚之前，用脚掌作为支撑，放置右旁，两脚距离约一拳、脚尖在同一平行线上。

（5）后交叉步（踏步）

右脚为例。右脚在左脚后侧用脚掌踏地，也可绷脚，用脚尖点地。

（6）八字步

有大小八字步之分。

①小八字步——两脚脚跟靠拢，脚尖向两侧分开约一脚的距离。髋关节外旋，重心在两脚上。

②大八字步——双脚脚跟"一"字分开与肩间宽或超过肩宽。具体要求可根据动作的大小来规定，髋关节外旋，重心在两腿之间。

（7）丁字步

有左右之分。左脚在前为左丁字步，右脚在前为右丁字步。一只脚踝关节外旋，一脚脚跟靠在另一脚的足弓处，形同"丁"字，重心在后面的脚上。

（8）弓箭步

一字步的扩大与发展。以右脚为例，右脚沿脚尖方向伸出后，膝盖弯曲成90度。左腿绷直伸长，脚尖对正前方，身体也对正前方。重心垂直于两腿之间。要求前脚大腿平，小腿垂。开胯、膝盖对脚尖，形成前弓后绷，立腰拔背。

（9）扑步

扑步是脚的位置中幅度最大的一种。主力腿曲膝深蹲，大腿与小腿相贴，臀部接近小腿，全脚着地，脚尖和膝关节微微向外打开，动力腿绷直拉长，全脚着地，重心在主力腿上。要求挺胸收腹，塌腰沉髋，双手分别在一位和二位上，伸直后展。

以上脚的位置与上身、头的关系一般是：做正步、八字步时，上身与头对正前，做丁字步、弓箭步、扑步、错步时，上下身交错。如果脚和膝对右侧，腰部横拧对正前，头继续横移对左侧，也就是戏曲界老先生所说的"子午相"。

3. 基本步伐

（1）圆场

正步准备：一脚用脚跟上至另一脚的脚尖前。勾脚沿脚底的外沿依序由脚跟压至脚掌后，一只脚同时抬起脚跟接着往前走，这样连续上步前移。圆场的开法阶段，可采用半步，即行进脚脚跟落在另一脚的脚弓处，其他要求同上。这样做能使学生更好地掌握重心，并突出了勾绷脚的过程。

圆场有快、慢两种训练。对于初学者，一般从慢圆场开始，强调勾脚，要求脚跟压至脚掌的过程要区分清楚。在膝盖微弯的情况下，应保持小腿以下的松弛。做快圆场时，上身一定要平稳，脚底的动作过程不像慢圆场那么仔细。但速度越快，踝关节越要放松。快圆场对训练小腿和脚的灵活性是很有帮助的，它是古典舞应用最多的也是最基础的步伐之一。

（2）花帮步

正步准备：双脚并拢膝微弯，抬起脚跟，勾脚，踝关节放松，双脚用脚掌处向前、旁、后方向快速移动。能绷脚掌擦着地行进。做向旁的花帮步时，一脚向移动方向（两脚间的距离约一拳），另一脚要快速并拢。做向前的"花帮步"时，第一步迈后，第二步不是去看齐前脚，而是上在前脚约拳大小的地方。后花帮步的做法同前花前步，只是移动的方向不同。丁字步位上的花帮步，可向斜前或旁移，原地倒换重心的拧仰身旋转中用得较多。花帮步是表现力很强的步伐。它与上身不同的动作结合，就能产生出抒情、欢快、哀伤、向往等多种情绪。同时，它对训练小腿、踝关节的力量、灵巧等也是很有效的。

（3）蹉步

丁字步准备：前脚向脚尖方向勾脚上步，两脚尖的距离约一脚半，前脚在经过脚跟压到脚掌的同时，后脚用脚掌擦着地面上前用足弓处靠拢前脚，又形成一个丁字步。蹉步可连续做（一般在单一练习时常用连续反复的方法），也可同其他步伐交织起来进行训练。

（4）跪步

双膝跪地，用膝盖向旁或前做碎而快速的移动。向前移动时，双膝交替上；向旁移动时，由一膝向旁移动，另一膝快速与之并拢。

（5）云步（又名碾步）

云步有两种做法：

正反小八字步的云步。小八字步准备：双脚同时往里收脚（踝关节内翻），再同时往外撇脚（踝关节外翻），运动时一脚用脚跟，一脚用脚掌支撑着向旁移动。保持往正反小八字步上进行。

正步的云步。正步准备：起步时重心移动在脚跟上，稍抬起脚掌同时向旁移动，然后脚掌落地，稍抬起脚跟向旁移动。这是由脚跟、脚掌稍抬起脚跟向旁移动。这是由脚跟、脚掌交换支撑点保持在正步上的运动。

（6）摆步

以右脚为例。正步准备：右脚抬起脚跟，用脚掌的外沿贴地向左前擦出，经把脚变撇脚，画一个半圆弧线至旁。画圆的幅度可根据行走的方向及动作要求分为 180 度或 90 度，在圆圈或直线上做摆步时，一般只画 90 度。做带转身或带旋转舞姿的摆步时，则要画到 180 度。

（7）扣步

以左脚为例。正步准备。左脚向右脚的斜前方上步托脚。摆步和扣步既可分开做，也可连在一起做。如左脚做摆步，右脚就做扣步，连续地在圆弧线上进行，也可两脚交替向前做摆步或向后退做扣步。这一步伐要求做得稳沉、矫健。脚走的路线一定要圆，膝盖微弯，上身保持平稳。

4. 元素要领

（1）坐姿

双腿盘于身前，膝盖下压，臀部全着地。后背立直，肩胸放松、眼平视。手腕搭于膝盖上，肘部放松，也可双手背于体后。

（2）沉

坐姿，感觉臀部下扎，身体先略提，吸气，使气息下沉至丹田，然后以气息带动，由腰椎起一节一节下压成胸微含，身体微弯状。同时眼皮下垂，收神。

（3）提

坐姿，在"沉"的基础上深吸气，气息由丹田提至胸腔，再向上至头顶，并向上延伸。气息带动腰椎一节一节立起。

（4）冲

坐姿，腰发力，肩的外侧和胸大肌向 8 点或 2 点冲出，肩要与地面保持平行，腰侧肌拉长。头与肩的方向相反，眼看冲出的方向。

（5）靠

坐姿，腰发力，后肩和后肋带动上身向 4 点或 6 点靠，肩要与地面保持平行，感觉前肋向里收，后背侧肌拉长，眼看 8 点或 2 点，头颈部略后梗。

（6）含

坐姿，气息下沉，过程同沉，但是力量要向腰椎后拉，形成低头、双肩向里合挤、含胸，腰椎呈弓形的姿态。

（7）横移

腰发力，肩颈向左或右移动，腰肋肌向旁拉长。头与运动方向相反。

（8）旁提

在提的基础上，以腰带肋，以肋带肩，一节一节往上提，最后身体呈弯月状。

（9）拧

下身固定，上身做回旋运动。

横拧：腰椎在垂直轴上做左右回旋运动。

旁提拧：腰椎在拧的同时做上体动作，使身体侧屈。

仰拧：腰椎在拧的同时躯干做仰伸动作。

二、芭蕾基础训练

（一）芭蕾风格及其特点

1. 芭蕾舞的风格

构成芭蕾舞风格和艺术表现风度的主要手段，即泼德布拉（Port de bras，手臂姿态）。

在所有舞蹈表现中，均通过手舞足蹈，以肢体语言表达思想情感。那么为什么欣赏者在观赏舞蹈时会发现这是中国舞蹈，那是芭蕾舞呢？除了服饰等综合性的表现形式以外，仅从肢体语言而言，同样的跳，同样的转，同样的舞姿，为什么会有不同舞种的感觉呢？其原因就在于中国舞追求的风格和境界，体现在一个"韵"字上。中国舞的韵是以传统观念，均衡稳定的章法，从长期积累所形成的舞蹈动作中（特别是戏曲，武术中的舞蹈动作）提取元素，加以提炼、加工，成为具有经典意味的、以审美情趣为特征的中国舞元素——身韵。

而芭蕾舞的风度韵律是用泼德布拉来体现的。那就是通过手的运行路线、手臂的自然流畅、挺拔的身躯、高昂的头等特点，渗透着芭蕾舞作为西方文化的浓郁色彩。这也是东、西方在动作审美追求上的差异。然而这种审美意识，在芭蕾舞的所有动作中，均通过泼德布拉来体现芭蕾舞的产生与宫廷的那种高贵、傲慢的风度，对于我们东方人来说是很难达到的。因此，要想学好芭蕾舞，首先要理解其内涵，而不是一味地追求"技巧"。

2. 芭蕾舞的动作特点

在谈到古典芭蕾舞动作特点的时候，我们可以用四个字来概括，即开、绷、直、立。这四个字不但是动作的特点，而且与手、脚的位置所形成的固定模式，一直成为评价古典芭蕾训练或演出的审美标准。

（1）开

芭蕾舞专门采用的"外开"是指髋关节、膝部、大腿肌肉、脚旋开而言的。在古典芭蕾舞中，胯和肩在运动起来的时候，永远都应保持在同一个水平面上，在这一点上绝不能忽视。因此要在基本训练中突出一个"开"字，这样可以最大限度地拉长韧带，增强关节的柔韧性、弹性，使蕴藏在关节中的运动潜力得到充分的开发，不仅把原有肢体形态最大限度地拉长、延伸，而且通过旋开的位置使得重心达到较好的平衡性、稳定性，以保证各种舞姿及技术上做得更加完美。

（2）绷

芭蕾舞者绷直是指全身肢体关节向长延伸，尤其是两腿肌肉感觉，从大腿一直延伸到脚趾尖的神经末梢处。如做巴特芒雷勒韦朗（Battement Relevelent，腿的直起向上）动作：从 Tendu 一开始就将这种感觉释放出来，当逐渐将腿升起后，有效地延长肢体原有的线条，再加上后背脊椎上提、绷起两侧背肌，从而产生上升的动势。这种上升的动势恰恰是欧洲芭蕾，在心中要表现出的一种要占领空间，居高临下，盛气凌人的气度。

（3）直

芭蕾舞是一种"直"线条的艺术。这与欧洲人的审美标准有关。因此，在芭蕾舞的表现形式上以身体直立为主，在舞台调度上多以平面、直线、对角线来完成动作，这与东方人的审美差异较大。东方人则讲究"曲线"美。按照中国人的审美思维，在各门类的艺术文化中，均以曲线为"美"，体现大自然运动轨迹。如中国古代建筑风格"飞檐斗拱"，追求"万尖飞动"的韵律；亭园之中，池水不阔却因曲岸水弯而生动，园中之路"曲径通幽"；书法艺术在于笔动之势，犹如笔飞墨舞，起承转合之中，古代大诗人吟诵"翩若惊鸿，宛若游龙"之意境。在这些艺术门类中，都讲究"破形入神"的境界。

然而，无论怎样运动，芭蕾舞要在手臂和双腿间，始终保持直线的平衡。不仅在静态中舞姿要保持直的线条，而且在每个动作的变换之中仍要保持在直的线条中过渡。这就是古典芭蕾舞中"直"的检验标准。

（4）立

对于芭蕾舞者而言，站在任何一个方向的位置，均应"沉于底、顶于冠"。也就是说：小腹往下，气沉于地面；小腹往上，气贯于头顶。从丹田之分，有把人拉长的感觉，有傲然挺拔之势。这样做的原因无非是突出欧洲贵族的气派。然而，更主要是为突出舞姿、技术重心垂直的需求。"直立"是训练中的核心，如果没有了直立就不会有好的平衡与稳定，而忽略了平衡和稳定，就无法手舞足蹈。因此，开、绷、直、立作为芭蕾基础训练是不容忽视的。

芭蕾舞基本训练的突出特点，是既对身体部分进行分门别类的专门训练，又进行协调的、综合的训练。在许多分别进行的训练中，又以腿的训练最为重要，其主要目的在于保持芭蕾舞蹈的基本特点——外开性。因为只有双腿自髋关节至腕关节能充分地外开，动作达到较大的幅度，同时脚背能够最大限度地缩紧并且双腿舒展地伸直时，才能使舞姿精确优美，并保持芭蕾舞固有的风格。

（二）基本脚位

古典芭蕾脚下位置最主要的特点就是具有外开性，要达到较好的外开性就应正确地训练脚下的五个基本位置，这五个基本位置具有较高的科学训练价值，能使腿部肌肉拉长、向上。在古典芭蕾中任何动作都要以这五个基本位置开始至结束，所以它是古典芭蕾训练中非常重要的一部分。只有在较好地完成这五个基本位置的基础之上，才能在以后的动作训练中，发挥较好的稳定性。

一位，脚跟并拢，两脚尖向两旁打开成"一"字形。

二位，在一位基础上，一脚向旁移出，两脚保持一条直线，两脚跟间距一脚。

三位，两脚外开，一脚脚跟紧贴另一脚内侧中间。

四位，两脚外开，一脚平行于另一脚前，间距一脚，一脚脚跟与另一脚脚尖前后形成一直线。

五位，双脚外开，平行相叠，一脚脚跟紧贴另一脚脚尖。

注意胯部必须正直，双腿和臀部肌肉向上收紧；从胯到脚整条腿都要外开，重心均匀落于两脚。站四位时重心在两脚之间，全脚掌着地，脚腕不能倾斜。普利埃（Plie，蹲）用于训练腿部肌肉、膝踝关节韧带和跟腱的弹性。根据不同的动作幅度，又分为代米普利埃（Demi Plie，半蹲）、格朗普利埃（Grand Plie，深蹲）等。

准备：站一脚位。做法：双膝保持外开，均匀下蹲，以脚跟不离地为度。随后以脚腕和膝盖的力量将身体均匀推起，恢复直立。

注意：①躯干挺直，身体重心平均落于双脚。②双膝用力保持外开。③两脚全脚着地，蹲下和起立时须保持对抗性。

（三）基本手位

芭蕾手位指芭蕾中手的位置。常见者共七位。一位，双臂呈半弧形下垂于身前，手心向里，两手指尖靠近，上臂和手部不接触身体。

二位，双手保持一位姿态向前抬起至胸前，手心对胸窝。

三位，双手保持二位姿态，向上抬到头的前上方（不抬头眼睛能看见手的高度）。

四位，一手在三位，一手在二位。

五位，在四位的姿态上，一手保持三位，一手向旁打开，上臂不要超过肩线。

六位，在五位的姿态上，向旁打开的手不动，另一手从三位降下至二位。

七位，在六位的姿态上，向旁打开的手不动，身前二位处的手向另一侧打开成双臂呈弧形平伸在两边。

七手位中，一、二、三、七位，双手在对称的同一位置上，四、五、六位，双手在两个不同的位置上，可左右对换做。

做动作时须注意以下三点：

一是正确掌握手与手臂的基本形态。手指松弛并拢，略向掌心内弯成圆弧形，中指弯度略大些，拇指与中指尖靠近，无论在何种手位上，掌心都须向内，手臂呈圆弧形，肘、腕、指关节不可出现棱角。

二是做其他手位时，肘关节和手指不能下垂。

三是手臂向任何方向伸开时，都要注意肩的平正，不可缩颈耸肩。

（四）扶把

扶把是古典芭蕾训练中非常重要的手段之一。所有的中间动作都要从扶把开始。在扶把练习的过程中，学生能逐渐提高做动作时的控制能力，使身体各部分达到协调性、柔韧性。有了扶把的帮助还可以减轻动作过程带给学生的各种负担，使躯干和稳定性得到严格、规范的训练，从而借助扶把为以后的中间练习打下牢固的基础。

1. 双手扶把

距离要与肩同宽，手腕放松自然下垂，躯干保持正直。

2. 单手扶把

整个身体转向顺把杆方向，约离把杆半步远，靠近把杆的手抬起轻轻搭在把杆上，在身体的斜前方视线可及之处，手腕放松自然下垂，躯干保持正直。

（1）训练步骤

首先学习双手扶把，在能够掌握手臂和脚下几个比较简单的位置后再逐渐过渡到单手扶把。在学习单手扶把的过程中也可把头、手臂与脚下位置同时组合在一起练习。

（2）动作要求

a. 双手扶把时两肩、两肘都要自然下垂，并要立腰、收腹、提胯、收臀，上身不能向后仰，躯干要保持正直。

b. 单手扶把与双手扶把的要求基本相同。需要注意的是，扶把杆那只手臂的肩膀不要端起，不许靠在把杆上，肘也要轻松下垂。

c. 无论双手扶把，还是单手扶把，都严禁手紧紧抓住把杆，不能用力拉、拽把杆，不允许低头。

3. 伸展

伸展，是指在各种手臂位置上通过呼吸而转换成另一种手臂舞姿，它不作为一个独立的动作出现，都要与手臂位置配合到一起练习。

例如双手三位，呼吸的同时由指尖带着手臂向外转至手背向上，胳臂同时伸直拉长，两肩膀同时敞开到与背部平行，手与胳臂完全成一条斜线，可单手练习。双手七位，呼吸同时两手经下带动双臂用小手指向上画小半圈儿伸直拉长，与肩完全呈一条横线，再收回一位，也可单手练习。

(1) 训练步骤

首先学习一位、二位、三位和七位，当这四个手臂位置得到相应的训练后再学习四位、五位与六位，因为这三个位置是由一位、二位、三位和七位的基础上演变而来的，这三个位置训练起来的难度就在于两臂不像一位、二位、三位和七位同时运行相同的路线，而是两臂分别要放在不同的位置上，因此在运行过程中的路线也各不相同。在接触了以上七个位置后，再来学习伸展，然后将七个手臂位置按顺序与伸展组合到一起，并加上腿部动作的配合，从而构成各种优美的舞姿。

(2) 动作要求

a. 要求五指并拢、大拇指与中指靠近，但不能僵住、折腕，要始终保持一定的松弛状态。

b. 在动作过程中每个位置都严禁端肩。要有双肩下沉的意识，躯干始终保持正直。

c. 手位的运动路线很重要，在古典芭蕾舞的训练过程中一定要达到路线和位置的准确性。

d. 胳膊肘不许僵直，要架起成圆弧形，在运动的过程中要始终保持直至结束。

三、民族民间舞基础训练

(一) 藏族民间舞

青藏高原，风景如画。生活于此的藏族人民创造了灿烂的历史和文化。他们以宏伟的建筑、优美的音乐舞蹈闻名于世。藏族人民的歌舞艺术，伴随着藏族的悠久历史，世代相传，历经数千年，汇入中华民族歌舞艺术的海洋。藏族主要居住于西藏、青海、四川、甘肃、云南等地，地域分布广阔，自然环境差异较大，生产劳动方式各不相同，因此歌舞艺术种类丰富，形式多样。以歌伴舞的"卓"，粗犷有气势，由二弦琴和歌唱伴奏的"谐（弦子）"，优美舒展，"果谐（圆圈舞）"据说是由打青稞、打阿嘎（夯土工具）发展而来。"卓果谐"女子的"上下打手"来自挤奶，男子的绕袖来自驱赶牛羊群。堆谐（踢踏）、热巴、囊玛、羌姆等也是重要的舞蹈形式。另外，流传于藏族民间的还有藏戏等其他数十种歌舞形式。

1. 基本动作

弦子类：平步、三步一抬、拖步、斜拖步、单撩、双撩、连靠、长靠、单靠。

踢踏类：第一基本步、第二基本步、退踏步、抬踏步、嘀嗒步、连三步、悠踢步。

卓（锅庄）类：前点步、旁点步。

2. 基本体态

自然体态：自然站立，懈胯，微含胸，眼睛平视。

坐懈胯：稍息状，重心在右，坐跨，懈腰稍息状。

3. 基本手形、手位、脚位

（1）手形

五指自然并拢。

（2）手位

双手扶胯，髋前画手，单臂袖，旁展单背袖（弦子），双手在胯旁或前后悠摆。

（3）脚位

小八字（自然位），正步基础上，双角尖自然打开。

丁字步（左为例），小八字基础上，左脚放于右脚弓前。

4. 常用手臂动作

（1）手臂动作的规律

拉：手在外，将袖向身体方向回拉，臂自然运动。

抽：以肘带动手向外发力，留守于后，呈直线向外运动。

绕：袖子在身前、身旁用手腕翻绕一圈，绕动要放松、协调。

抛：在单双晃手运动的基础上，小臂向上发力抛出，形成大的半弧线，臂稍用劲。

甩：双手同一方向前后自然甩动，轮换甩手，交叉甩手，曲肘甩手均可。

扔：小臂将袖直线快速甩出，以肘带动向外发力。

扬：手心朝上慢慢升起。

（2）基本动作的做法及要求

单臂撩袖：单臂由下经体前向上撩袖，到位后手腕向上或向外摆动，带动衣袖，两臂可交替撩袖。

双臂甩袖：双臂曲肘平抬于胸前，两手手心向上，动作时双手由胸前以腕臂向上、向外掏甩袖，也可以做小臂曲肘绕环，然后双臂曲肘回收于肩上，再双小臂向前抛出甩袖。

前后摆袖：双臂下垂，以肘带动全臂前后做 45 度摆动，手腕主动。

横向摆袖：双臂下垂，多为单手的横向摆动，手腕主动带动小臂，大臂随腕运动。

晃袖：双臂曲肘举至胸前，左右手在胸前，从内向外至旁画圈，双手带动小臂随步法节奏的变化做左右双绕环晃袖运动。

平面摆袖：双臂下垂，以右臂为例，右手起至旁边，从外至里于胸前平面摆动，以腕带动臂运动。

献哈达（双手礼）：双臂由腰两侧掏手向前两侧平伸开，手心向上，身体和头略前倾，左腿为主力腿，曲膝侧弯左脚全脚落地，右腿直腿伸出，脚跟落地。

左抬手双交叉甩袖：正步，身体对 1 方位（舞蹈中的特定位置，下同），一拍左手头上正前方，右手抬起与肩平行，经过左手下来右手经前面移到左面交叉一拍后同时甩出，身体转到左面。

双臂双交叉平分手甩袖：正步，身体对 1 方位，一拍双手抬起，经过胸前交叉，右手在外一拍，上身前倾同时向两边甩出与肩平行的位置，要求抬起时胸和头向上。

左抬手右摆袖：正步，身体对 1 方位，左手正前方抬起至头上，右手平行抬起至斜后方，一拍右手向前摆至胸前，要求向前摆袖时上身前倾。

双手平分甩袖：一拍右手从左至右在头上画一个圈，左手从右至左在胸前画一圈收到左面一拍，右手和左手平行前后甩袖。

5. 基本步伐

（1）踢踏类

a. 第一基本步，2/4 拍（中速），两拍完成。

准备：面对 1 方位，双手置于身旁两侧，自然下垂。Da（弱拍起，后同）：双膝微曲，右腿动的同时抬起左腿，右前掌抬起。

1 拍：右膝下沉，脚掌打地"冈打"。

2 拍：保持颤膝原地踏步，顺序为左—右—左，接反面动作。

手臂动作：胯前交替外画，四拍内，左右各完成一次外画。

b. 第二基本步，2/4 拍（中速），四拍完成。

准备：正对 1 方位。

1~2 拍：同第一基本步。

3~4 拍：保持颤膝原地踏步，顺序为右—右—左—右，可稍向右移动。

舞蹈创编与指导

手臂动作：外画斜展（亦可做胯前交替外画）。

1~2 拍：右手胯前外画，左手慢起侧旁。

3~4 拍：左手画至斜上，右手旁展，再原路回来。

c. 退踏步，2/4 拍（中速），两拍完成。

准备：面对 1 方位，双手置于身旁两侧，自然下垂。

1 拍：右脚后撤半步，脚掌着地，身体与左脚保持垂直。

Da：左脚原地踏落。

2 拍：右脚踏落在前。

手臂动作：前后悠摆手。

d. 连三步，2/4 拍（中速），两拍完成。

准备：面对 1 方位。

1~2 拍：略向 8 方位移动，踏落顺序为右—左—右，左脚踢出 8 方位抬起，右腿略曲。

手臂动作：双手旁低，自然放下成右手左斜前，左手在后。

e. 抬踏步，2/4 拍（中速），两拍完成。

准备：左前丁字步位，正对 1 方位。

Da：抬右脚掌，同时左脚收起。

1拍：左脚收回，右脚"冈打"。

Da：左脚踏落小八字步位。

2拍：左脚踏落前丁字位。

手臂动作：双摆手。

f. 两步踏撩，2/4拍（中速），两拍完成。

准备：面对1方位。

1拍：右、左踏步。

2拍：右踏步，同时右脚撩出。

手臂动作：晃（单晃、双晃、拍晃）。

g. 悠滑步，2/4拍（中速），两拍完成。

准备：面对1方位。

Da：提气立起，重心在右。

1拍：左脚半脚掌落、屈，右脚向2方位滑出。

Da：身体面向8方位，右腿还原，双腿直。

2拍：右脚屈，同时左脚从8方位向4方位后悠滑回。

手臂动作：双摆手，先摆向右，再摆向左。

h. 悠踢步，2/4拍（中速），四拍完成。

准备：对2方位。

1拍：左"冈打"，同时右小腿后勾提起。

Da：右脚向2方位踏出。

2拍：左脚"冈打"，右脚滑落原位。

3~4拍：左脚继续屈，同时方向转向2方位接相反动作。

手臂动作：双手分别旁下，左手前摆向2方位，左手屈臂起至胸前，右手在身后低位，双手旁展开，双手渐渐落还原。

i. 嘀嗒步，2/4拍（中速），一拍完成。

准备：面对1方位，左前丁字位。

Da：重心在右腿，前掌抬起。

1拍：左腿屈的同时"冈打"，左腿原位提起。

Da：左脚踏地，双膝直。

手臂动作：胯前交替外画，双臂分。

（2）弦子类

a. 平步，2/4 拍（慢板），两拍完成。

准备：双手扶腰。

1 拍：左腿贴地向前迈步，重心随上步挪动。

Da：左脚微屈，右腿在左脚旁准备上步。

2 拍：右脚继续前迈。

手臂动作：双手扶腰。

b. 靠步，2/4 拍（慢板），两拍完成。

准备：面对 1 方位。

Da：左腿屈，右腿提起。

1 拍：右旁迈步，呈直腿支撑。

Da：右腿屈，同时左腿原位站立。

2 拍：左腿勾脚蹬落于前丁字位，双膝同时伸直。

手臂动作：双扶腰、双摆手、单背袖均可。

c. 拖步，2/4 拍（慢板），两拍完成。

准备：面对 1 方位。

Da：重心在左。

1 拍：右脚 2 方位跃迈步，左脚内侧拖地慢跟上拖回。

2 拍：同上动作，接相反方向动作。

手臂动作：单撩袖。

d. 单撩，2/4 拍（慢板），两拍完成。

准备：面对 1 方位，双手扶腰。

舞蹈创编与指导

Da：左腿屈，右脚略抬。

1 拍：右腿正前迈步，重心在右。

Da：右腿屈，同时左小腿撩出。

2 拍：左腿屈，同时左小腿回到右腿旁，接反面动作。

手臂动作：双手扶腰。

e. 长靠，2/4 拍（慢板），四拍完成。

准备：面对 1 方位。

1~2 拍：向左迈两步。

3~4 拍：同单靠动作。

手臂动作：慢晃手成旁展单提袖。

f. 三步一撩，2/4 拍（慢板），四拍完成。

准备：面向 1 方位。

Da：重心在右，微屈。

1~2 拍：向前平步，顺序为左一右一左，抬右脚单撩。

3~4 拍：相反方向，同 1~2 拍动作。

手臂动作：双手扶腰，外晃手、拉手均可。

g. 双撩，2/4 拍（慢板），四拍完成。

准备：身体对 1 方位。

Da：重心在右，微屈。

1 拍：向前上左脚。

Da：左脚屈，右脚离地后勾。

2 拍：左脚直，右脚小腿向前方轻悠撩出。

3~4 拍：相反方向，同 1~2 拍动作。

手臂动作：双扶腰，晃手。

（3）卓（锅庄）类

a. 前点步

准备：正步双手叉腰，2/4 拍，两拍完成。

1 拍：半拍主力腿微颤，动力腿向前弯曲点步，半拍收回让步。

2 拍：做相反动作，来回交替进行。

b. 旁点步

动作要求同前点步，只是出脚的位置在旁边，可以前后行进。

（二）蒙古族民间舞

蒙古族被誉为马背上的民族。辽阔的草原是他们繁衍生息的地方，在游牧、狩猎的生活劳动中，蒙古族人民创造了灿烂的草原文化，同时也创造了风格鲜明的蒙古族民间舞蹈。蒙古族民间舞蹈历史悠久，内容丰富，形式多样。我国阴山岩壁上有大量的蒙古族原始舞蹈画面，其中有众多内容不同、风格各异的草原舞蹈，并以集体舞、三人舞、双人舞、独舞等不同形式来表现。蒙古族民间舞具有集体性和自娱性的特点，是草原中最具草原游牧民生活气息和精神气质特点的舞蹈。丰富多彩的舞蹈素材，经过艺术家的整理提炼，形成男子舞蹈强健骁勇、洒脱强悍，女子舞蹈端庄典雅、雍容大度的风格特点。

1. 基本手形、手位、脚位

（1）手形

平手：四指并拢、伸直，拇指向四指的正旁伸直打开。

勒马手：手握空拳，拇指放在食指的第一个关节上。

叉腰手：四指握拳，拇指向手的正旁伸直打开。

（2）手位

平的鹰式位：平手双臂自向正旁抬起和肩平，向前呈弧形。

高的鹰式位：平的鹰式位向上提起。

叉腰位：四指握拳，拇指打开，叉于腰间。

勒马位：勒马手呈下抓形状，向外伸出，单手为单勒马位，双手在外称双勒马位。

（3）脚位

正步：双脚内侧拢，脚尖对齐。

小八字步：双脚后跟并拢，双脚尖向外打开，呈"小八字"形。

前点步：脚掌点于另一脚的前方，双膝稍弯并外开。

小八字步：双脚后跟并拢，双脚尖向外打开，呈"小八字"形。

前点步：脚掌点于另一脚的前方，双膝稍弯并外开。

后踏步：一脚掌点于另一脚的后方。

2. 常用手臂动作

（1）硬腕

1拍：腕部向上提起。

2拍：腕部向下压。

3~4拍：重复前两拍动作。

要求：提腕压腕要有力度，速度要快，幅度要适中，此动作可在身体正前方或在平鹰式位、高鹰式位等位置。

（2）柔臂

1~2拍：动律从大臂开始经过肘部、小臂、手腕至手指尖，整个手臂呈波浪形龙。

3~4拍：同1~2拍动作。

3. 常用肩部动作

（1）硬肩

1拍：左肩向前同时左肘向后，右肩向后同时右肘向前。

2拍：与第1拍动作相反。

3~4拍：重复前两拍动作。

要求：动作幅度要适中，有寸劲，速度要快。

（2）双肩

1拍：右硬肩往前。

Da：左硬肩往前。

2拍：重复1拍动作。

（3）柔肩

1拍：左肩向前慢推，同时右肩向后慢拉。

2拍：与1拍动作相反。

3拍：重复1~2拍动作。

要求：做柔肩时动作要外柔内刚，速度慢而平均。

（4）耸肩

Da：双肩上提。

1拍：双肩迅速放松落下。

2拍：保持原动作。

4. 基本步法

（1）平步

向前走或后退。

（2）蹬步

1拍：左脚掌贴地面向前迈出。

2拍：右脚掌贴地面向前迈出。

3~4拍：重复1~2拍动作。

要求：迈出的腿膝关节稍弯曲，重心前移，脚尖向外稍打开。

（3）蹉步

1拍：左脚向正前方迈出，重心前移。Da：右脚离地在左脚后稍向前移落地。

2拍：左脚拾起向前稍移落地。

3~4拍：重复1~2拍动作。

（4）马步

跑马步：上身前倾，一手勒马，一手直臂挥鞭手伸出，同时一腿半蹲，另一脚绷脚向前方擦地踢出，在原地倒步。

勒马步：勒马姿势，一脚向前方迈步，另一脚随之旁靠，同时勒马手提压腕。

（5）硬轻骑

模仿骑马的常见动作之一。动作干脆有力，故名。八拍完成。

1拍：双脚站正步位，身对8点。右手各旁打开，手心向上，面向右手，左手下垂于身侧。

2拍：右手向里曲小臂，半握拳，拇指置于腰后成叉腰。

3拍：左手提腕，半握拳抬向身前与肩平，头略低。

4拍：右脚在正步位，曲膝，用脚背向前推起，脚趾点地。左手微曲肘，压腕，手心向下，手与左肩手，身对2点，上身微后仰，面向8点。

5拍：右脚尖向8点迈出，左脚尖擦地向前与右脚尖碰到，左膝微曲。

6拍：静止。

7拍：同5拍，左右脚动作对换。

8拍：静止。

注意：①做时须捉胯、立腰、上身向右微拧。一脚迈出后另一脚紧跟上成正步。脚腕用力要求平稳，忌身体左右晃动。②可行进或走圆。

（6）软轻骑

模仿骑马的常见动作之一。动作柔和松弛，故名。八拍完成。

1~4拍：同硬轻骑1~4拍（见硬轻骑）。

4拍后半拍：双脚在正步位踮起成半脚尖，直膝。

5拍前半拍：右脚跟着地，曲膝，左脚掌点于正步位，膝曲。5拍后半拍。右膝直起。6拍前半拍：右膝微曲。6拍后半拍。双脚直膝踮起成半脚尖。

7~8拍：同5~6拍，脚部动作对换。

注意：①膝的屈伸要柔韧，6拍的曲膝动作比5拍的曲膝动作要深一些，形成适度的起伏，状如马的轻跑。②勒马手的肩部松弛，可配合做耸肩。

（7）吸腿轻骑

模仿骑马的常见动作之一，腿部吸起，故名。八拍完成。

1~4拍：同硬轻骑1~4拍（见硬轻骑）。

5拍：右脚掌向前迈步，左脚向前吸腿45度或90度。

6拍：右脚掌向前蹭走一步。

7拍：左脚掌在正步位落下成重心，右脚向前吸脚45度或90度。

8拍：同6拍，左右动作对换。

注意：①连续做时从5拍开始反复，动作方向可相反。②7~8拍也可做。软轻骑，向前行进。③一脚跳落时另一脚可同时前吸，两脚轮换做。

（8）扬鞭勒马

模仿骑马的常见动作之一。四拍完成。

1拍：双脚站正步位向8点。左手曲肘做勒马状于胸前，右手食指伸直，其余四指半握拳，做持鞭状，经身前上扬至头上。挺胸，头微昂。

2拍：静止。

3拍：左腿曲膝半蹲，重心在左，右脚前脚掌点地于正步位，膝微曲。右手经身前下方向右后方甩去，做抽鞭状，上身前俯，头靠近左手，做状身于马背状，身对2点，面向右手。

4 拍：头转向 8 点。

注意：①扬鞭时整个身体要向上，抽鞭时要突然蹲下，上身前俯，前后要成明显对比。②4 拍也可做右手向前勒马状。

（9）提压腕

由错步与提压腕配合而成。八拍完成。

1 拍：身对 1 点。右脚向 1 点迈一步。双手经身前抬至头上方，提腕。上身微前倾。

2 拍：左脚前脚掌蹭向右脚跟成后点地，重心稍偏于左脚，双手在头上方压腕向两侧打开。上身直起。

3 拍：右脚再向前迈一步，双手在身旁提腕，手心向下。

4 拍：重心在右脚，左脚稍离地。双手落于身侧。上身微前倾，低头。5～8 拍：同 1～4 拍，左右脚对换动作方向相反。

注意：①可以向旁做也可以后退做，向后迈步时用前脚掌，上身微后仰。②身体随重心的变化有微小的晃动。动作稳健、有趣。③还可与肩部动作或其他手势配合。

（三）傣族民间舞

傣族舞蹈，丰富多彩，形式多样，风格特点突出，且有柔中有刚，含而不露，朴实矫健，给人以安详、恬静的美感。舞蹈时，身体保持半蹲状态，双膝有节奏地屈伸，带动上身颤动，两臂和上身的反方向运动，手腕的翻动，脚的起落，胯部的突出，蕴藏着内在的韵律感，形成一种特有的三道弯造型特点。

1. 基本手形

掌形：五指相靠，并翘起。

冠形：食指弯曲，与大拇指相贴，其他三指像扇形张开伸直。

嘴形：食指伸直，与拇指相贴，其他三指像扇形张开。

2. 基本脚位

点丁字位（步）：在丁字步的位置上，或丁字步的前脚稍往前方迈半步，前脚脚掌落地，两膝弯曲。

3. 基本步法

（1）后踢步

半蹲，双脚轮流曲膝向后刨地。

（2）低展翅走步

由翻腕曲掌、翻腕立掌配合走步组成。四拍完成。

1拍：身对1点。右脚向前迈一步，左脚勾脚稍离地，双膝曲。身对8点，双手在身侧45度，呈低展翅，手腕向外翻转成手心向上，四指曲于掌心，拇指伸直成曲掌，双臂稍曲。

2拍：重心在右脚，膝放松，左脚脚跟向后用力起45度，双臂伸直。

3拍：左脚向前迈一步，右脚勾脚稍离地，双膝曲。身对2点，双手保持低展翅位，手腕向里转为手心向下，四指伸直成立掌。双臂稍曲。

4拍：重心在左脚，膝放松，右脚脚跟向后用力踢起45度，双臂伸直。

注意：

a. 脚跟用力向后踢起要快、落地要慢。身体方位的变化要小。

b. 膝的曲直要有控制，忌呈向前下跪状。

c. 也可两手交替做曲掌和立掌。

（3）飞步

飞步又称碎踮步右脚迈步，左脚前脚掌蹭步与双手翻腕动作配合。一般做快板处理。四拍完成。

1拍前半拍：右脚向前迈一步，全脚着地，膝曲，左脚稍离地。身对2点，上身微前倾。

右手手心向上自身左前下向头上抬起，左手手心向上置于身侧下方稍后。

1拍后半拍：左脚前脚掌蹭地紧跟在右脚旁，膝微曲。2拍，脚部动作同1拍。右手在头上方向里翻腕成手心向下。上身拧向右后，面向5点，眼从右腋下看。

3~4拍：同1~2拍，左右手动作对换。

注意：整个舞步中，始终保持右脚迈步，左脚踢步，上身要平稳，重心偏于右脚。

（4）掏手错踮步

由错踮步配合双手自腋下向头上掏出组成。四拍完成。

1 拍前半拍：右脚膝微曲向前走一步，左脚自然离地。双手曲小臂，自腋下向头上伸出，手指向下，手心相对，身对 8 点，上身向 2 点微倾。

1 拍后半拍：左脚前脚掌在右脚旁上步成重心，双膝放松。

2 拍：右脚膝微曲向前迈一步，前脚掌成重心，左脚曲膝向后踢起 25 度。双手手指向上，手臂伸直，右手位于头旁，左手位于左前上方。

3~4 拍：同 1~2 拍，左右动作对换。

（四）维吾尔族民间舞

维吾尔族是一个能歌善舞的民族。维吾尔族民间舞通过昂首、挺胸，头、颈部的摇、移，以及丰富多变的手腕动作，眼神的配合和膝部的连续微颤及各种舞姿的旋转，充分显示着维吾尔族人民勤劳、勇敢、爽朗、乐观、活泼的性格。

维吾尔族舞蹈，既有共同的风格，又有不同地区的特点，如粗犷矫健的“多朗舞”、轻快优美的“赛乃姆”、亲切幽默的“纳弥尔库姆”，以及带道具的民间舞。“赛乃姆”舞蹈是维吾尔族人民在亲友欢聚、节日、婚礼和歌舞晚会中必跳的一种舞蹈，它没有固定的程式，可以独舞、对舞和几人同舞等。“多朗舞”多以两人为一组的对舞，先从慢板开始，然后是竞技性的旋转，最后在激烈欢快的高潮中结束。“纳弥尔库姆”舞蹈，自由活泼、乐观、诙谐，多由男性即兴表演，两人为一组，只跳不唱，先做常见的动作，然后进入竞技性表演。“带道具的舞”，即把道具和舞姿融为一体的舞蹈，如盘子舞、击石舞、萨把依舞，等等。

1. 基本体态与动律

（1）体态

挺胸、仰头。女在舞蹈时，基本上辫子不能贴在后背上。

拉弓：左手上侧臂位，臂圆，手心向上，右手弯臂于头的右上方，手心向上，挺胸仰头。

托帽：姿态同拉弓，右手于头的右后部，手心向上，似托帽。

（2）手形

基本手形：指根放松，中指弯曲向拇指靠近，翘腕。

火炬手：拇指伸直翘起，其他手指相握。

响指：拇指与中指、食指相摩擦。

击腕：一手击另一手的手腕。

立腕：手指朝上，压腕。

翻压腕：经过绕腕后，再压腕。

托帽位：一手曲臂托帽，一臂置扬掌位。

（3）动律

扭身（晃身）。

微颤：双膝按节奏有规律地上下屈伸，1 拍两次，或在均匀的节奏中，做快速屈伸。

移颈：头部左右移动，动作要小而稳。

摇头：头部随节奏左右摇动。

摇腕：手由外向里挽一周（似东北秧歌里挽花）。

2. 基本步法

（1）横垫步

踏步姿势，前脚用脚跟到脚的外缘主动碾步横走，后脚脚掌踏地，随前脚方向移动。

（2）点颤步

在各种点步脚位中，主力腿微颤，动力腿稍弯抬起，再落地。

（3）蹉步

先踮步，再由踮步脚上一步，同时另一只脚曲膝抬起。

（4）三步一抬

小八字步，叉腰。节奏：4 拍一次。

做法：

1 拍：左脚经后踢迈向右脚前，身向 2 点。

2 拍：右脚迈向右旁，脚掌着地，步子稍大。

3 拍：左脚迈向右脚前。

4 拍：右脚后踢。

要求：①第一步时都要经过后踢迈出。②第二步要大。

（5）三步一抬后退

小八字步，叉腰。节奏：4拍一次。

做法：

1拍：左脚经后踢落于右脚后，半脚尖。

2~3拍：右、左直膝后退，半脚尖。

4拍：右脚后踢。

（6）点地步（右）

右斜点地步，叉腰，达拍，左脚重心右脚掌抬起（稍勾脚）上身稍右扭，头向右。

1拍：右脚掌点地，上身扭向左，头向左，眼左斜视。

要求：①此动作也可在前点地和旁点地步完成，上身没有扭动。②上、下身配合要协调，上身感觉似被脚支撑着，一抬脚掌上身就转向右，脚掌着地，又将上身撑回原位。

（7）踏地步

正步，手自然位。节奏：4拍一次。

做法：

1拍：左脚在正步位置踏地，双膝弯，左手一字拳，拇指点于左肩上，头向8点，眼下视。

2拍：右脚迈向旁，左手外挽腕向上，眼看8点。

3拍：左脚迈向右脚前，左手经侧上臂位，落向侧臂位。

（8）垫步

正步，手头上位，手背向对。节奏：啪一次。

做法：

1拍：右脚迈向左脚前，脚跟着地勾脚，双膝直。达拍：左脚稍向左抬起。啪：右脚掌踏地，同时左全脚落地，双手向左渐推手。

要求：①双手可2拍推向左、2拍向右，也可以4拍一次。②双脚可连续做此动作。③双膝要随节奏屈伸，1拍向上，2拍向下，屈伸要小而均匀。

（9）跟步

正步，左手头上位，手心向上，右手旁臂位翘手，头向左侧，仰头。

节奏：2拍一次。

做法：

基本同垫步，只是右脚迈向左脚前以后，脚掌要扭向左。

1拍：右脚迈向左脚前，勾脚脚跟着地。

达拍：左脚稍抬向左，右脚掌扭向左。

啪：左脚落地，右脚掌同时踏地，如此连续动作。

要求：①此动作适合中、慢、快进行。②上身保持准备姿态。

（10）跑场步

正步，男半蹲，托帽，女手下旁臂位翘手。节奏：4拍一次。

做法：

1~3拍：左、右、左脚跑向前。啪：左脚向前踮一步，右小腿后抬，大腿要随之向后。

4拍：双膝屈伸，左脚重心。

要求：①男蹲得稍大，女可稍弯膝。②4拍踮步时，不能向上蹿，要保持平稳的姿态，女大腿可不抬。

（11）点踏步

正步，手自然位。节奏：8拍一次。

做法：

1拍：左脚在左后方，用脚掌轻轻点地后即抬起，右膝屈伸，上身扭向8点，眼从左肩上看出，双手经外挽于胸前交叉。

2拍：右膝屈伸。

3拍：左脚迈向右脚前，双膝屈伸，双手在胸前经外挽成摊手向旁打开。啪：双膝屈伸，左脚重心。

5~6拍：右脚撤向右后成斜点地步，双手经里挽成右托帽，上身后靠，拍时重心向后。

7~8拍：右脚迈向左脚前，成左小踏步，右脚重心。

要求：①此动作适合慢板，动作慢而稳，抒情优美。②每拍的屈伸要均匀。③7~8拍：不要停顿，上身要由后靠渐向前移动。

（12）点地转身

右前点地步，手旁臂位翘手。节奏：8 拍一次。

做法：右脚做点地步，强拍点地，向左自转一周，双手交替做插肩。

1~4 拍：转向 5 点，右手经头上位，手尖向下再由肩前肋旁插向自然位，左手走至头上位，眼看右手。

5~8 拍：转向 1 点，双手同 1~4 拍对称。

要求：跟转时，右脚掌点地，左脚以脚跟为轴，脚掌向左移动。

四、幼儿舞蹈训练的上体动作

（一）头部基本动作

仰头：后背直立，双肩平正固定不动。颈部前侧肌肉伸展，后侧肌肉收缩。眼视前方。

低头：后背直立，双肩平正固定不动。颈部前倒肌肉收缩，后侧肌肉伸展，眼视下方。

摇头：连续做转头的动作。注意幅度缩小。

点头：连续做低头的动作。注意幅度缩小，颈部最大限度延伸。

倾头：后背直立，双肩平正固定不动。颈部一侧肌肉伸展，一侧肌肉收缩。眼视前方。

转头：后背直立，双肩平正固定不动。头部向左或向右最大限度转动，眼随头动。

晃头：连续做倾头的动作。注意幅度缩小。

（二）上肢基本动作

上位：双臂向正上方向伸直，两臂间距与肩同宽。

下位：双臂伸直，垂于身体两侧（旁下位）。或垂于身体前侧（前下位）。

前平位：双臂向正前方向伸直，与肩平，两臂间距与肩同宽。

前斜上位：双臂伸直，放于"上位"和"前平位"之间的位置。

前斜下位：双臂伸直，放于"前下位"和"前平位"之间的位置。

旁平位：双臂向正旁方向伸直，与肩平。

旁斜上位：双臂伸直，放于"上位"和"旁平位"之间的位置。

旁斜下位：双臂伸直，放于"旁下位"和"旁平位"之间的位置。

后斜下位：双臂伸直于身后，距离身体45°夹角（与前斜下位置相反）。

（三）基本手臂舞姿

小波浪：是手部的上提下压运动，用以模拟波浪的动作。也称小三节运动。上提动作时，手腕、手掌、手指依次上提，手呈抓握状。下压动作时，手腕、手掌、手指依次下沉。并使手腕和手掌展开，手指上翘。动作过程要柔和、连续不断形成微波荡漾的线条和动感。可在不同位置上完成。注意提和压时，小臂要配合随动。

大波浪：是臂部的上提下压运动，用以模拟波浪的动作。也称"大三节"运动。提时，肩部、肘部和手部（小波浪上提的全过程）依次向上。沉时，肩部、肘部和手部（小波浪下压的全过程）依次向下至下位。动作过程要柔和，"提"和"沉"连续不断形成大的波浪起伏线条和动感。可在不同位置上完成。

五、幼儿舞蹈基本技能训练的下肢动作

（一）走步类

走步：步行的统称。正步或小八字步准备。走步时手臂前后自然摆动。可根据音乐的节奏、情绪，亦可根据不同人物的形象表现出不同的走路形态。

平踏步：正步准备。每步落地时全脚着地，踏地有声。可单腿连续（原地）踏地，也可两脚交替踏地。两膝微弯曲，膝关节放松。可以原地做，也可以向前、后、旁以及带"转圈"做。

登山步：左脚前脚掌向前迈一步起踵，曲膝。右脚动作同左脚，方向相反。左右交替，连续进行。一拍完成。

踵趾步：正步或小八字步准备。动作时第一拍左腿曲膝，右脚勾脚（以右脚为例）脚跟在前方（或旁）着地。根据出脚位置的变化分为前踵趾步和旁踵趾步。踵趾步可与其他舞步结合练习，如踵趾小跑步、踵趾小碎步等。

小碎步："细碎"的舞步。正步位准备，运动过程中用半脚掌着地交替快速地稳动，可以"前进""后退""横移"。做"碎步"移动时，注意上身要平稳，膝部要松弛。训练时可结合舞蹈的需要和情感表达的要求，配合上肢和身体的动作练习。如模仿小鸟飞等。

娃娃步：小八字步准备。动作时第一拍的前半拍双腿曲膝，右小腿旁抬起，头和体同侧倾倒，双手扩指状至右顺风旗位置（掌心向外），后半拍右脚落地，双腿直，双臂收至体前；第二拍动作相同，方向相反。

踏点步：正步位准备。第一拍右脚（以右脚为例）原地（或其他方向）踏地；第二拍左脚前脚掌在右脚跟后点地，两腿同时屈伸。

前进步：向前行进的"舞步"。一脚向前迈出，另一脚向其靠拢。可用"平步"做，也可以"踮脚"做。

后退步：向后退行的"舞步"。一脚向后迈出，另一脚向其靠拢。可用"平步"做，也可以"踮脚"做。

横移步：向旁行走的"舞步"。一脚向右（或左）横向迈出，另一脚向其靠拢。可用"平步"做，也可用"踮脚"做。

垫步：小踏步站立，双手叉腰。第一拍左脚经曲膝脚掌抬起，踏地后重心向上提，右脚略抬起；第二拍，右脚落地曲膝，同时左脚略抬起。重复前面动作。做垫步时要注意膝部的屈伸，身体要有上下起伏感，但不能随中心左右摆动。

钟摆步：正步准备。第一拍，左脚原地踩一步，同时右脚向旁离地滑出去，重心左移，身体左倾；第二拍，右脚回原位踩一步，同时左脚向7点离地滑出去，重心右移，身体右倾。如此反复，身体自然左右摆动。

（二）跑跳类

蹦跳步：带有低"跳跃"性的舞步。正步位准备，动作时双脚蹬地向上跃起，在空中双腿直膝，然后双脚掌落地，同时微曲膝。蹦跳步可双起双落，也可以单起双落或双起单落。可以向前、后、旁等方向做。为了提高幼儿动作训练的兴趣，还可以加幼儿喜欢的小动物形象，如小兔跳、青蛙跳等。

跳踢步：正步位准备。在跳跃的基础上双腿交替做"后吸腿"，落地时支撑重心稍微屈。在做跳踢的过程中，双腿膝部始终靠拢，上体略前倾，以保持平衡。

前踢步：小八字准备。动作是双腿轮流向前绷直腿踢起。前踢时脚面要用力，身体略后仰。为了提高兴趣，幼儿可分小组，手臂后背或体前交叉拉手练习，训练时可与其他舞步比较式的练习，如与后踢步结合练习，此舞步大班开始训练。

后踢步：小八字准备。动作时双小腿轮流向后踢起。后踢时脚面绷直有力，身体略前倾。

进退步：正步位准备。动作时，第一拍前半拍右脚（以右脚为例）向前迈一步，身体重心移至右脚，同时左腿曲膝离地，后半拍左脚掌落地，身体重心移至左脚，同右脚离地；第二拍前半拍右脚后撤一步，身体重心移至右脚，同时左脚离地，后半拍左脚落地，同时右脚离地准备重复动作。

吸跳步：右脚（以右脚为例）向前迈出，踏地后轻轻跳起，同时左腿吸起成"前吸腿"。连续动作时，左脚重复右脚动作，迈出踏地后轻轻跳起，同时右腿成"前中盹腿"。"吸跳步"可在原地做，也可以向前行进做。

横追步：带有低"跳跃"性的舞步。正步位准备，第一拍右脚（以右脚为例）向前迈出一步同时左腿"半蹲"后微微跃起；第二拍左脚快速向右脚靠拢后全脚落地，同时右脚继续向旁迈出。注意膝部的松弛。

小跑步：正步位准备。动作时两腿交替提膝，脚尖自然下垂，前脚掌落地，给人以轻盈之感。注意上身要平稳、步子有弹性。训练时舞步的速度可根据舞蹈需要和幼儿动作发展水平而变化，可结合律动形象进行练习，如马跑、开火车等。

第二节　幼儿园舞蹈教学方法与教学特点

一、小班幼儿舞蹈的教学方法与教学特点

由于小班幼儿年龄较小，对音乐的理解和肢体表达能力有限，对舞蹈的认识也是肤浅的，在他们的内心世界里快乐是最重要的，因此，培养舞蹈学习的兴趣就成了小班幼儿舞蹈教学的主要目的。我们要让舞蹈教学活动成为一种游戏，让幼儿有兴趣、愉快地学习，让他们感受到舞蹈活动带来的快乐，树立起为自己快

乐舞蹈的意识。

（一）小班幼儿舞蹈动作的编排

小班幼儿处于身体迅速发展的时期，而动作发展又是其重要标志。由于小班幼儿的骨骼和肌肉纤维都没有发育完成，虽然身体和手的动作已经比较自如，可以掌握一些较为精细的动作，但是，他们基本动作的整体水平还比较低，特别是平衡能力和控制能力，有的幼儿甚至连随着音乐的节拍进行整齐的拍手或者踏步都不容易。因此，平衡性的训练可作为这个年龄段的重点教学内容。

教师可以有计划、有目的地引导幼儿在舞蹈教学活动中完成走、跑、跳等基本动作。如可以让幼儿对小动物进行形象模仿（小鸭的一摇一摆、小兔的一蹦一跳），以及拍拍手、踩踩脚等简易的动作，以此来感受肢体动作的变化。通过合理的肢体动作训练，可以促进小班幼儿运动能力的发展，培养平衡及协调能力。

（二）小班幼儿舞蹈音乐的选择

由于小班幼儿年龄较小，他们正处在具体形象性思维阶段，抽象思维还未萌芽。此时他们对音乐的欣赏还比较简单，只能粗略地感知而不太明白具体的内容。因此，更需要合适的音乐来辅助他们完成舞蹈的学习。

动作与音乐的结合对于小班幼儿来说不是为了好的动作配适合的音乐，而是为好的音乐配合适的动作。那么，什么样的音乐适合配合小班幼儿的肢体动作表现呢？总体来说，旋律欢快、活泼、节奏鲜明的歌目，对于这个年龄段的孩子来说还是比较容易接受的。

首先，活泼欢快的乐趣，易使幼儿受到情绪的感染，从而达到听觉神经对动作神经的刺激，自觉地产生动作的意愿。其次，歌曲的节奏要明确，有明显的重拍，这样的歌曲便于提示幼儿掌握节奏、韵律。再次，考虑到幼儿的骨骼和肌肉发育都不是很成熟，歌曲的速度不宜过快和过慢，应以中速为主。过慢的歌曲，会让幼儿长时间保持在一种状态下，使幼儿较难保持肢体的平衡；过快的歌曲，会让幼儿跟不上节奏，从而导致幼儿丧失对舞蹈学习的兴趣。最后，歌曲的内容要与幼儿的生活经验相关，这样便于他们认知和了解音乐，使之自觉地投入舞蹈学习中。

此外，还须注意的是，小班幼儿舞蹈教学活动中音乐的选择要考虑幼儿听觉和记忆发展水平的局限性。对于小班幼儿来说，最好音乐旋律多加重复，并在此基础上增加新的内容。这样，既有利于幼儿更好地感受音乐的节奏特点，练习基本舞蹈动作，还可以通过新的音乐内容发展想象力、创造力。

(三) 小班幼儿舞蹈教学时间的安排

由于身体发展的特点，小班幼儿的注意力以无意注意为主，凡是生动、新颖、活泼形象的事物都容易引起他们的注意，但是刚刚集中的注意力又很容易因为受到更加强烈的新鲜刺激物的影响而转移。这个突出的特点使得小班幼儿对一件事物所引发的兴趣的注意力时间不会长久。因此在相对强度较高的舞蹈教学中，时间不宜过长。

过长的教学时间，教师可能已经无法掌控幼儿的有意注意，这样只能产生无效学习的后果，其副作用就是打消了幼儿的学习兴趣。另外，还有可能造成幼儿肌体疲劳等不良反应。适中的教学时间，可以让孩子一直快乐地起舞。研究表明，小班幼儿舞蹈教学时间安排在 5~10 分钟为宜。

(四) 小班幼儿舞蹈教学目标的制定

小班舞蹈教学活动的指导应遵循启发幼儿的创造力和想象力这一基本原则。在教学目标上，强调以情感为主、肢体动作为辅，让幼儿初步体验用动作、表情、姿态与他人进行交流。

由于小班幼儿身心发展的局限性，他们不能对舞蹈形象的外在美进行自我教育、自我感染，他们只须掌握基本的情感表达方式就可以了。而舞蹈这种细腻的情感表达方式所创造出来的意境亦是小班幼儿最容易理解和接受的。因此，在小班舞蹈教学中，"情"之一字尤为重要。短小、形象、生动、活泼有趣的舞蹈，会使幼儿感到亲切，这对于发展他们学习舞蹈的主动态度会产生积极的作用。

(五) 小班幼儿舞蹈教学应注意的问题

1. 强调游戏化的教学方式

小班幼儿的认识活动直接依赖行动，也就是说他们的认识活动非常具体。他们只能理解具体的、直观的事情，不会做复杂的分析和逻辑推理。因此，在教学过程中，我们需要强调"边做、边教、边学、边玩"，这样的教学，可以让他们学得轻松、愉快。

"玩具是幼儿的天使，游戏是幼儿的伴侣。"幼儿就是在游戏中、在玩儿中一天天长大和进步的。教师应采用游戏化的舞蹈教学形式，充分将此年龄段幼儿"边做边学"或"先做后学""边学边玩"的行为与自己的实践教学结合起来，给予幼儿用肢体语言来表达自己情感和思想的机会。在舞蹈教学中融入游戏或者直接把它设计成游戏，让幼儿大胆地尝试、积极创造，不仅能将他们已获得的知识加以发挥和利用、发现并探索新的知识，还会使简单重复的练习变得生动、枯燥的学习变得有趣。我们何不让幼儿在玩中收获知识与技能呢？

2. 强调舞蹈动作的易模仿性

爱模仿是小班幼儿的重要特点，也成为这个时期幼儿学习的重要手段，他们正是在模仿中成长的。模仿不仅可以成为他们的学习动机，也可以成为他们学习他人经验的手段。通过对幼儿有目的、有计划的模仿训练，可以提高幼儿对启蒙舞蹈语汇的自我感悟能力，丰富幼儿对舞蹈表现艺术粗浅的感性认识。基于此，要求舞蹈教学中的动作要简单，生动直观，易于幼儿模仿和学习。另外，在教学中，教师富有感染力的示范动作也十分重要。优美、形象的教师动作可以帮助幼儿更好地掌握动作要领、理解动作内容。

如小班舞蹈律动《小手拍拍》："小手拍拍，小手拍拍，手指伸出来，手指伸出来，眼睛在哪里，眼睛在这里，用手指出来，用手指出来——鼻子、嘴巴、耳朵。"在活动中，朗朗上口的歌词，简单的肢体动作，再配合教师极富表现力的示范性教学，给了幼儿充分的学习模仿和表现时间。动作的易模仿性，可以启发幼儿自始至终以联系情感的方式来学习舞蹈，也使得幼儿在"边学边做"中完成从模仿动作到掌握动作的学习过程。

3. 弱化舞蹈动作的规范性

小班幼儿刚刚接触到舞蹈，并没有对舞蹈产生具体认识，舞蹈的启蒙教育在这个时期是非常重要和关键的，如果在课程中给幼儿留下了不好的印象，就会对他们以后的舞蹈学习产生消极的影响。教师在教学中要为幼儿创造一个自由、宽松的舞蹈教学环境，支持、鼓励、吸引幼儿与同伴用肢体动作进行交流，体验交流的快乐。

小班阶段幼儿舞蹈的训练，都以培养兴趣与初步尝试为主，不要求幼儿表演得多么出色，不过多强调舞蹈技能。此时舞蹈活动的目的只是让幼儿意识到舞蹈肢体动作带给他们的快乐，学会自如地展示他们的身体。因此，在教学过程中，教师不应过多强调舞蹈动作的规范性，如果一味地追求动作质量或是练习效果，会使幼儿失去学习兴趣，甚至产生厌倦心理。

4. 激活幼儿已有的生活经验

舞蹈动作来源于生活，但又与日常生活动作不完全等同，它有着自身的特点。无论是叙事舞蹈中的行为动作，还是抒情舞蹈中的情态动作，以及幼儿最喜爱的模仿各种动物形象，都必须在生活原型上进行提炼、组织和艺术加工。

小班幼儿对于日常生活的状态还不能形成视觉性的动作体验，只有通过观察教师的身体体态形状，并结合教师的引导，才能在他们的头脑中获得动作感，形成鲜明的"动作符号"。作为一名教师，我们不要牵着幼儿的鼻子走，不要单纯地停留在教师"教"和幼儿"学"上。需要激活幼儿已有的生活经验，启发他们学习的积极性、主动性和创造性。在舞蹈中给幼儿一个自由想象、创造的空间，会使他们产生对舞蹈教学活动的喜爱之情。

5. 对待幼儿应以鼓励、表扬为主

表扬是肯定、强化幼儿好的思想、行为，鼓舞、帮助孩子建立自信，促使他们获得喜悦、满足、自尊、自我欣赏和情感体验的重要方法。小班幼儿的感情比较脆弱，心理承受力差，教师一定要耐心鼓励、安慰幼儿。在教学中，教师一句赞美的话语、一个鼓励的眼神，传递给幼儿的将会是成功的乐趣，这是他们最好的精神食粮。

教师不仅是教学的组织者、指导者，还要是观察者和启蒙者。应该多留心幼儿在舞蹈学习中的表现，及时发现他们的哪怕是一个小小的进步、一个闪光点，适时、适度、适当地给予肯定和表扬。孩子的自信和成功的欲望就在真诚的期待和鼓励表扬中逐渐增强。

二、中班幼儿舞蹈的教学方法与教学特点

随着幼儿各方面能力的发展，对于中班幼儿舞蹈教学要求也有了更高的标准。在舞蹈中，教师应更好地帮助幼儿理解音乐作品的情绪，引导幼儿用肢体动作表现不同性质的音乐，还应要求幼儿的舞蹈表现从"一般性表现"向"生动性表现"过渡，并在表演舞教学中给幼儿留有提升动作表现、情感表现的时间和空间。

（一）中班幼儿舞蹈动作的编排

幼儿园中班是幼儿三年学前教育中承上启下的阶段，也是幼儿身心发展的重要时期。此时幼儿的动作发展经历了从整体动作到分化动作、从大肌肉动作到小肌肉动作的发展过程。由于中班时期幼儿的小肌肉动作处在发展的最重要时期，而他们的生活、学习和游戏都有赖小肌肉动作，并以其作为基础和外在表现形式，因此应加强中班幼儿小肌肉动作的训练。如多做些发展手臂、手指灵活以及手眼协调、指尖和手指伸展等局部的动作，使手的动作的力度、速度、精度、灵活性、节奏感、协调性和自我调控能力都得到不同程度的发展与提高。

另外，中班幼儿动作的稳定性和身体的协调性也都有了进一步的发展，增强了有效控制身体肌肉活动的能力，其骨骼和关节也较为灵活些，这使幼儿对动作本身有了一定的兴趣，此时教师可以对幼儿动作的规格进行较高标准的要求。

（二）中班幼儿舞蹈音乐的选择

经过了小班阶段音乐能量的累积，中班幼儿对于音乐的感觉已经很丰富了，此时他们的节奏感已经出现，能够体会音乐中安静、热烈、优美、雄壮、急促、缓慢等不同的节奏类型。为了便于幼儿的理解和掌握，为中班幼儿舞蹈教学所选择的歌曲或乐曲应该符合节奏鲜明、旋律流畅、音乐形象具体、歌词通俗易懂等特点，让孩子们一听到音乐的节奏，就有一种想随乐起舞的冲动。

比如《小青蛙回家》。这首乐曲旋律活泼、节奏鲜明，比较生活化，非常符合中班幼儿的年龄特点。其中歌词"跳跳跳，呱呱呱；跳跳跳，呱呱呱，小青蛙回到了家——呱"，充满说唱情趣，幼儿连带着肢体动作表现小青蛙可爱的跳跃

形象，陶醉其中，乐此不疲。这种适宜中班幼儿身心发展特点，且又有趣的音乐素材可以成为激发幼儿学习兴趣的"催化剂"，孩子们在有情、有趣的游戏中愉快地感受，积极地发现，快乐地学习。

（三）中班幼儿舞蹈教学时间的安排

中班幼儿仍以无意注意为主，但是有意注意在逐步发展，呈现出无意注意向有意注意转化的趋势。中班时期幼儿的心理活动水平、神经系统等方面得到了进一步发展，兴奋和抑制过程都有较大的改善，集中精力从事某种活动的时间也较以前延长。这些因素使得他们提高了课程学习的持久性、目的性和专注性。

为了提高中班幼儿的有意注意时间，教师可以给幼儿明确需要完成的任务，因为任务越明确，幼儿完成任务的愿望就越迫切，他们的注意相对就能集中和持久。另外，对中班幼儿来说，他们的注意力在一定程度上直接受兴趣和情绪的控制，因此教师要把提高幼儿的兴趣度作为舞蹈教学的出发点。研究表明，中班幼儿舞蹈教学时间安排在 10~15 分钟为宜。

（四）中班幼儿舞蹈教学目标的制定

中班的幼儿，对音乐已经有了初步的印象，他们能根据音乐的节拍做相应的动作。但是他们在做动作时还需要教师的提醒，还没有真正从身体里感知节奏，其节奏的准确性有待进一步训练和培养。因此，节奏感训练应作为中班幼儿舞蹈教学中的重点。

另外，研究表明，4~5 岁（中班）是幼儿坚持性发展的关键年龄，这个时期的幼儿大脑皮质的抑制功能逐渐完善，兴奋与抑制过程渐渐趋于平静，同时自我意识也在逐渐发展，这些都为幼儿坚持性的发展奠定了生理和心理基础，因此，需要教师对幼儿舞蹈学习的稳定性、坚持性等方面进行合理的控制与引导。

（五）中班幼儿舞蹈教学应注意的问题

1. 让幼儿学会"听"音乐

中班幼儿已经初步积累了音乐要素和音乐经验，要想更好地完成中班幼儿的舞蹈教学活动，增强他们学习活动的主动性、自主性，就需要教师带领幼儿了解音乐作品的内涵，包括音乐的节奏、乐句、乐段、速度、力度、表达的情感、表现的意境等，以此引起幼儿积极的联想，并通过联想使音乐与自身的动作相联系，把象征性的音乐具体化。

为了提高中班的舞蹈教学动作质量，在做动作之前的音乐欣赏环节，教师可以让幼儿自己发现音乐的特点，包括节奏和内容。如有的音乐欢快活泼，要让幼儿从中感受到愉快的情绪；有的音乐雄壮有力，要让幼儿感受到坚强热烈的情绪……只有感受了、理解了，他们才能在学习的过程中把握住这些特点。另外，在授课过程中，教师还要及时提醒幼儿用心听音乐、用动作表现音乐，告诉他们只有符合音乐特征的动作才是美的。可以说，音乐和舞蹈是"好朋友"，它们之间的互补有利于舞蹈教学工作的开展。

2. 注意调动幼儿的情绪情感

中班幼儿的情感有逐步丰富和深刻化的趋势，表现出了更高级的情绪情感表达方式，他们已经可以从简单的喜、怨、哀、乐上升到道德感的体验。中班幼儿的年龄特点决定了他们的情绪情感易被调动，教师正是要利用这一特点进行合理化教学。

首先，教师对舞蹈作品情感的理解与表现，要深入幼儿心中，使幼儿能够理解与接受。这是因为幼儿的情感发展与幼儿的生活经验的多少有直接关系，只有真正符合幼儿的发展和需要的作品，才能让幼儿获得良好的情感体验。其次，教师要给幼儿创设平等、和谐、愉快、宽松的氛围，这之中教师说话的语气、教学方法、教学态度及活动设计都是重要的因素。最后，教师要关注幼儿的情感体验，给他们表达与表现的机会，给他们想象与发挥的空间，尊重他们的情感。教师应该根据幼儿的表现方式和技能给予适时适当的指导，这样不仅能调动幼儿积极主动地参与活动，使他们的想象力得到发挥，还会因教师鼓励的话语和表情，让他们体验成功的喜悦。

3. 鼓励幼儿积累、创造舞蹈词汇

中班时期的幼儿对于事物或者活动的兴趣很多是由外部因素激发的，如当他们听喜欢的、好听的音乐时，会自然而然地摇头晃脑、手舞足蹈，这是他们的生理和心理同时得到满足而产生强烈反应的表现。因此，教师在教授中班幼儿舞蹈时，就应该顺势而为，先让他们从心理上感受、理解舞蹈，再从生理上表现舞蹈。而当幼儿表现出用肢体表达情感的意愿时，所困扰他们的可能就是舞蹈语汇的匮乏，那么，如何丰富幼儿的舞蹈语汇呢？这就是教师应当做的工作——鼓励、引导幼儿从生活中采集、积累、创造舞蹈语汇。如向幼儿提问："小鱼是如何在水里游的？花儿是怎样开放的？小猴子最喜欢做什么动作？刮大风时柳枝是怎么摆动的？"等等。由于中班的幼儿已经有了一些生活常识和体验，因此只要教师加以合理的引导，他们就能将这些现象用舞蹈语汇表现出来。通过这个教学环节，就会发现中班的孩子们已经不局限于过去的模仿阶段，而是积极地随着音乐的旋律和节奏充分发挥自己的想象，享受着舞蹈教学活动带来的快乐。

三、大班幼儿舞蹈的教学方法与教学特点

随着身体的成长和神经系统的成熟，大班幼儿的各方面能力都有所增长，他们在舞蹈中已经不是简单、机械地使用肢体直接模仿或者再现音乐作品的内容，而是已经可以运用已有的知识经验，通过头脑加工进行角色的再造想象和创造想象。此时，教师可以将比较复杂的动作融进舞蹈教学活动中。在要求大班幼儿准确把握音乐节奏的同时，也要有肢体的协调、情绪的协调配合等。

（一）大班幼儿舞蹈动作的编排

从生理上来说，大班幼儿神经系统发育比较迅速，大脑皮层各区域的暂时联系及神经细胞分化作用已加强，形成条件反射的能力和各分析器官的机能也有明显的提高。国外有人根据实验的结果认为：6~7岁是发展机能的重要阶段，其准确性、协调性、灵敏性、反应速度及模仿能力、理解能力等迅速发展，因此，可以要求这个时期的幼儿在灵敏、速度、弹跳、力量等身体素质和意志力方面获得相应的提高。那么，具体到舞蹈教学活动中幼儿的身体又是怎样的呢？概括地说，这个时期幼儿的肌肉和关节的强度增强了，细小动作的灵活性以及动作的稳定性有了很大的提高，对于身体的平衡和重心也有了一定的控制能力。因此，可以为幼儿开展一些有一定力度及复杂的舞蹈活动，教师可以在节奏和基本动作标准的基础上对他们进行动作规格的细致要求。

另外，大班幼儿的思维水平也有了进一步的发展，虽然他们的思维还是以具

体形象为主，但是出现了抽象逻辑思维已初步萌芽，表现为大班幼儿已经可以集中精力地模仿和学习简单抽象的舞蹈动作。教师可以通过舞蹈教学活动，激励幼儿大胆地尝试，使他们获得深层次的情感体验，感受舞蹈活动的乐趣。

（二）大班幼儿舞蹈音乐的选择

大班幼儿对音乐的感受能力和理解能力有了很大的进步，随着音乐经验的不断丰富和积累，他们已经能感知音乐作品中的细节部分，如情绪、性质等，同时也能够对音乐形象鲜明的同类音乐作品进行分析和归类。有研究表明，大班幼儿的动作已能和音乐完全一致，其中大部分的幼儿会感觉音乐的基本节拍，可以随节拍的快慢或渐快渐慢改变动作的速度，他们甚至能在动作中体现节拍重音。具体来说，他们已经能够清晰地辨别出音乐中音调的高低、长短，不同的节奏时值，乐句的长短，音乐的开始和结尾，音乐的整体和部分的关系，以及声音的力度、强弱的变化等，并能用相应的肢体语言表现舞蹈的风格特点和内心的情感。因此，对于大班幼儿的舞蹈教学活动的音乐选择可以是多样的。儿童歌曲、民族音乐、古典音乐或仅仅是鼓点的打节拍、无伴奏的小儿歌、有韵律的诗词等都可以尝试使用。

（三）大班幼儿舞蹈教学时间的安排

大班幼儿大脑皮层细胞发育迅速，他们的无意注意已高度发展并且相当稳定，有意注意也正迅速发展，其中大部分幼儿已经能够按照教师的要求去组织自己的注意，并能根据教师的要求或自己确定的任务，自觉调节自己的心理活动和行为。此时的他们对于有兴趣的活动，能比中班幼儿保持更长时间的注意。

这一阶段的幼儿对于感兴趣的舞蹈教学，不仅可以了解主要内容，还可在教师提示下自觉地去注意舞蹈中的细节和衬托部分，对自己的情感、思想等内部状态也能予以注意。如他们可以根据自己的体验去推测舞蹈中人物的心理活动和内心想法等，这些发展变化可以适时地延长他们有意注意的时间。研究表明，大班幼儿舞蹈教学活动时间安排在 15～20 分钟为宜，并且活动的强度也可以适当加大。

（四）大班幼儿舞蹈教学目标的制定

大班幼儿处在想象力、创造力非常丰富的年龄阶段，他们已积累了一定数量的表象，对事物的接受、理解能力也较中班幼儿要强。因此，发展想象力和创造力就成为大班幼儿舞蹈教学的主要目标。

大班幼儿想象力、创造力的发展表现在舞蹈教学中是怎样的呢？首先，就是动作的发展。动作的发展包括手的动作的发展、行走动作的发展和运用物体动作的发展，这些动作的协调发展促进了幼儿知觉能力和具体思维能力的发展，扩大了幼儿认识的范围，使知觉更具有概括性，并为表象和概念的产生提供了条件，为创造力的形成和发展提供了条件。而正是由于大班幼儿动作的良好发展，使他们具备了对动作有再分析的能力，并能通过自己的理解加入表情语言、情绪等增强舞蹈的表现力。因此，教师可以对他们的舞蹈基本动作的规范性、表现力、表达舞蹈内涵等方面有进一步的要求。

（五）大班幼儿舞蹈教学应注意的问题

1. 适当强调动作的规范性

大班幼儿通过之前的舞蹈实践，对舞蹈动作的理解力有了提高，对训练时动作中存在的毛病进行自我纠正的能力亦相应提高。这时，教师可以因势利导对幼儿进行必要的和适量的舞蹈动作理论分析，如强调动作的名称、要领、规格与标准，以及做这个动作时容易出现的问题、怎样去克服、如何去纠正以及相关知识的传递等。让幼儿在实践的基础上对动作从感性认识向理解认识转化，可以较好地达到动作的规范性要求。当幼儿的舞蹈动作比较规范化后，即能舞出舞蹈的神韵，与此同时，也能获得对舞蹈艺术的美好体验，以提高他们的审美能力。

2. 适当强调舞蹈的表现力

在日常的舞蹈教学中，教师可能将大部分的注意力都集中到怎样让幼儿模仿好具体的舞蹈动作上，常常忽略了孩子们做动作时的面部表情特征和情绪情感的表达。事实上，每一个舞蹈作品都有其要表达的情感和思想，也就需要表演者有相应的情绪情感的配合。如果表演者缺乏情感的投入，即使动作模仿得再像，也是没有生命力的。

大班的幼儿已经有了一定的表达情感的基础，因此，教师要注意提醒幼儿在舞蹈时把动作和表情统一起来。如告知幼儿在表现情绪欢快的舞蹈时，动作要轻快、表情要喜悦；表现抒情的舞蹈时，动作要舒展、表情要柔和等，这些经验的积累能为幼儿表演舞蹈时正确表达情感打下坚实的基础。

3. 适当增加道具的使用

道具是幼儿舞蹈作品形象的有力媒介，是展现舞蹈立意、渲染气氛的有力工具，是展现环境、推动情节的前提，是展现新奇性、趣味性的辅助材料。道具与舞蹈的结合，给人以美的感受，使人走入想象的空间，成为传情达意的中间媒介。在大班幼儿舞蹈教学过程中，为了激发幼儿的学习兴趣和表演情绪，可以适当增加道具使用的环节。如可以使用带有一定节奏性的小鼓、小铃，还可以使用头饰以及其他相关道具等，以增强幼儿的学习兴趣。

以舞蹈《加油歌》为例。教学中就可以用道具材料——带穗儿的小棒。幼儿手持小棒舞动，给人以视觉上的跳跃感，而亮闪闪的穗儿在幼儿充满激情的舞动中，又是那么光芒耀眼。这一道具的使用将孩子们的表演气氛渲染到最高境界，淋漓尽致地展现了幼儿在赛场上为伙伴们加油的欢乐情景。合理地运用道具一方面能增强舞蹈的生动性，另一方面也激发了幼儿的表演欲望，可以达到事半功倍的教学效果。

4. 创设自主性的舞蹈空间

大班幼儿已经做好了具有想象力和创造性活动的准备。因此，在舞蹈活动中，教师要给幼儿提供自由表现的空间，鼓励幼儿大胆地表达自己的情感、理解和想象，适当地让幼儿经由自己的想象来创造舞蹈动作。只有给幼儿一个开放的自主性舞蹈空间，幼儿才会展开想象的翅膀，积极主动地投入情境中表现自己的情绪情感。这种学习方式，不仅给他们带来了成功感与满足感，也为他们自然地表达美、表现美打下了基础。

为幼儿创设自主性的舞蹈空间益处很多。其一，可以很好地体现幼儿的主体地位。幼儿在宽松的氛围中自主、积极、主动地去跳舞，能更好地体验和感受舞蹈带给他们的快乐。其二，可以很好地发展幼儿的创造力。幼儿的动作、表情不再拘泥于一个模式，摆脱了"模仿"的束缚，有了发挥想象的空间，给舞蹈注入了强烈的个人色彩。其三，有利于教师因材施教。为教师提供了观察、了解幼儿的机会，便于教师对幼儿的舞蹈表现有更为客观的认识，更好地开展教学。

第三节　幼儿园舞蹈教学方案设计

一、幼儿园舞蹈教学活动目标的设计

(一) 幼儿园舞蹈教学活动的目标

教学活动的目标是开展教育活动的出发点和归宿，它规定教育活动预期获得的某种效果，有助于教师把握幼儿发展和教育活动的方向。教学活动目标是教学活动中的内容选择、方法运用、过程设计、组织实施以及效果评价的依据。

幼儿园舞蹈教学活动目标是指教师对幼儿在舞蹈教学活动中的学习及结果的预期，是幼儿舞蹈教育目的的具体化。合理、有效且切合实际的幼儿园舞蹈教学活动目标可以规范和匡正教师和幼儿的课堂行为，引领课堂教学走向有序和高效。

(二) 制定幼儿园舞蹈教学活动目标的意义

教学目标被看作是教学活动的第一要素和基本前提，是贯穿教学活动过程的线索，它对教学起着控制作用。要提高幼儿舞蹈课堂教学活动的有效性，只有制定有效的教学目标，并在有效教学目标的指引下，选择合适的教学方法，进而提高课堂教学效益。

教师是教育活动的组织者，也是教育活动方向的把握者。那么，合理地制定幼儿舞蹈教学活动的目标对于教师的教学活动有哪些意义呢？首先，可以帮助教师选择适宜的、有价值的舞蹈教学内容，并灵活运用各种教学方法和手段，创设有利于幼儿发展的舞蹈教学环境。其次，可以控制和指导舞蹈教学的整个过程。舞蹈教学是一个多因素参与的过程，涉及教师、幼儿和活动材料三个因素之间的关系，而教学目标可以很好地协调、平衡好它们之间的关系。最后，可以明确舞蹈教学评价的标准。舞蹈教学目标规定了舞蹈教学内容及幼儿发展的要求，教学目标的制定，不仅可以衡量幼儿的学习效果是否达到了预期的标准，还可以衡量教师的教育是否有效。

（三）制定幼儿园舞蹈教学活动目标应注意的问题

1. 应该具体化

制定具体清晰且操作性强的教学目标，是保证课堂教学有效性的重要因素之一。在日常教学中，教学目标表述得空而泛的现象普遍存在。那么，如何确定幼儿舞蹈教学活动中教学目标的制定是具体化的呢？简而言之，就是要说明通过教学活动后幼儿能会什么。

任何教学活动都有核心领域的核心价值，教师在制定目标时要对教学素材所蕴含的各种教育要素进行分析推敲，对教材中各种教育点取舍反复思考，挖掘其促进幼儿全面发展的核心价值，把握目标的准确定位。教师切不可为了形式上的花哨，先想环节再定目标，本末倒置。

例如在小班律动舞蹈教学活动《小鸭嘎嘎》中，教师有可能设计如下目标："让幼儿了解小鸭子的走路特征；在活动中，引发幼儿喜爱鸭子的美好情感，或者提高幼儿的欣赏力、感受力和表现力；能积极参加活动，感受集体活动的快乐。"等等。这个教学目标的制定对于后面教学活动设计的方向性就不够明确，另外，关于情感方面的具体要求也不清晰，其教学目标可以套用到任何一个教学活动中。建议调整为："能模仿小鸭子走路的动作；能按照口令模仿小鸭子走路、游泳的交替动作；体验模仿鸭子走路的乐趣。"调整后的目标可以看出需要幼儿在活动中运用肢体语言来表现小鸭子的行走、游泳特征，具有具体指向性，凸显了活动的主要核心和特质。

教学目标的具体化，一是可以为教师的教学活动提供依据和指导；二是可以为幼儿学习效果的评价提供依据。

2. 应该适宜幼儿的发展水平

《纲要》指出："教育活动目标要以《幼儿园工作规程》和《纲要》所提出

的各领域目标为指导，结合本班幼儿的发展水平、经验和需要来确定。"言下之意就是幼儿身心发展特点和原有知识经验水平等因素是确定具体活动目标的根本依据，教师在制定具体活动目标时要考虑幼儿的原有水平和近期可能达到的水平，也就是确定适宜的"最近发展区"，从而制定适宜的活动目标。既要确保目标具有一定的难度和挑战性，又要考虑不能超出幼儿的能力范围，既要保证幼儿能够达到或完成预先确定的目标要求，又要能够避免其在低水平上的简单重复，这样才能真正有效地促进幼儿的发展。

在幼儿舞蹈教学中，目标作为对活动要求的预先设定，必须考虑幼儿的认知结构和能力水平。幼儿不能有效完成或轻易即可完成的目标要求均是没有意义的。为此，教师应充分了解和尊重幼儿的个别差异，进而确定幼儿参与此次活动的提升点。如中班幼儿律动舞蹈《开火车》中，教师预设的目标之一是"在平踏步的过程中能准确地合上音乐节拍"，这个目标的设定就没有照顾到幼儿之间的能力差异。有的幼儿节奏感较强，合上节拍对于他们来说并非难事，他们很快会因为缺乏挑战性而失去兴趣；而有的幼儿节奏感较弱，反复的、单一的练习步法也未见得能准确地合上节拍，反而会让他们因遭受失败和挫折对教学活动失去兴趣。因此，教师可以对音乐做适当的调整，分为快和稍慢的节奏型，并设定"能根据自己的能力选择适合的节奏，合上节拍做动作"的目标，这样可以让每个幼儿都能在挑战自我的过程中体验到成功感，感受到学习的快乐。

3. 应该确定维度的合理性

教学目标由三个维度来确定：知识与技能、过程与方法、情感态度与价值观。这是国家对基础教育质量指标所做的基本规定，是新课程标准为描述学生学习行为变化及其结果所提出的三个功能性的基本要求，简称三维目标。

结合幼儿舞蹈教学活动，首先是知识与技能目标，它是对幼儿舞蹈课程学习结果的描述，即幼儿通过学习所要达到的结果；其次是过程与方法目标，是指幼儿在教师的指导下，获取舞蹈基本知识和技能的程序和具体做法；最后是情感态度与价值观目标，是指幼儿对舞蹈教学过程或结果的体验后的倾向和感受。

在制定幼儿舞蹈教学活动具体的教学目标时，应强调围绕教学活动的内容来设计，以知识与能力作为外在表现形式，在实现知识与能力目标的同时，也逐步实现过程与方法、情感态度与价值观等内在目标。

现代的教育观和儿童观需要教师不仅要注重幼儿知识和技能的学习，还要对幼儿进行情感方面的目标关注。理想的活动目标是将三个维度整合到一起，分析教材、分析幼儿，在活动中充分考虑挖掘多方面的教育价值，进而促进幼儿多方面的发展。

二、幼儿园舞蹈教学活动的准备

幼儿园舞蹈教学活动在幼儿园教学活动中发挥着不可替代的作用，它以自己独特的魅力，吸引幼儿进入美妙的舞蹈艺术殿堂。在教学中，要想激发幼儿学习舞蹈知识的兴趣，引导幼儿对舞蹈世界进行深入的探究，教师课前的精心准备工作必不可少，它是舞蹈教学活动成败和教育效果好坏的关键因素。

（一）幼儿园舞蹈教学活动准备概述

教学是有目的、有计划的活动，教学准备作为教学活动的正式内容，是完成教学活动的重要组成部分。在幼儿舞蹈教学活动中，幼儿的精神状态、学习期待、参与态度、对学习内容的解读各不相同，而教师的教育观、性格、经验也各具特色。因此，要完成具有实效性的舞蹈教学活动，课前的充足准备就显得必不可少。只有做好教学准备，教师才能在头脑中有计划、在教学中有自信，也才能使教学活动进行得有条不紊，游刃有余。教学活动的准备关系到教学活动的质量和效果。

（二）幼儿园舞蹈教学活动准备的具体内容

1. 幼儿知识经验的准备

一个成功的幼儿舞蹈教学活动是建立在幼儿已有的知识经验基础之上的、幼儿群体共同探索的、运用幼儿群体资源优势相互学习的活动。因此，教师在备课时一定要考虑到幼儿已有的知识经验，这样才能使舞蹈教学活动与幼儿相适应，才能贴近幼儿，才能与幼儿心中期望的学习活动相吻合。

如可以在学习幼儿表演舞《吹泡泡》之前，告诉幼儿将要进行的活动主题与内容，使幼儿在活动前主动做好准备。这样在教学活动中，教师就可以提问："你们吹过泡泡吗？泡泡是什么形状的？它们的大小一样吗？泡泡最后怎么样了？"此时，教师可以播放歌曲《吹泡泡》："吹呀，吹泡泡，有大也有小，飞呀飞上天，飞呀飞上天，咦？泡泡不见了？"听到了如此有趣的歌曲内容，再联想到已有的知识经验，幼儿表演起舞蹈来就会得心应手。

这种利用幼儿已有的知识经验的准备活动可以让师幼之间形成有效的互动，能大大增强活动的效果。

2. 活动材料的准备

《纲要》指出：提供丰富的可操作的材料，为每个幼儿都能运用多种感官、多种方式进行探索提供活动的条件。活动材料的准备可以使抽象的知识具体化、直观化、形象化，较好地制作演示教具可以帮助孩子理解和掌握所学知识，提高课堂教学效率。可以说，活动材料的使用是在新课程改革下幼儿园教学活动中必不可少的辅助教学手段，它对于教学活动的成功与否起着举足轻重的作用。

在幼儿舞蹈教学活动中，选择和设计活动材料同样重要，它不仅能增强课堂教学的形象性、生动性，使课堂更加活跃和精彩，还可以使幼儿更加明了、快速地理解掌握舞蹈学习的内容。活动材料的使用处理得恰到好处，也会让教师智慧的火花成为课堂中的一抹亮色。

如教授幼儿表演舞《小闹钟》。教师可以事先准备活动材料——闹钟。在活动伊始，让幼儿仔细地观察闹钟指针行走的特点——顿挫状，以及闹钟的行走路线——顺时针方向。这样在教学中，教师可以就幼儿的舞蹈动作状态是否具有形象性进行评价，以更好地引导幼儿表现舞蹈。

3. 教师情感的准备

在幼儿舞蹈教学活动中，情感与技能是相互交融的，情感是技能学习的动力和基础，技能是体验情感的手段和途径。只有教师情感准备充分，才能调动起幼儿的积极情感，活跃孩子的学习情趣，增强活动的气氛。也只有如此，幼儿的表达才会是生动的、富有激情的。

如教授小班幼儿歌舞表演《上学歌》。"太阳天空照，花儿对我笑，小鸟说早早早，你为什么背上小书包？我去上学校，天天不迟到，爱学习爱劳动，长大要为人民立功劳。"由于小班幼儿刚刚进入幼儿园，开始他们新的生活，面对新的环境，孩子们内心既充满好奇，又有些胆怯和紧张。因此，教师授课时就要有良好的情感准备，用自己积极的情绪带领幼儿用美好、愉快的心情共同迎接美好的新生活。

（三） 幼儿园舞蹈教学活动准备要注意的问题

人在一种特定的环境中想象力会更加丰富、新奇，良好的环境可以更好地激发幼儿的认知兴趣和探索欲望。因此，在幼儿园舞蹈教学活动中，不仅要给幼儿提供物质（玩教具等）准备，还要给幼儿提供良好的心理环境准备。这里所说的心理环境准备，指的是为幼儿创设一个宽松愉悦的心理环境，可使幼儿轻松自如地进行舞蹈学习活动，形成安全、愉快、宽松的学习氛围。

另外，教师是幼儿舞蹈教学活动的组织者和实施者，因此，教师还要尽可能多地了解所开展的教学活动的相关知识，设法使自己成为相关主题下的专才，这样才能适应幼儿成长阶段特有的好奇心和求知欲。

三、幼儿园舞蹈教学活动的导入

如果把一个成功的舞蹈教学活动比作一段乐章，那么精妙的导入就是乐章引人入胜的引子，隽永的结尾就是令人意犹未尽的尾声。在幼儿园的舞蹈教学活动中巧妙地设计导入与结尾环节，对于激发幼儿的学习兴趣，激发幼儿的继续探究欲望，都有着非常重要的教育价值。

（一） 幼儿园舞蹈教学活动导入概述

导入是指教学活动开始时，教师引导幼儿进入教学过程的组织方式，是教学过程的起始环节。它的目的在于集中幼儿注意力，激活幼儿思维，引起其学习兴趣、求知和探索的欲望。孩子们对上课的内容是否有兴趣，很大一部分取决于课程设计的导入环节。

在幼儿园舞蹈教学活动中，导入得法，能激发幼儿学习舞蹈的情感，使他们以迫切的心情渴望新知识的到来，培育和谐愉快的舞蹈教学环境。也可以说，合理地导入是通向舞蹈学习的桥梁，是科学诱导、启发幼儿主动学习舞蹈的必不可少的环节之一。

（二）幼儿园舞蹈教学活动的导入方法

1. 情境导入法

情境导入法就是利用视频、设备、环境、活动、音乐、绘画等各种手段，创设一种符合教学需要的情境，以激发孩子兴趣，诱发孩子思维，使孩子处于积极学习状态的技法。它可以缩短孩子与教学内容、教师的距离，形成最佳的情绪状态，使孩子成为真正的学习活动的主体，主动获得全面发展。情境导入法通过给幼儿展示鲜明的图片、视频或倾听美妙的音乐，以及创设与教学相关的环境，可以让幼儿置身于特定的情境中，促使其情感参与，从而引起自觉的学习行为。

如教授幼儿舞蹈《小雨沙沙》时，教师可以先播放背景音乐："沙沙沙沙，沙沙沙沙，春雨春雨轻轻下，沙沙沙沙，沙沙沙沙，春雨春雨轻轻下，小种子喝了雨水，一天一天发新芽，小苗苗喝了雨水，一天一天在长大。"根据歌词，教师可以让幼儿展开想象的翅膀，用语言和肢体来表达自己的感想。于是，我们看到有的小朋友可能会用抖腕的动作表现小雨沙沙下的景象；有的小朋友会用摇头表示小种子喝了雨水的幸福感；还有的小朋友会用从蹲下到站立的舞姿表示小苗苗的破土而出……这时，教师可以适时地出示舞蹈画面，并配以抒情的讲解……如诗如画的情境，充分调动了幼儿的学习兴趣，使幼儿情不自禁地投入舞蹈的美好意境中。

情境导入法所提供的线索起到了一种唤醒或启迪智慧的作用。它保证了幼儿能够带着热烈的情绪主动投入教学活动中。

2. 语言导入法

语言导入法是引导幼儿进入学习状态的一种行为方式。教师生动的、有趣的和富有启发性的语言导入不仅能有目的地引领幼儿认知学习和思维过程，影响幼儿思考问题、表达思想、判断力和想象能力的发展，也将直接关系到向幼儿传授知识的效果。良好的语言导入法同样可以为幼儿舞蹈教学活动的展开奠定良好的基础，促使教学进入最佳状态。

在幼儿舞蹈教学活动中，教师可以根据活动内容和需要，通过提问的方式导入，还可以选读与活动内容联系紧密的故事、儿歌、谜语等，以引起幼儿的兴趣，引发联想。因为对于幼儿来说，教师生动、惟妙惟肖的语言描述永远有着很强的吸引力和诱惑力，精彩的故事、寓言、儿歌、谜语等最能引导幼儿进入生动有趣的情境中，活跃幼儿的思维，发展其想象。

如在开展幼儿音乐游戏《小蝌蚪找妈妈》之前，教师可先说一个谜语让幼儿猜："大脑袋，长尾巴，儿时无腿水中游。后腿伸，前腿跳，跳来跳去找妈妈。"当幼儿踊跃地说出答案之后，教师还可以鼓励幼儿用肢体动作表现小蝌蚪在水里游的姿态和长大变成青蛙之后跳跃行走的形态特征，这以后再开展的舞蹈教学活动，就达到了事半功倍的效果。用猜谜语、讲故事、说儿歌等语言导入法导入舞蹈教学活动，不但有利于引起幼儿的浓厚兴趣，同时也能锻炼幼儿的思维能力。

3. 实物导入法

实物导入法是以演示实验、操作玩教具的方式激发幼儿的好奇心，使幼儿产生要了解演示中出现的各种现象及其产生原因的强烈愿望。

由于实物具有很强的直观性、具体性，在幼儿舞蹈教学活动中，一方面能引起幼儿对实物色彩、形状等感性特征的好奇，使他们能见物进境，激发学习的兴趣和求知欲；另一方面，实物还能清楚地揭示舞蹈与实物的本质联系，促进幼儿学习舞蹈的自觉性。

幼儿舞蹈教学活动中的实物操作，归根结底是为了更好地开展舞蹈活动课程做准备的。在教学活动之前，教师通过出示实物，让幼儿看看、摸摸、玩玩，这样能让幼儿积累一定的感性经验，也为教师接下来分析舞蹈动作和实物之间的关系做了铺垫。

如教授幼儿舞蹈《不倒翁》。不倒翁是幼儿比较喜欢和熟悉的玩具，教师可以运用实物导入法，先让幼儿观察玩具不倒翁的形态特征：一次次地被扳倒，可又一次次摇摆着立起来。憨态可掬的不倒翁逗得孩子们乐得合不拢嘴，也自然对它的摇摇摆摆的身姿产生了深刻的印象。于是，在舞蹈中，教师就要抓住不倒翁的形态特征——前仰后合、左摇右摆来编创动作，这个简单的形象已经深入幼儿的心中，他们的表现自然惟妙惟肖，表演起来也充满乐趣。

4. 游戏导入法

游戏导入法是指通过引导幼儿做游戏而导入新课的一种方法。游戏是幼儿最喜爱的活动，游戏也是幼儿舞蹈教学活动赖以进行的最好导入载体。将游戏作为舞蹈教学的导入活动，可以使幼儿在轻松、愉快的活动氛围中，对舞蹈学习产生探究和了解的愿望，从而为教师组织进一步的教学活动提供动力保证。

如做幼儿音乐游戏《木头人》。教师可以先找几名幼儿到前面做木头人的游戏。音乐一响起，孩子们可以以各种形象示人，如模仿人物、动物、跑的、跳的……当进入高潮时，教师喊"木头人"，幼儿立刻保持最后的姿态静止。在游戏中，孩子们都十分兴奋，课堂气氛热烈，如此一来，幼儿对游戏的规则印象非常深刻，早已迫不及待地进入了学习状态。接着教师就可以将音乐游戏中对于舞蹈动作的要求提出来，如第一遍音乐中所有的幼儿模仿各种小动物的形象，小鸟、老虎、大象等，第二遍音乐模仿人物形象，如解放军、老奶奶、驾驶员……当他们带着教师提出的问题和要求，有意识地再次玩"木头人"游戏时，活动的目的性增强了，活动的效果自然也不一样了。

利用游戏作为舞蹈教学活动的导入，不仅能快速地激发幼儿的活动兴趣，吸引幼儿的注意力，而且也能使活动的组织显得自然、生动。

5. 表演导入法

表演导入法即通过教师或其他幼儿的表演导入新课。教师亦可亲自表演或者事先设计一些表演动作、情节，让个别幼儿进行表演。表演导入法可以让幼儿提前感受所学舞蹈的主题，激发幼儿舞蹈学习的兴趣和热情。

如学习幼儿表演舞《我的好妈妈》。根据舞蹈表现的内容，教师可以先在活动前编排好情景表演剧，请一名幼儿扮演妈妈，只见"妈妈"在工作中是那么忙碌，下班回到家后，还要忙着洗菜做饭……"妈妈"流汗了，"妈妈"腰酸了……通过观看表演，幼儿对舞蹈情节有了大致的了解。这时，教师可以让幼儿完整地欣赏一遍歌曲内容："我的好妈妈，下班回到家，工作了一天多么辛苦呀，妈妈妈妈快坐下，妈妈妈妈快坐下，请喝一杯茶。让我亲亲你吧，让我亲亲你吧，我的好妈妈。"在幼儿对歌曲内容有了很好的理解以后，就很自然地参与到舞蹈表演中了。

通过表演导入法，能让幼儿潜移默化地对歌曲的结构和氛围有所了解，不仅很快地学会舞蹈教学内容，并能愉快地进行表演。它可以让教学活动真正建立在幼儿的兴趣之上。

（三）幼儿园舞蹈教学活动导入应注意的问题

作为课堂教学的"启动"部分，导入不是"摆"花架子，而是在遵循教育规律的基础上，帮助幼儿更好地进入学习状态，从而更好地掌握知识。导入环节会直接关系到整个课堂教学的效果。那么，幼儿园舞蹈教学活动的导入要注意什么呢？

首先，要明确教学活动的目的。运用导入的目的是导入新的舞蹈教学活动，其设计与运用要有针对性，要紧扣教学目标，不能为了导入而导入。其次，导入要以幼儿的兴趣为前提。精彩的导入要像"磁铁"一样紧紧地吸引住幼儿，引发他们的积极思维。在这个过程中，教师须注意导入的设计必须符合幼儿的年龄、知识水平和接受能力。最后，导入的设计要具有简洁性。在设计导入时，要注重少而精，切不可冗长烦琐，否则导入设计得再好也是喧宾夺主、不可取的。

四、幼儿园舞蹈教学活动的实施

幼儿园舞蹈教学活动成功与否，是由诸多因素共同决定的，如课前教学目标的设定、教师自身的专业素质、幼儿的自身能力等。因此，教师在实施舞蹈课堂教学活动过程中，如何正确把握课堂教学诸要素就显得至关重要。

（一）幼儿园舞蹈教学活动的实施概述

教学活动的实施是开展活动课程的实质性阶段或关键性步骤。它是指在教师指导下，幼儿自主思考与自主操作相结合的过程。这一阶段的主要任务是让幼儿按照教学活动的目的和要求自主地投入活动，积极主动地完成教学活动计划。

幼儿舞蹈教学的实施是一种认识过程，也是一个促进幼儿身心发展的过程。在实施过程中，教师有目的、有计划地引导幼儿对舞蹈的认识活动，适时地调节他们的志趣和情感，使之循序渐进地掌握舞蹈基础知识和基本技能。

（二）幼儿园舞蹈教学活动实施的具体要求

1. 明确的教学指向

所谓指向性，是指教学活动中的内容要围绕教学目标来开展。对教师而言，在幼儿舞蹈教学活动伊始，就要能较好地抓住教学活动的"魂"，要用清晰的教学语言和教学思路让幼儿了解舞蹈教学活动的目的和要求。当然，在实施过程中，教师还要根据幼儿的身心发展特点，掌握教学层次，这个层次就是由主到次、由浅入深、由易到难。只有构建一条指向明确、思路清晰、具有内在逻辑关系的"问题链"，才能帮助幼儿建立起合理的舞蹈学习的认知结构。

2. 实际的教学效果

就幼儿园舞蹈教学活动而言，结合教学目标的维度，具体表现在：幼儿对于舞蹈的技能掌握，从认知上看，是从不会到会，从不懂到懂；从对于舞蹈的情感表现上看，是从不喜欢到喜欢，从不感兴趣到感兴趣。

其实，幼儿舞蹈教学活动表现出来的实效性特征很多，但最核心的一点是看幼儿是否愿意学、主动学以及怎么学、是否学会。

3. 多样的教学方法

幼儿园舞蹈教学活动的形式丰富多样，有律动、歌舞表演、集体舞、表演舞、音乐游戏、即兴舞、民族民间舞等。与此同时，它的教学方法也丰富多样，有示范法、讲解、提示、口令法，观察模仿法，游戏法，练习法等。教师在平时的教学中应根据不同形式的舞蹈教学活动，选择最容易实现目标的、适合幼儿的年龄特征的教学方法，这样才能让幼儿在活动中获得有用的舞蹈知识信息，从而提高舞蹈教学活动的实效性。

如在教授幼儿歌舞表演《找朋友》时，教师就可以采用游戏法进行教学。"找啊找啊找朋友，找到一个好朋友，敬个礼，握握手，你是我的好朋友，再见。"在这里，教师为幼儿创设一个游戏情境，幼儿可以开心地寻找自己的好朋友、小伙伴……在玩耍中，幼儿不知不觉地掌握了音乐的节奏、活动的规则，这时，教师再适时地提出动作的要求，也就达到了事半功倍的教学效果。

（三）幼儿园舞蹈教学活动实施应注意的问题

1. 创造和谐的课堂气氛

幼儿园舞蹈教学活动不但是舞蹈知识信息的交流过程，也是师生情感交流的过程，积极的、融洽的情感交流容易让幼儿把这种潜在的情感意识转移到教师所教的内容上去，从而形成一种积极的学习情绪，最大限度地提高学习效率。

在舞蹈教学活动中，教师要创设愉悦的情境，去拨动幼儿的情感之弦。此时，教师一句亲切而耐心的启发、一个热情而充满希望的鼓励的眼神、一个满意的微笑和点头都会帮助幼儿树立学习好舞蹈的信心，产生学习好舞蹈的信念。让幼儿在轻松和谐的课堂气氛中获得知识，可以确保教学获得最佳效果。

2. 发挥教师的主导作用，突出幼儿的主体地位

现代教育心理学的研究表明，幼儿的学习是一个积极主动的知识建构过程，教师应充分重视幼儿的主体地位。而教师也应由知识的传授者变为知识的引导者，由课堂的管理者变为课堂的组织者，它更为强调的是其在教学中的主导作用。

在幼儿舞蹈教学活动中，幼儿应是学习的主体，课堂的主人，它表现在幼儿对舞蹈课堂的学习活动是主动的，学习态度是积极的；教师则是主导者或者说是引导者，充当的是参与、促进和指导的角色，目的在于启发、调动幼儿学习舞蹈的自觉性、积极性和创造性。

3. 灵活把握课堂教学的节奏

课堂教学节奏指课堂教学的密度、速度、难度、重点、强度和激情度等在时间上以一定的次序有规律地交替出现的形式。通过这些可比成分的有规律的交替和变化，教育者不仅可以有效地传达自己的情感、态度，突出教学的重点难点，而且可以有效组织教学和调控学生注意力。

幼儿舞蹈教学活动，是一种极其复杂的动态过程。在教学中，教师面对的是思想活跃、各具个性的幼儿，这必然就会有许多难以事先估计的问题发生。如教师在教授舞蹈动作时，有的幼儿会出现吵闹、打斗、不注意听讲等现象，这些问题的出现会直接影响教学活动的效率和质量，面对这些课堂"险情"，教师必须善于运用教学机智灵活、巧妙地处理和解决，确保舞蹈教学活动顺利进行。

4. 尊重幼儿的个体差异

《3~6岁儿童学习与发展指南》中提出，"要承认和关注幼儿的个体差异，注重保护幼儿的自尊心和自信心"。其实，尊重孩子就是尊重孩子的个体差异，尊重孩子的个别发展水平。教师要树立面向全体幼儿教学的观念，尽量照顾每一

个幼儿的情绪，调动每一个幼儿的积极性，让每一个幼儿都能积极地参与到教学活动中来。

在幼儿舞蹈教学活动中，教师更要强调尊重和接纳幼儿的个体差异。由于每个幼儿的需要、兴趣、学习、探究的形式都不尽相同，对于舞蹈课程的学习态度、学习效果会出现较大的差异，如性格活泼外向的幼儿可能在舞蹈中也愿意尽情地表现自己；相反，性格内向羞涩的幼儿的舞蹈感受力、表现力就会相对较弱。这时教师就要善于发现和挖掘幼儿的闪光点，对每个幼儿的优势给予积极肯定，使每个幼儿能看到自己的优势，增强信心，使每个幼儿的能力、水平得到不同程度的发展。

五、幼儿园舞蹈教学活动的延伸

（一）幼儿园舞蹈教学活动延伸概述

教学活动的延伸简单地说是为了保持教学活动的完整性、连贯性，从而更好地保证幼儿学习的完整性、连贯性。虽然在幼儿园的教育教学中，我们不强调教授系统的知识和技能，但强调幼儿发展的整合性、延续性，强调培养完整的儿童。

从幼儿园舞蹈教学这个角度来讲，延伸活动是在舞蹈教学活动外，在教师的帮助下，有计划地安排幼儿参与的活动。延伸活动被包容在课程中，且与教学大纲和教学计划紧密联系，是对舞蹈课堂教学内容的补充、扩展和提高，是帮助幼儿掌握舞蹈知识和技能的有效途径。

（二）幼儿园舞蹈教学活动延伸的具体内容

1. 联系相关，拓展知识

延伸活动应是幼儿舞蹈课堂教学内容的延伸和补充。幼儿园舞蹈教学活动形式多样，是传授幼儿舞蹈基础知识和基本技能的主要渠道。但是，它容易受课时、大纲以及物质条件的限制，尤其在培养能力和发展个性方面具有很大的局限性。有些知识或内容不可能在课堂教学中直接延伸、发展。相对而言，课外延伸活动以其较强的实践性和较大的灵活性，具有课堂教学无法替代的辅助作用。因此，在设计课外活动时应充分发挥这一特点，使之成为课堂教学的必要延伸和补充。

如教授幼儿歌舞表演《小毛驴》。"我有一头小毛驴，我从来也不骑，有一天我心里高兴骑着去赶集。我手里拿着小皮鞭我心里正得意，不知怎么咕噜噜噜我摔了一身泥。"在教学活动中，幼儿可能会对歌曲中一些特定词汇不太理解，如"赶集"。教师可以为此开展一个延伸活动，组织班里幼儿举办"集会"。在"集会"中，有的幼儿可以扮作售货人员"售卖"自己的商品，有的幼儿可以作为逛集市的人员"采买"自己心仪的商品。这个新颖的延伸活动不仅引起了幼儿极大的参与兴趣，还丰富了他们的民俗知识。

2. 联系生活，拓展情感

"幼儿舞蹈的外延是生活。"幼儿舞蹈教学不能仅仅局限于教学活动内容本身的学习。教师不仅要对幼儿学习舞蹈表现出来的情感态度、价值取向认真解读、准确把握，还需要让幼儿调动自己的生活积累与教学内容产生更直接的对话，以引起他们更直接的共鸣。

如教授幼儿表演舞《好妈妈》。通过课堂教学，幼儿了解到妈妈白天要工作，回家后还要操持家务是很辛苦的。于是，教师可以布置作业，让幼儿回家后对妈妈说一句最想说的话或者为妈妈做一件力所能及的事（帮妈妈捶捶背、倒杯水等）。在这个延伸环节中，孩子们体会到了父母对自己平凡却伟大的爱，萌发了关心、热爱父母的情感，我们也相信，孩子们今后一定会更热爱自己的父母。

3. 联系实践，拓展能力

课外延伸，有助于培养幼儿获取及运用知识的能力。教师在设计课外延伸活动时，应把立足点放在能力培养上。人的能力是多方面的，但对幼儿来说，最基本的是观察能力、模仿能力和创造能力。在课外延伸活动中，要鼓励幼儿亲自动手操作、用眼观察和动脑分析，幼儿在获取知识的同时，各种能力也得到了锻炼。如教授幼儿表演舞《小金鱼》时，教师就可以做一个教学的延伸活动，让幼儿仔细观察小金鱼的特征。从小金鱼怎么游，怎么吐泡泡，怎么吃东西等各方面去引导幼儿抓住小金鱼的核心特征，这样，在教学中才能强化幼儿的肢体表现力。在已有一定认知程度的基础上让幼儿多观察、多练习，幼儿自然就能潜移默化地掌握技能，也能使他们更好地融入日常的舞蹈学习中。

参考文献

［1］ 李健，丁宁主. 音乐基础 ［M］. 沈阳：东北大学出版社，2018.

［2］ 金庆玲. 幼儿舞蹈 ［M］. 北京：北京理工大学出版社，2018.

［3］ 弋黎，晁世奇. 幼儿舞蹈创编 ［M］. 北京：航空工业出版社，2018.

［4］ 周丹. 幼儿舞蹈基础教程 ［M］. 沈阳：东北大学出版社，2018.

［5］ 严道康. 舞蹈实用教程 ［M］. 2 版. 南京：南京师范大学出版社，2018.

［6］ 谢琼. 全国学前教育专业（新课程标准）规划教材·幼儿舞蹈教师职业能力
培训教程 ［M］. 上海：复旦大学出版社，2018.

［7］ 韩莉娟，任红军，张洁. 学前儿童舞蹈创编项目教程 ［M］. 北京：北京理
工大学出版社，2018.

［8］ 汪超. 幼儿手指技能游戏 ［M］. 上海：复旦大学出版社，2018.

［9］ 王丽敏. 钢琴与幼儿歌曲伴奏 ［M］. 北京：北京理工大学出版社，2018.

［10］ 卢清. 幼儿教师在职培训中的思与行 ［M］. 成都：西南交通大学出版社，
2018.

［11］ 端木仲璋. 幼儿歌曲边弹边唱 ［M］. 苏州：苏州大学出版社，2019.

［12］ 陈晓，王连悦，关聪. 学前教育音乐素养与实训教程 ［M］. 镇江：江苏大
学出版社，2019.

［13］ 包丽芬，周越，李慧霞. 奥尔夫音乐教育 ［M］. 长沙：湖南师范大学出版
社，2019.

［14］ 樊潇潇. 幼儿园教师音乐技能 ［M］. 天津：南开大学出版社，2019.

［15］ 于丽. 奥尔夫音乐教学法 ［M］. 西安：西北大学出版社，2019.

［16］ 李楠. 幼儿歌曲弹唱教程 ［M］. 西安：西北大学出版社，2019.

［17］ 徐颖怡，王慧健，黄艳. 幼儿舞蹈创编 ［M］. 成都：电子科技大学出版
社，2019.

［18］ 赵菲. 幼儿艺术启蒙·音乐舞蹈综合卷 ［M］. 银川：宁夏人民教育出版
社，2019.

［19］杨武代，杜静歌. 幼儿园教师舞蹈技能［M］. 天津：南开大学出版社，2019.

［20］徐泽英，杨玉华，欧伟. 舞蹈基础［M］. 成都：电子科技大学出版社，2019.

［21］张晓. 舞蹈教学理论与课堂实践［M］. 北京：中国纺织出版社，2019.

［22］李咏云. 幼儿歌曲弹唱跳教程［M］. 贵阳：贵州大学出版社，2019.

［23］任红军. 民间舞蹈井陉拉花基础教程［M］. 石家庄：河北人民出版社，2019.

［24］王荔荔. 全国学前教育专业（新课程标准）"十三五"规划教材·舞蹈综合教程［M］. 上海：复旦大学出版社，2019.

［25］彭余全，杨萍，吴心慧. 幼儿歌曲钢琴弹唱实用教程［M］. 武汉：华中科技大学出版社，2019.

［26］刘静，尹建波. 新编幼儿舞蹈［M］. 长春：东北师范大学出版社，2020.

［27］刘薇珊，罗海冰，崔清. 幼儿舞蹈游戏化活动设计与指导［M］. 长沙：湖南师范大学出版社，2020.

［28］胡伟，武巍峰，陈亚宇. 幼儿趣味舞蹈系列游戏舞蹈喜乐汇［M］. 上海：上海音乐出版社；上海文艺音像电子出版社，2020.

［29］郝媛媛. 当代学前儿童舞蹈教学方法探究与改革［M］. 北京：中国大地出版社，2020.

［30］吴翠玉，藏兰荣，王雅莉. 幼儿园教育活动方案设计指南［M］. 长春：吉林人民出版社，2020.

［31］洪宇，杨静. 声乐［M］. 苏州：苏州大学出版社，2020.

［32］张莉. 幼儿游戏理论与实践［M］. 广州：广东高等教育出版社，2020.

［33］王丽娜. 婴幼儿早期教育活动设计与指导［M］. 上海：复旦大学出版社，2020.

［34］张中柏，吴玲，黄婷婷. 音乐基础教程［M］. 成都：电子科技大学出版社，2020.

［35］陈晴，张梦笛. 幼儿舞蹈创编实用教程［M］. 重庆：重庆大学出版社，2021.

［36］石雁. 舞蹈教育思想与教师教学设计［M］. 北京：中国书籍出版社，2021.

［37］陈淑琴，茅琴美. 幼儿国学经典韵律活动指导·拓展幼儿多元智能［M］. 上海：上海社会科学院出版社，2022.

［38］王哼. 幼儿园教育教学实用技巧 50 例［M］. 福州：福建教育出版社，2022.

［39］罗小玉，杨贵英，王艳. 幼儿音乐［M］. 武汉：中国地质大学出版社，2023.

［40］张梅. 幼儿美育与幼儿音乐教育理论研究［M］. 成都：四川科学技术出版社，2023.

［41］陈长玲. 幼儿音乐教育活动设计与指导［M］. 北京：高等教育出版社，2023.

［42］于瑞华. 奥尔夫音乐教育理论与幼儿音乐活动设计［M］. 北京：中国纺织出版社，2023.